GEORG SIMMEL

Essays zur Kulturphilosophie

Mit einer Einleitung herausgegeben von
Gerald Hartung

FELIX MEINER VERLAG
HAMBURG

PHILOSOPHISCHE BIBLIOTHEK BAND 739

Bibliographische Information der Deutschen Nationalbibliothek

Die Deutsche Nationalbibliothek verzeichnet diese Publikation in der Deutschen Nationalbibliographie; detaillierte bibliographische Daten sind im Internet über ‹http://portal.dnb.de› abrufbar.

ISBN 978-3-7873-3804-7
ISBN eBook 978-3-7873-3805-4

 Satz: Jens-Sören Mann. Druck und Bindung: Beltz, Bad Langensalza. Werkdruckpapier: alterungsbeständig nach ANSI-Norm resp. DIN-ISO 9706, hergestellt aus 100% chlorfrei gebleichtem Zellstoff. Printed in Germany. *www.meiner.de*

Inhalt

Einleitung

von Gerald Hartung

Eine Sammlung von *Essays zur Kulturphilosophie* macht aus ihrem Autor noch keinen Kulturphilosophen. Das liegt zum einen darin begründet, dass Gegenstandsbereich und Methodologie einer Kulturphilosophie zu Simmels Zeiten nicht festgelegt waren – und es auch heute noch nicht sind. Für einige mag das ein Versäumnis sein, andere sehen hier eine Chance, im Denken frei von systematischen Zwängen zu sein und ein weites Feld von kulturellen Phänomenen behandeln zu können. Auf jeden Fall verbietet diese Situation, das Etikett *Kulturphilosoph* leichtfertig zu vergeben. Zum anderen ist es im Fall Georg Simmels unangemessen, disziplinäre oder subdisziplinäre Zuordnungen vorzunehmen.[1] Er hat selbst wiederholt davon gesprochen, dass er sich thematisch ungebunden sieht. In einem Brief an seinen Freund Georg Jellinek schreibt er: »meine Natur ist vielmehr pfadfinderisch als anbauend u. mancherlei ganz andere Gebiete locken mich seit lange, meinen Wegen auf ihnen nachzuspüren [...].«[2] Zugleich bietet diese Situation aber auch die Möglichkeit einer Standortbestimmung der *Kulturphilosophie* und den Grund für eine Rückfrage, ob die Etikettierung Simmels als Kulturphilosoph angemessen oder eine bloße Behauptung ist.

1 Vgl. auch Hans-Peter Müller: Einführung. In: Hans-Peter Müller/Tilman Reitz: Simmel-Handbuch. Begriffe, Hauptwerke, Aktualität. Frankfurt a.M. 2018, 11–90.

2 Georg Simmel: Brief an Georg Jellinek vom 15. Juli 1898. In: GSG 22, 297–300; hier: 299. In dieser Einleitung wird nach der Zählung der *Georg Simmel Gesamtausgabe* (hrsg. v. Otthein Rammstedt. Frankfurt a.M. 1989–2016, 24 Bde.) zitiert: GSG 1–24.

Wenn also auf den folgenden Seiten den philosophischen Wegen Simmels nachgegangen und hierfür das Label *Kulturphilosophie* verwendet wird, dann geschieht das mit einer gewissen Reserve für vorschnelle Vereinnahmungen.[3] Glücklicherweise kommt einem bei diesem Vorhaben der Philosoph Simmel auf halbem Weg entgegen. In seiner Person treffen eine erstaunliche Zahl von Charakteristika und Widersprüchen aufeinander. Nur die letzten Jahre seines Lebens lehrt er in Straßburg als Universitätsprofessor für Philosophie, zuvor füllt er die Rolle eines erfolgreichen philosophischen Schriftstellers und außerplanmäßigen Dozenten an der Berliner Universität aus. Als akademischer Lehrer prägt Simmel eine junge Generation von angehenden Gelehrten, von denen die wenigsten eine Universitätslaufbahn beschreiten. Georg Lukacs, Siegfried Krakauer, Ernst Bloch, Margarete Susman und Bernhard Groethuysen sind neben vielen anderen zu erwähnen. Aber eine philosophische Schule in Konkurrenz zum dominierenden Neukantianismus und zur aufstrebenden Phänomenologie begründet Simmel nicht. Hingegen wird er bereits zu Lebzeiten von Verlagsseite wie ein Klassiker der Philosophie behandelt, aber erst heute gelangen einige seiner Studien, abgesichert durch die Edition seiner *Gesammelten Werke*, an den Rand philosophischer Debatten.

Simmel wird am 1. März 1858 in Berlin in eine Kaufmannsfamilie geboren. Als Heranwachsender erlebt er den Aufstieg Berlins zur Hauptstadt des deutschen Reiches. Nach dem Be-

[3] Hierbei ist unbenommen, dass Simmels Werk bereits seit vielen Jahren von dem bedeutendsten Kulturphilosophen unserer Zeit im deutschsprachigen Raum, Ralf Konersmann, in die Liste der Referenzautoren einer philosophischen Subdisziplin namens Kulturphilosophie aufgenommen wird. Vgl. bspw. seine Textsammlung *Kulturphilosophie*. Leipzig 1996 (Neuausgabe u. d. T. *Grundlagentexte Kulturphilosophie*, Hamburg 2009); das *Handbuch Kulturphilosophie*. Stuttgart 2012; und die *Kulturphilosophie zur Einführung*. Hamburg 2003 (^{3}2018).

such des Gymnasiums studiert er Philosophie und Geschichtswissenschaft an der Berliner Universität. Im Studium der Philosophie widmet er sich der Philosophie Kants und wird wie eine ganze Generation im Zeichen des dominierenden Neukantianismus ausgebildet. Nach Promotion und Habilitation wird ihm erst im zweiten Anlauf ein Extraordinariat für Philosophie verliehen. Von Beginn an sind seine Lehrveranstaltungen gut besucht. Ein Hörer seiner Vorlesungen berichtet, dass bei Simmel nicht »nur Gedankliches gelehrt wurde, man lernte denken, man erfuhr nicht nur von Geistigem, man erlebte unmittelbar Geist, erlebte das Wirken eines Geistes«.[4] Die Wirkungsgeschichte von Simmels Werk steht in Abhängigkeit von diesen institutionellen Rahmenbedingungen. Auch wenn Simmel sich zeitlebens als Philosoph versteht, so wirft seine prekäre Stellung zur Universitätsphilosophie einen langen Schatten auf sein Werk, der bis heute reicht. Nach seinem Tod ist Simmel kaum noch gelesen worden. In den 1930er Jahren werden die letzten Lektürespuren verwischt oder vernichtet. Auch im Deutschland der Nachkriegszeit ist in der akademischen Philosophie kein Platz für Simmel, was Michael Landmanns annähernd folgenlose Initiative zu einer Simmel-Forschung im Jahr 1958 bestätigt.[5] Es ist der Fachwissenschaft Soziologie zu verdanken, dass sie Simmels Werk vor dem Vergessen gerettet hat. Ohne das große Engagement dieses Faches, zwischen Bielefeld und Chicago, und ohne die Arbeiten Klaus Christian Köhnkes zur Kontextualisierung des Werkes wäre der Gelehrte Simmel, nicht nur der Philosoph, heute vollends vergessen.[6]

[4] Kurt Gassen: Erinnerungen an Georg Simmel. In: Kurt Gassen/Michael Landmann (Hg.): Buch des Dankes an Georg Simmel. Briefe, Erinnerungen, Bibliographie. Zu seinem 100. Geburtstag am 1. März 1958. Berlin 1958, 298–308; 302.

[5] Vgl. Gassen/Landmann (Hg.): Buch des Dankes an Georg Simmel (Anm. 4).

[6] Vgl. Klaus Christian Köhnke: Der junge Simmel in Theoriebeziehungen und sozialen Bewegungen. Frankfurt a. M. 1996; David Frisby:

Wenn hier der Versuch unternommen werden soll, das Werk Simmels für die Philosophie fruchtbar zu machen, dann muss einerseits der Abgrund ideologischer Verwerfungen des 20. Jahrhunderts überbrückt werden, ohne andererseits einer anachronistischen Aneignung das Wort zu reden. Simmel ist auch als Philosoph ein Protagonist einer Welt von gestern. Die geistesgeschichtlichen Bedingungen seines Philosophierens, die gesellschaftlichen Erwartungen an einen Philosophen und die Sprachformen des Alltags und der Wissenschaften sind grundverschieden gegenüber den unsrigen. Dennoch muss das Ziel sein, die Gegenwärtigkeit der Philosophie Simmels herauszuarbeiten und die Frage zu stellen, ob Simmel uns heute noch etwas zu sagen hat. Wer die Frage ernsthaft stellt, sollte die Texte Simmels aufmerksam lesen. Denn die Umwege zur Aneignung seiner philosophischen Grundgedanken über die Forschungsliteratur sind brüchig, ungesichert und durch Hindernisse verstellt. Überall dort, wo der Philosoph Simmel in den Blick der Fachphilosophie gekommen ist, werden die gleichlautenden Charakteristika aufgerufen: Simmel sei eher ein philosophierender Schriftsteller denn ein Universitätsphilosoph, er sei ein Vertreter der Lebensphilosophie, die dem außer-akademischen Bereich zugerechnet wird, er habe das begrifflich-diskursive Denken gegen eine intuitionsbasierte Schau des Lebens eingetauscht, er habe die Prinzipien der philosophischen Logik an das Ungefähre des Lebensprozesses verraten und sei dem Relativismus verfallen. Das sind die standardisierten Meinungen, die sich durch Wiederholung zu massiven Vorurteilen verdichten. Es verwundert daher nicht, dass eine Leserin, um von

Georg Simmel. London, New York 2002; Otthein Rammstedt / Christian Papilloud (Hg.): Georg Simmels Philosophie des Geldes: Aufsätze und Materialien. Frankfurt a. M. [2]2016. Einen Überblick zum Forschungsstand geben die Beiträge und die Auswahlbibliographie in Gerald Hartung / Tim-Florian Steinbach (Hg.): Georg Simmels Philosophie des Geldes. Reihe: Klassiker auslegen. Berlin, Boston 2020.

Georg Simmel zu Oswald Spengler und Ludwig Klages zu kommen, oftmals nicht einmal eine Buchseite umblättern muss.[7]

In diesem Zusammenhang ist das immer wiederkehrende Hauptargument, dem Denken Simmels fehle ein erkennbarer systematischer Anspruch. Allerdings hält dieses Urteil nur einem ersten, oberflächlichen Blick stand. Zumeist ist die Textbasis der Urteilsfindung äußerst schmal, umfasst sie in der Regel doch nur zwei bis drei Aufsätze aus den 1910er Jahren. Hingegen bestechen die großen Werke, hierzu gehört vor allem die *Philosophie des Geldes* (1900), durch brillante Analysen zur Werttheorie, zu sozialen Beziehungen (Tausch, Ehe, zum Freiheitsbegriff und zum Charakter und Rhythmus des modernen Kulturlebens). Die *Soziologie* (1908) stellt Fragen nach der Möglichkeit von Gesellschaft, nach den Bedingungen von Kommunikation, nach dem Status des Fremden und vielem mehr. Die Monographien über *Schopenhauer und Nietzsche* (1906), über *Goethe* (1912) und *Rembrandt* (1916) sind Erkundungen zu unterschiedlichen Denkstilen, Lebens- und Weltanschauungen sowie künstlerischen Ausdrucksformen. Simmels philosophisches Hauptwerk, die *Hauptprobleme der Philosophie* (1910), umfasst in systematischer Hinsicht die Grundfragen der Logik, Erkenntnistheorie und Ethik. All das wartet noch auf eine angemessene philosophische Rezeption.

Es ist hier nicht der Ort, eine extensive Inhaltsbeschreibung von Simmels philosophischem Werk zu liefern.[8] Nicht einmal eine Skizze seines Gedankenreichtums ist möglich. Der Zugang zum Werk muss punktuell und episodisch erfolgen. Eine Denkoperation von Nicolai Hartmann könnte hilfreich sein,

[7] Beispielhaft sei hier genannt Rainer Thurnherr/Wolfgang Röd/Heinrich Schmidinger: Die Philosophie des ausgehenden 19. und des 20. Jahrhunderts 3. Lebensphilosophie und Existenzphilosophie. München 2002, 147–149.

[8] Vgl. Gerald Hartung/Heike Koenig/Tim-Florian Steinbach (Hg.), Der Philosoph Georg Simmel (Kulturphilosophische Studien, Bd. 6). Freiburg i. Br. 2020.

der einmal das Feld der philosophischen Denker in zwei Bereiche unterteilt hat. Im einen Bereich befinden sich die Systemdenker als Problemlöser; im anderen treffen wir auf die systematisch arbeitenden *Problemdenker.* »Philosophisch zentral ist überhaupt in jedem systematischen Denker nur der Problemdenker, d.h. der den Problemen um ihrer selbst willen Nachgehende.«[9] Diese Beschreibung trifft auf Simmels philosophische Arbeit wie auch seinen Denkstil zu. Er ist den Phänomenen des sozialen und kulturellen Lebens (Alltag, Wissenschaft, Kunst, Religion) auf die Spur gekommen und den Problemen nachgegangen. Dabei hat er keine Lösungen angeboten, sondern seine Leserinnen und Leser zum Mit- und Nachdenken aufgerufen. Simmel hat sich selbst als eine Figur des Übergangs gesehen. Während sich die Philosophie als Fachwissenschaft um 1900 auf die Kerngebiete der Erkenntnis- und Wissenschaftstheorie zurückzieht und ihr mit verschiedenen Spielarten der Lebensphilosophie ein Gegner innerhalb und außerhalb der Bildungsinstitutionen entsteht, möchte Simmel diesen Gegensatz überbrücken und in eine philosophische Praxis übersetzen, die sich sowohl in der Analyse von Alltagsphänomenen (Geld, Mode, Kulinarik) als auch Grundfragen kultureller Existenz (Leben, Form, logische und ethische Kategorien) zu rechtfertigen weiß. Um dieses Ziel zu erreichen, plädiert er für eine radikale Entgrenzung des Gegenstandsbereichs philosophischer Analyse und deren Öffnung für einen methodischen Pluralismus. Die Phänomene der Alltagswelt, die Mode, das Geld, die Prostitution, die Strafpraktiken, auch das Lesen und Schreiben, lassen sich seiner Ansicht nach sowohl erkenntnistheoretisch als auch psychologisch und soziologisch analysieren. Der Philosophie kommt hierbei kein eigener Gegenstandsbereich zu. Ihre Aufgabe ist es, wie Simmel anmerkt, »von dem unmittelbar

[9] Nicolai Hartmann: Der philosophische Gedanke und seine Geschichte. In: Kleinere Schriften. Bd. 2. Abhandlungen zur Philosophie-Geschichte. Berlin 1957, 1–48; hier: 36.

Einzelnen, dem einfach Gegebenen das Senkblei in die Schicht der letzten geistigen Bedeutsamkeiten zu schicken«.[10] Was damit gemeint ist, soll im Blick auf die vorliegende Textsammlung erörtert werden.

Im Gegensatz zu den Neukantianern seiner Zeit bleibt Simmel nicht bei *Erkenntnisproblemen* stehen, sondern rollt diese als *Lebensprobleme* auf. So geht es ihm nicht nur um die Frage, wie wir uns selbst und die Welt erkennen, sondern darum, was es für uns heißt, mit unlösbaren logischen, ethischen und ästhetischen Widersprüchen zu leben, insofern das konkret Erfahrbare niemals restlos in einer allgemeinen Begriffssprache aufgeht.[11] Aus der Einsicht in die Unversöhnbarkeit der Gegensätze, beispielsweise zwischen Teil und Ganzem (Logik) oder Realem und Idealem (Ethik) folgt für Simmel aber weder eine Haltung theoretischer oder moralischer Indifferenz, sondern der entschiedene Kampf gegen jeglichen weltanschaulichen Relativismus. Er sucht einen Weg, wie wir nach den Zertrümmerungen unserer Welt- und Lebensgewissheiten (er denkt an Kopernikus, Kant und Darwin) noch unserem Bedürfnis nach Sinnkonstitution genügen wollen. In seinem Alterswerk *Lebensanschauung* (1918) skizziert er einen möglichen Pfad, der bemerkenswert ist, weil Simmel ohne Rücksicht auf die Üblichkeiten seiner Zeit auf die Rekonstruktion einer metaphysischen Perspektive abzielt. Auch das ist Teil seiner pfadfinderischen Neigung, die ihn zur Erkundung unbekannten Terrains treibt und ihn motiviert, ins Offene hinein zu denken. *Metaphysik* ist hier nicht mehr der Name einer philosophischen Disziplin, sondern der Ausweis einer Denkbewegung und Einstellung zu den Phänomenen der menschlichen Kultur.

10 Simmel: Rembrandt. Ein kunstphilosophischer Versuch. In: GSG 15, 305–515; 309.

11 Vgl. Gerald Hartung: Der Philosoph Georg Simmel – zur Einleitung. In: ders. / Heike Koenig / Tim-Florian Steinbach (Hg.): Der Philosoph Georg Simmel (Anm. 8), 13–14.

Wenn ein Merkmal für den Philosophen Georg Simmel charakteristisch ist, dann ist es sein intellektueller Wagemut. Für einen Philosophen des 20. Jahrhunderts ist es ein Wagnis, die Karte der Metaphysik auszuspielen. Viele Zeitgenossen werden bereits durch den Titel seines letzten Buches, *Lebensanschauung*, abgeschreckt worden sein, heute bestätigt der Titel noch weitergehende Vorurteile, die auf den Vertreter einer Lebensphilosophie, eines Irrationalismus und Relativismus in methodologischer wie auch weltanschaulicher Absicht abzielen. Lassen wir diese Einschränkungen wenigstens für einen Moment hinter uns, denn es ist nicht ausgemacht, dass die Philosophie nur eine Verwaltungslehre ihrer eigenen Bestände oder ein Reflexionszulieferer für wissenschaftstheoretische oder ethische Bedarfsszenearien ist. Philosophieren kann zu Simmels Zeiten und auch heute noch ein Abenteuer sein, ohne dass damit die Standards diskursiven Denkens und begründbaren Handelns aufgehoben wären. Für diese Haltung steht das philosophische Werk Simmels. In seiner Essay-Sammlung *Philosophische Kultur* (1911) hat er den Philosophen als »Abenteurer des Geistes«[12] bezeichnet. Sein Abenteuer bestehe darin, so Simmel, dass er das Aussichtslose, aber nicht Sinnlose wage. Er behandelt unlösbare Probleme – und genau das sind philosophische Probleme! –, als ob sie lösbar seien. Hier haben wir es mit einer für das Denken Simmels charakteristischen Paradoxie zu tun: Unser Nachdenken ist aussichtslos im Hinblick auf seine Resultate (Unlösbarkeit der Probleme), aber zugleich sinnvoll als Tätigkeit (Durchdenken der Probleme). Was hier gleichsam ausgeschlossen werden soll, das sind zwei Indifferenzpunkte: zum einen die Resignation angesichts der Aussichtslosigkeit des Problemdenkens und zum anderen die Erwartung von Sinnerfüllung durch Problemlösung.[13]

[12] Simmel: Das Abenteuer. In: GSG 14, 168–185; 175.

[13] Es ist ein großes Versäumnis, dass Nicolai Hartmann in seiner wunderbaren Abhandlung über Sinngebung und Sinnerfüllung [1934].

Ein weiterer Aspekt der Philosophie Simmels ist seine Feststellung, dass es keinen neutralen Ort des Philosophierens gibt. Hier zeigt er sich einer linkshegelianischen Perspektive in ihrer Spannung zwischen Max Stirner und dem jungen Karl Marx verpflichtet. Der Philosoph ist immer engagiert im Denken, sein Denken ist einem sozialen, politischen und geistigen Milieu verbunden. In der Terminologie Simmels heißt das, Leben und Denken in unauflöslicher Verwobenheit zu betrachten. Daher erhält die Frage einer grundlegenden weltanschaulichen Tönung unseres Denkens und Handelns für Simmels Verständnis von Philosophie als Wissenschaft und Philosophieren als Methode und Praktik des Denkens eine zentrale Bedeutung. In der Abhandlung *Zu einer Theorie des Pessimismus*, die zeitgleich mit der *Philosophie des Geldes* im Jahr 1900 erschienen ist, wird dieser Zusammenhang prägnant herausgearbeitet.[14] Es handelt sich um ein Glanzstück unter den vielen Texten Simmels, der das prekäre Verhältnis von Denken und Leben, Theorie und Praxis erörtert. Wir Menschen sind nach Simmels Ansicht aufgrund einer natürlichen Zweckmäßigkeit der Lebenserhaltung optimistisch gestimmt. Die Lebenstendenz des Optimismus ist eine Waffe im Kampf ums Dasein. Hier übernimmt Simmel das Szenario eines prekären Naturzustandes aus der angelsächsischen Tradition von Hobbes bis Darwin. Aber er erweitert den Gedanken in der Übertragung auf die Kulturgeschichte. Dem lebensdienlichen Optimismus korreliert nach Simmels Auffas-

In: Kleinere Schriften. Bd. 1. 1955, 245–279, nicht den Namen Simmels erwähnt, obwohl er von dessen Einsichten ausgehend seine Gedanken entwickelt. Erst Michael Landmann hat diesen Bezug in der Sache wiederhergestellt.

14 Simmel: Zu einer Theorie des Pessimismus. In: ders.: Gesamtausgabe. Bd. 5. Aufsätze und Abhandlungen 1894 bis 1900. Frankfurt a. M. 1992, S. 543–551; siehe unten, S. 83 ff. Vgl. für den Zusammenhang der Pessimismus-Debatte des späten 19. Jahrhunderts die Studie von Frederick C. Beiser: Weltschmerz. Pessimism in German Philosophy. 1860–1900. Oxford 2016.

sung die längste Zeit kulturgeschichtlicher Entwicklung eine optimistische Weltanschauung im mythischen, religiösen und philosophisch-wissenschaftlichen Denken. Nur solange davon auszugehen ist, dass die Welt auf die Erfüllung der tiefsten Sehnsüchte des Menschen angelegt ist, kann der Optimismus wirklich sicher und prinzipiell gegründet sein. Die Neuzeit und vor allem die Moderne destruieren jedoch die Grundlagen einer »Erfüllungsgewähr« unserer Sehnsüchte und Hoffnungen, wie Simmel das mit einer glücklichen Formulierung auf den Punkt bringt.[15]

Die kleine Abhandlung zur *Theorie des Pessimismus* impliziert eine philosophische Standortbestimmung Simmels. In kurzer Folge benennt Simmel die Reihe von Ereignissen, die zur Erschütterung des weltanschaulichen Optimismus und zur Etablierung einer modernen Weltanschauung geführt haben. Am Beginn steht Kopernikus, mit dessen Namen die äußerlich beschriebene, aber innerlich bedeutsame Tatsache verknüpft ist, dass die »Abzweckung des Weltbaus auf den Menschen höchst fraglich« wird.[16] Dann folgen die Erkenntnis der physikalischen und chemischen Ereignisse in den Körpervorgängen und die Deutung des Seelenlebens als eines Mechanismus. Hinzu kommt die Einordnung des Menschen in eine Reihe von Organismen, die Behauptung der Gleichheit aller Erscheinungen vor dem Naturgesetz und die Verneinung jeglicher Teleologie. Das Ergebnis dieser stufenweisen Zerrüttung von Weltgewissheit ist die Desintegration von menschlichen Wünschen einerseits, an deren Erfüllung nicht mehr geglaubt wird, und den Bedingungen der Wunscherfüllung andererseits, insofern ein Adressat fehlt. Dem modernen Menschen erscheint die Gesetzmäßigkeit der Natur unter der Dominanz der erklärenden Wissenschaften zunehmend als gleichgültig und sinn-indifferent.

15 Simmel: Zu einer Theorie des Pessimismus, 544; siehe unten, S. 84.
16 A. a. O.; siehe unten, S. 85.

Simmel stellt nun Fragen, die fortan sein philosophisches Nachdenken leiten: Wie werden wir mit dieser Lebenssituation klarkommen? Wie werden wir die Kluft zwischen einem lebenspraktischen Optimismus, der uns als organisches Wesen der Triebe, Leidenschaften und Begehrungen antreibt, und einem kulturellen Pessimismus, der uns an der sinnkonstituierenden Funktion von Wissenschaft und Philosophie zweifeln lässt, mit Leben erfüllen? Wie kann unsere Lebensführung ohne tradierte Institutionen, Formen und Praktiken der Sinnkonstitution gelingen? Das sind die fundamentalen Fragestellungen der Philosophie Simmels. Sie wurzeln in einer Analyse der kulturellen Existenz des modernen Menschen, die Simmel in disziplinärer Ungebundenheit mit den Methoden der Völkerpsychologie, Soziologie, Erkenntnistheorie und Logik/Kategorienlehre, Kultur- und Wissenschaftsgeschichte in seinen Schriften entfaltet – und für das ganze Verfahren den Namen *Philosophie* reserviert. In diesem Zusammenhang kommt es nicht darauf an, der einen disziplinären Bindung vor der anderen, der einen Methodenfrage vor der anderen einen Primat einzuräumen. Es zeigt sich vielmehr, dass bei Simmel die Einsicht in die Grundfragen der modernen Lebensform auf verschiedenen Wegen akkumulierend verläuft.

In seinen Vorträgen zu Kant, seinen Monographien über Schopenhauer und Nietzsche wie auch in seinem philosophisch-systematischen Werk *Hauptprobleme der Philosophie* macht Simmel deutlich, was eine Verwandlung von Erkenntnisproblemen in Lebensprobleme meint. So geht es ihm nicht allein um die Frage, was und wie wir uns selbst und die Welt erkennen, sondern um die weitergehende, die erste aber nicht obsolet machende Frage, was es für uns heißt, mit einem Widerspruch in der Lebensführung (bspw. Optimismus – Pessimismus), einem logischen Widerspruch in den Wissenschaften (bspw. das Konkrete und das Allgemeine) oder einem ethischen Widerstreit zwischen realen Bedingungen und idealen Forderungen umzugehen. Bemerkenswert ist für Simmel, dass die extremen Positionen – die völlige Resignation angesichts der Paradoxe und die vollständige Aufhebung des Widerstreits durch Versöhnung – nicht Teil unseres gelebten Lebens sind. Vielmehr zeigt sich immer wieder, dass wir Mittel- und Umwege gehen, auf denen wir ein kontrolliertes Scheitern des Problemdenkens praktizieren. In jedem Scheitern liegt ein Kontrollgewinn für zukünftiges Denken und Handeln. In der Summe liegt die eigentliche kulturelle Leistung des Menschen.

Simmel markiert auf diese Weise eine zentrale Aufgabe für das gegenwärtige philosophische Denken: Es geht um die nachhaltige Umbildung unserer Gemütsinteressen im Sinne einer Anpassung an die neue theoretische, post-kopernikanische, post-kantische und post-darwinsche Weltansicht. Die Umbildung ist uns, so Simmel, noch nicht geglückt. So haben wir noch keine Gewissheit, wie wir in und mit einer »Natur [leben werden], aus der alle übermechanischen Zwecke, alle besondere Beziehung zum Menschen, alle innere Wärme und Beseeltheit, alle *Götter Griechenlands* verschwunden sind«. Wir wissen noch nicht, wie der Umgang mit einer so verstandenen Natur »den Bedürfnissen eines Gemütslebens überhaupt genügen soll«.[17]

Simmel konstatiert, dass unsere Wissensbestände und Lebensformen sich verflüssigen. Er greift auf die Philosophiegeschichte des 19. Jahrhunderts zurück, um die weltanschaulichen Angebote dieser Zeit für seine Gegenwart furchtbar zu machen. Im Jahr 1906 breitet er in zwei Abhandlungen unter den Titeln *Schopenhauer und Nietzsche*[18] sowie *Kant und Goethe*[19] die Optionen aus. Besonders instruktiv ist die erste Studie, weil Simmel eine Charakteristik höherer Kultur gibt, die dem Menschen einen bestimmten Grad an Kultivierung ermöglicht und

17 A. a. O.; siehe unten, S. 86.

18 Simmel: Schopenhauer und Nietzsche. In: GSG 8, 58–68; siehe unten, S. 93 ff.

19 Simmel: Kant und Goethe. In: GSG 8, 116–123; siehe unten, S. 105 ff.

abverlangt. »Der Mensch ist, und zwar je höher er kultiviert ist, um so mehr das indirekte Wesen.«[20] Schopenhauers Philosophie wird zum philosophischen Ausdruck für die innere Lage des modernen Menschen, weil sie das Fehlen von theoretischen Lösungen für die Lebensprobleme und eine daraus resultierende Unruhe auf den Punkt bringt. Das moderne Leben als unerträglicher Zustand fordert die Konsequenz, den Pessimismus zu überwinden und neue Formen und Praktiken der Daseinsbejahung zu erproben. Hierfür steht der Name Nietzsche. Auf den wenigen Seiten von *Kant und Goethe* erörtert Simmel die Optionen, unter den Bedingungen moderner Kultur nicht die simplen Modelle des Materialismus und Spiritualismus – es sind spiegelverkehrte Angebote eines wissenschaftlichen und weltanschaulichen Reduktionismus – zu favorisieren. Diese weltanschaulichen Optionen werden von ihm mit den Namen Kant und Goethe verbunden. Das entscheidende Moment ist, dass beide Denker eingedenk ihrer gegensätzlichen Positionen einen nicht-reduktionistischen Ansatz sowohl in ihrer Betrachtung der Natur als auch der Kultur vertreten. Sie erscheinen bei Simmel wie Ikonen eines Problemdenkens, das sich in seinem Vollzug nicht um mögliche Problemlösungen schert.

Die Studien zu Weltanschauungsfragen stehen in einem engen Zusammenhang mit Simmels Arbeiten zur Diagnose des modernen Kulturlebens. Sie lassen sich als Antwortversuche auf frühere Texte lesen. Das ist zum einen die Studie *Persönliche und sachliche Kultur* (1900), die Simmel zuerst in der *Neuen Deutschen Rundschau (Freie Bühne*, Heft 7/1900) veröffentlicht hat.[21] Er erklärt die materiellen Kulturgüter – die Möbel, Kulturpflanzen, Kunstwerke, Maschinen, Geräte und Bücher – zu unserem eigenen, entfalteten Wollen und Fühlen. In diesem Sinne gibt es eine Korrespondenz zwischen äußerer, sachlicher

20 Simmel: Schopenhauer und Nietzsche, 58; siehe unten, S. 93.

21 Simmel: Persönliche und sachliche Kultur. In: GSG 5, 560–582; siehe unten, S. 39 ff.

und innerer, persönlicher Kultur. In der Gegenwart schreitet die Kultur der Dinge jedoch nicht in gleichem Maße und gleichem Tempo wie die Kultur der Individuen voran, d.h., die Individuen bleiben in ihrem Grad an Kultivierung hinter dem der Dinge oftmals zurück. Wenn diese Diagnose zutrifft, dann entwickelt das Wechselverhältnis zwischen unserem Selbstgefühl und der Einheit des Objekts eine besondere Dynamik. Denn die »Formung unserer Persönlichkeit«[22] hängt davon ab, wie Simmel betont, dass wir in der Lage sind, uns in der Beziehung zu den Objekten zu halten und diese unserem Rhythmus zu unterwerfen. Während in traditionellen, durch bäuerliche oder handwerkliche Tätigkeiten geprägten Gesellschaften die Personen mit den Gegenständen ihrer Umgebung im rhythmischen Einklang des Alltags stehen und mit ihnen nahezu verwachsen waren, emanzipieren sich die Kulturobjekte in der modernen Kultur zunehmend und bewegen sich, gleichgültig ob es sich um materielle oder geistige Objekte handelt, ohne personalen Träger.[23]

Simmel erkennt bereits um 1900 einen Trend, den er der modernen Kultur als Signatur einschreibt: Die Dinge fordern uns immer nachdrücklicher zur Anpassung auf. Diese Anpassungsleistung ist nur möglich, wenn wir eine »Biegsamkeit der Seele« voraussetzen. In traditionellen Wechselwirkungen zwischen subjektiver und objektiver Kultur ist die Seele zwar auch anpassungsfähig, hier ordnen sich letztendlich aber die Objekte den persönlichen Bedürfnissen der Menschen unter. Erst in einer modernen, rationalen und entzauberten, auf Arbeitsteilung, sachlicher Verwaltung und Massenkonsum basierenden Gesellschaft verkehrt sich das Verhältnis einseitig. Fortan wird vorrangig der Seele eine Anpassungsleistung abverlangt. Diese Verschiebung geht auf Kosten von Individualisationspro-

22 Simmel: Persönliche und sachliche Kultur, S. 565; siehe unten, S. 44.

23 Simmel: Persönliche und sachliche Kultur, S. 571–574; siehe unten, S. 51–54.

zessen. Statt einer Gesellschaft, die aus der Wechselwirkung von Individuen besteht, droht eine Gesellschaft als Summe von Masseteilen, die an Produktions- und Konsumationsprozesse angepasst sind. So variabel wie die Dinge in einer beschleunigten Produktions- und Konsumationsgesellschaft sind, so variabel werden auch wir: Die Außenverhältnisse bestimmen die Binnenstruktur unseres Ichs. Den materiellen und geistigen Kulturgütern, den institutionellen Formen und den technischen Apparaten, den versammelten Mitteln unseres alltäglichen Komforts, kurzum, wie Simmel das nennt, den Gebilden des objektiven Geistes fehlt eine Seele.[24]

Ein Glanzstück, und vollkommen zu Recht in der Rezeption des Werkes von Simmel aus der großen Menge von Abhandlungen der Jahre um 1900 herausgehoben, ist die Studie *Die Großstädte und das Geistesleben* (1903).[25] Programmatisch ist der erste Satz, der noch im Licht der Pessimismus-Debatte steht: »Die tiefsten Probleme des modernen Lebens quellen aus dem Anspruch des Individuums, die Selbständigkeit und Eigenart seines Daseins gegen die Übermächte der Gesellschaft, des geschichtlich Ererbten, der äußerlichen Kultur und Technik des Lebens zu bewahren.«[26] Simmel skizziert mit schnellem Pinselstrich das Großstadtleben. Er hebt seinen intellektualistischen Charakter hervor, der durch ein Zusammenwirken von Geldwirtschaft und Verstandesherrschaft motiviert wird. Auch in diesem Zusammenhang zeigt sich seine Virtuosität der Phänomenbeschreibung und die Prägnanz seines Problemdenkens. Simmel untersucht Phänomene, auch wenn diese an der Oberfläche des kulturellen Lebens liegen und banal erscheinen. An jedwedem Punkt kann es uns seiner Überzeugung nach gelingen, »ein Senkblei in die Tiefe der Seelen [zu] schicken«,

[24] Simmel: Persönliche und sachliche Kultur, S. 580; siehe unten, S. 61.

[25] Simmel: Die Großstädte und das Geistesleben. In: GSG 7, 116–131; siehe unten, S. 65 ff.

[26] Simmel: Die Großstädte und das Geistesleben, 116; siehe unten, S. 65.

um nachzuweisen, dass auch die »banalsten Äußerlichkeiten schließlich durch Richtungslinien mit den letzten Entscheidungen über den Sinn und Stil des Lebens verbunden sind.«[27]

Im Großstadtleben dominieren Phänomene der Distanziertheit und Reserviertheit gegenüber dem Mitmenschen. In Verhaltensformen, in Praktiken des Alltags und Institutionen wird die Verkörperung des objektiven Geistes und sein Übergewicht sichtbar. Insgesamt bescheinigt Simmel seiner Epoche eine »Atrophie der individuellen durch die Hypertrophie der objektiven Kultur«.[28] Dieser Zustand kennt zum einen Befürworter, zum anderen evoziert er auch den Hass der Prediger eines äußersten Individualismus (Nietzsche, Ruskin) auf das Großstadtleben. Gleichwohl finden diese Prediger eines authentischen Lebens, wie Simmel süffisant hinzufügt, ausschließlich in den Großstädten ihr Publikum. Diese Paradoxie gilt für ihn als indirekter Beweis für die weltgeschichtliche Bedeutung der quantitativen Verhältnisse des Großstadtlebens, die darin liegt, dass zwei Formen des Individualismus befördert werden: Neben der individuellen Unabhängigkeit wird auch die Ausbildung persönlicher Sonderart ermöglicht. Letztere ist jedoch eine Artikulation der Hypotrophie des Ichs und wirft uns auf die Frage zurück, wie wir mit unserem Leben klarkommen wollen.

Cum grano salis bieten die bisher vorgestellten Abhandlungen einen Überblick zur Diagnose der modernen Kultur und des modernen Menschen sowie erste Therapieangebote Simmels. Es kommt allerdings ein weiterer Aspekt hinzu, der für Simmels philosophische Arbeit ein Kristallisationspunkt sein wird. Spätestens seit der Abfassung der *Philosophie des Geldes* (1900) weiß Simmel um ein Grundproblem der modernen Kultur, das sich aus den vorausliegenden Studien zum Wider-

[27] Simmel: Die Großstädte und das Geistesleben, 120; siehe unten, S. 69.

[28] Simmel: Die Großstädte und das Geistesleben, 130; siehe unten, S. 80.

spruch optimistischer und pessimistischer Lebenshaltungen, zur Inkohärenz subjektiver und objektiver Kultur und zur Unauflöslichkeit konkurrierender Weltanschauungsangebote herleiten lässt: der *Relativismus*. Dieses Problem begegnet Simmel in doppelter Gestalt: einmal als in die moderne Kultur eingeschriebene relativistische Weltsicht und als Vorwurf gegen seinen philosophischen Standpunkt.[29]

Was ist gemeint, wenn vom Relativismus als Problem der modernen Kultur die Rede ist? Bei Simmels Zeitgenossen Wilhelm Dilthey und Wilhelm Windelband ist ein Relativismus unserer Denk- und Lebensformen, unserer Ansichten und Überzeugungen gemeint. Simmel folgt dieser Ansicht, aber er richtet seine Analyse nicht auf eine Problemlösung (wie Windelband mit seiner objektiven Wertlehre) aus, sondern forciert das Problemdenken (ohne aber mit Dilthey den hermeneutischen Weg zu privilegieren). Auf der einen Seite geht es ihm um eine Verwandlung von Erkenntnisproblemen in Lebensprobleme, deren Lösung er bekanntlich für aussichtslos erklärt. Wir Menschen werden den aufgedeckten Widersprüchen von Sein und Werden, Subjektivität und Objektivität, Realität und Idealität nicht mehr entkommen; diese bleiben die Hauptprobleme der Philosophie und fordern uns zu ständigem Nachdenken auf. Auf der anderen Seite jedoch geht es darum zu vermeiden, dass mit der Einsicht in die Unversöhnlichkeit der Gegensätze das Streben nach ihrer Vereinbarkeit im konkreten Fall (Seele, Individuum) und die Sehnsucht nach ihrer Aufhebung in einer idealen Form (Geist, Gesellschaft) nachlässt. Simmel spricht eine kaum zu überschätzende Gefahr für unser modernes Kulturleben an. Es könnte sein, dass das Differenz-

[29] Vgl. Hartung: *Ein Philosoph korrigiert sich selbst – Wilhelm Windelbands Abkehr vom Relativismus*. In: P. König et al. (Hg.): Wilhelm Windelband (1848–1915). Würzburg 2018, S. 45–60; Martin Kusch/Katherina Kinzel/Johannes Stezinger/Niels Wildschut (Hg.): *The Emergence of Relativism. German Thought from the Enlightenment to National Socialism*. Routledge: London and New York 2019.

wesen Mensch angesichts der Unlösbarkeit der Probleme seiner kulturellen Existenz resigniert (oder unvorteilhaften Lösungen anhängt, bspw. einem Traditionalismus oder Sozialismus) und am Indifferenzpunkt seiner Strebungen, Sehnsüchte und Hoffnungen aufhört, es selbst zu sein. Der Mensch ist als Differenzwesen konstitutionell Problemdenker und Sinnsucher – und eben nicht Problemlöser und Sinnfinder.

Anstatt nun das Problem des Relativismus zu negieren, irgendwelche Lösungen herbeizurufen oder gleichsam den Untergang des Abendlandes zu prophezeien, wie es einigen seiner Zeitgenossen eingefallen ist, wagt Simmel die anspruchsvolle These, dass die Einsicht in die Relativität unseres Wertgesichtspunkt nicht unweigerlich zur Wert- und Sinnindifferenz im Denken und Handeln führen muss. Der Mensch war, ist und wird seiner Ansicht nach ein wertfühlendes und wertsetzendes Wesen sein. Zu seiner organischen und geistigen Grundausstattung gehört, dass er seine Lebenswirklichkeit (Natur, Gesellschaft, Kultur) mit seinem Begehren durchdringt und entsprechend seinem Streben nach Sinn gestaltet. Zu Beginn der *Philosophie des Geldes* spricht Simmel in diesem Zusammenhang von einer anderen Ordnung, die neben oder oberhalb der Naturordnung entsteht.[30] Er liefert eine brillante Analyse der Eigenlogik dieser zweiten Ordnung, in der Formen, Symbole, Werte und Ideale regieren. Und er spricht vom Menschen als einem *objektiven Tier*, denn »nirgends in der Tierwelt finden wir auch nur Ansätze zu demjenigen, was man Objektivität nennt, der Betrachtung und Behandlung der Dinge, die sich jenseits des subjektiven Fühlens und Wollens stellt«.[31] Objektiv meint, dass der Mensch die Zweckreihen, in denen er sein Leben führt, über den Bereich der unmittelbaren Befriedigung

[30] Simmel: Philosophie des Geldes, Kap. 1, Abschnitt 1: Wirklichkeit und Wert als gegeneinander selbständige Kategorien. In: GSG 6, 23–54. Zu diesem Werk insgesamt: Gerald Hartung/Tim-Florian Steinbach (Hg.): Georg Simmels Philosophie des Geldes (Anm. 6).

[31] Simmel: Philosophie des Geldes, 385–386.

seines Begehrens hinaus verlängert, also den Moment der Erfüllung immer weiter aufschiebt. Kultur entsteht durch Aufschub des Begehrens, denn Kultur ist vor allem durch Distanz zur Welt und zu sich selbst charakterisierbar. Intellektualität, Sprache und Recht sind nach Simmels Ansicht die Katalysatoren der Kulturentwicklung, an deren Ende eine raffinierte objektive Kultur der Moral und des Rechts, der Wissenschaften und Künste, insbesondere in ihren institutionalisierten Formen, steht. Aber Intellektualität, Sprache, Recht und Geld sind auch die Motoren zur Herausbildung einer zunehmend versachlichten und entpersönlichten Kultur, da sie als Mittel und Medien indifferent zu ihren wechselnden Inhalten stehen.[32]

Mit erstaunlicher diagnostischer Wucht weist Simmel in der *Philosophie des Geldes* und in den folgenden Jahren darauf hin, dass der Übergang von der Natur zur Kultur multiperspektivisch, also psychologisch, historisch, soziologisch und philosophisch betrachtet werden muss. Er weist zugleich darauf hin, dass es sich hierbei immer auch um einen Prozess der Kultivierung des Selbst handelt, der sich im konkreten Einzelfall ereignet und als solcher gezeigt werden muss. Das ist einer der Hauptpunkte der Abhandlung *Vom Wesen der Kultur* (1908).[33]

Beide genannten Aspekte – der Übergang von der Natur zur Kultur (natura altera) und die Selbstkultivierung des Individuums (cultura animi) müssen zusammengedacht werden, handelt es sich bei ihnen doch um die Grundprobleme einer Kulturphilosophie, insofern diese einen systematischen Anspruch verfolgt.[34] Simmels Erörterungen sind wegweisend. Er betont, dass Selbstkultivierung einen bestimmten Grad der Versach-

[32] Simmel: Philosophie des Geldes, Kap. 1. In: GSG 6, 171; 609.

[33] Simmel: Vom Wesen der Kultur. In: GSG 8, 363–373; siehe unten, S. 115 ff.

[34] Vgl. Klaus Christian Köhnke: Begriff und Theorie der Moderne. Vorlesungen zur Einführung in die Kulturphilosophie 1996–2002. Aus dem Nachlaß herausgegeben von J. Bohr. Freiburg/München 2019, 227–255.

lichung (Stichwort: Distanz zu Personen, Dingen und dem eigenen Selbst) voraussetzt, jedoch ab einem bestimmten Grad der Versachlichung eben dieser Strukturen, wenn die Funktionalität der Mittel, bspw. das Recht und die Sprache, jedweden substantiellen Anspruch an Personen und Dinge auflöst, zu einem schwierigen, wenn nicht gar unmöglichen Unterfangen wird.[35]

Hier schließen sich zentrale Überlegungen an, die ebenfalls in den Bereich einer Kulturphilosophie gehören: Wie soll noch eine Distanzierungsleistung erbracht werden, wenn alle Personen und Dinge in Äquidistanz gerückt sind? Wie lässt sich das Eigene ausbilden, wenn das Fremde in seinem konstitutiven Anderssein nicht mehr erkannt wird? Wie sich noch im Denken üben, wenn doch alle theoretischen Ansprüche an die Welt für gleich- und ungültig erklärt wurden? Wie sich begrenzen, ein bestimmtes Dasein und Sosein ausbilden, wenn das Sein selbst relativistischen Charakter hat?[36]

Variationen zu diesen Fragestellungen, die Ausweis seines Problemdenkens sind, bietet Simmel in seinen Abhandlungen aus seinem letzten Lebensjahrzehnt, beginnend mit der Essay-Sammlung *Philosophische Kultur* (1911), zu der auch die bekannte Studie *Der Begriff und die Tragödie der Kultur* und der Essay *Weibliche Kultur* (beide 1911)[37] gehören, und abschließend mit einer seiner letzten Arbeiten, der Studie *Konflikt der*

[35] Simmel: Philosophie des Geldes, Kap. 2, Abschnitt 3: Geschichtliche Entwicklung des Geldes von der Substanz zur Funktion. In: GSG 6, 173–198.

[36] Simmel: Philosophie des Geldes, Kap. 6; letzter Absatz des Buches. In: GSG 6, 716.

[37] Als bekannt (und auch berühmt) bezeichne ich die Abhandlung *Der Begriff und die Tragödie der Kultur* deshalb, weil ein Großteil der Literatur über den Kulturkritiker und Kulturphilosophen Simmel sich vorrangig (und manchmal auch exklusiv) auf diesen Text stützt. Simmel: *Der Begriff und die Tragödie der Kultur.* In: GSG 14, 385–416; siehe unten, S. 127 ff. *Weibliche Kultur.* In: GSG 14, 417–459; siehe unten, S. 161 ff.

modernen Kultur (1918)[38]. Die Studie *Der Begriff und die Tragödie der Kultur* nimmt in der Rezeptionsperspektive nicht gänzlich zu Unrecht einen Sonderstatus unter den Texten Simmels ein. Auf wenigen Seiten entwickelt Simmel vor dem Hintergrund eines Mensch-Tier-Vergleichs eine These von der Sonderstellung des Menschen in der Natur: Nur im Menschen entsteht ein Gegensatz von Ich und Welt. Von diesem ersten Dualismus ausgehend entspinnt sich der endlose Prozess zwischen Subjekt und Objekt, in dessen spannungsreicher Mitte die Idee der Kultur erzeugt wird. Diese Idee meint nichts anderes als die Konsequenz der fundamentalen dualistischen Position, nämlich die konfliktreiche Auseinandersetzung des Ichs mit der Welt, das Herausgehen des Subjekts durch Objektivierung seines Inneren und Konstituierung einer Welt der Objekte, mithin der Weg der Seele über sich hinaus zu sich selbst zurück. Auf diesem Weg werden Verbindungen gestiftet zwischen dem Inneren und Äußeren, die fragil oder stabil sein können. Eine gelingende Stabilisierung des Innen-Außen-Verhältnisses ist für Simmel das Ergebnis von *Kultivierung*. Der Mensch kultiviert sich, insofern er sich von einer undefinierbaren personalen Einheit zu einer definierten Einheit entwickelt. »Oder anders ausgedrückt: Kultur ist der Weg von der geschlossenen Einheit durch die entfaltete Vielheit zur entfalteten Einheit.«[39] Kultivierung ist nicht das Ergebnis einer Addition von Fähigkeiten, sondern einer echten Akkumulation von subjektivem Streben und überpersönlichen Inhalten. Die überpersönlichen, objektiv geistigen Gebilde – wie bspw. Kunstwerke, sittliche Normen, Standards der Wissenschaft, Gebilde der Technik, Institutionen von Religion, Recht, Politik, aber auch zweckgeformte Gegenstände des Alltags (Mobiliar, Schreibgeräte, Bücher) –

[38] Simmel: Der Konflikt der modernen Kultur. In: GSG 16, 183–207; siehe unten, S. 207 ff.

[39] Simmel: Der Begriff und die Tragödie der Kultur, 387; siehe unten, S. 129 ff.

sind nach Simmels Ansicht unverzichtbare Zwischenstationen, über die und durch die hindurch das Subjekt gehen muss, um sich als Kulturwesen zu behaupten.

Simmel spricht in diesem Zusammenhang von einem »Paradoxon der Kultur, dass das subjektive Leben [...] diese Vollendung, von der Idee der Kultur aus gesehen, gar nicht aus sich heraus erreichen kann, sondern nur über jene, ihm jetzt ganz formfremd gewordenen, zu selbstgenugsamer Abgeschlossenheit kristallisierten Gebilde«.[40] Diese Paradoxe gilt im allgemeinen für jedwedes kulturelle Niveau und ist der Motor für die kulturelle Entwicklung, insofern die Begehrungen, Strebungen und Sehnsüchte der Subjekte in keiner gegebenen Kultur Befriedigung und Versöhnung erfahren. Kultivierung kann jedoch im Einzelfall so weit getrieben werden, dass die Möglichkeit einer Synthese der subjektiven und objektiven Seite des Prozesses, des Weges der Seele mit dem Weg der Kultur möglich erscheint. Dieser Option hat Simmel seine großen Monographien über *Goethe* (1913) und *Rembrandt* (1916) gewidmet. Das sind allerdings Ausnahmen und der Regelfall wird von ihm als ein tragisches Verhältnis bezeichnet, da die Kräfte, die sich gegen ein Subjekt – als objektiver, institutioneller Zwang – richten, aus den »tiefsten Schichten eben dieses Wesens selbst entspringen«.[41] Hier zeigt sich, dass kulturelle Formen nicht mehr Zwischenstationen auf einem Weg der Seele sind, sondern eine Eigenentwicklung durchmachen, von Mitteln der Seele zu eigenen Zwecken der Kultur werden. Die Lage des modernen Menschen ist daher in einem Höchstmaß prekär.

Aber Simmel wäre nicht Simmel, wenn er nicht ein ambivalentes Ergebnis seines Problemdenkens präsentieren würde. Einerseits motiviert allein der Gegensatz von Subjekt und Ob-

[40] Simmel: Der Begriff und die Tragödie der Kultur, 389; siehe unten, S. 131.

[41] Simmel: Der Begriff und die Tragödie der Kultur, 411; siehe unten, S. 155.

jekt eine Dynamik der Kulturentwicklung. Das »Unternehmen des Geistes« – als die Überwindung des Objektes der Natur durch den Geist als Objekt seiner selbst – gelingt unzählige Male, wie Simmel betont. Die Resultate sind im Alltag zu sehen, aber es kann sich auch um Kulturleistungen von herausragender Bedeutung handeln. Andererseits verliert das Unternehmen, Natur durch Kultur zu ersetzen, mit zunehmender Perfektion auch sein Korrektiv. Sein ursprünglicher Zweck, der Seele einen Weg zu sich selbst zu bahnen, gerät aus dem Blick. Das ist die eigentliche Tragik der Kultur.[42]

Der Essay *Weibliche Kultur* gehört in diese Textsammlung, weil er eine Probe darstellt, inwieweit Simmel seine allgemeine Diagnose vom Zustand der modernen Kultur in die Konkretion zu treiben bereit ist. Und hier ist die Rechnung gemischt. Zweifelsohne gehört Simmel im Feld der sog. Frauenfrage zu den progressiven Denkern seiner Zeit. So prüft er die Frage, ob der Impuls der modernen Frauenbewegung in Richtung subjektiver oder objektiver Kultur geht. Und er schließt die Frage an, ob im Zuge der Frauenemanzipation qualitativ neue Gebilde des objektiven Geistes entstehen und sich damit eine Vermehrung des sachlichen Kulturgehalts ergeben wird. Anstatt jedoch sozialpolitische Daten zu sammeln und eine soziologische Analyse mit empirischen Anteilen durchzuführen, kommt Simmel direkt zur Vermutung einer »Inadäquatheit der weiblichen Wesensart für objektive Kulturleistungen«, ohne jedoch die objektiven Kulturleistungen von Frauen im Einzelfall leugnen zu wollen.[43] Auch diese These schränkt er partiell wieder ein, um dem weiblichen Wesen zumindest gelingende Objektivierungen in Kulturproduktionen auf dem Gebiet der bildenden Kunst und der Schauspielkunst zuzusprechen. Aber wahrhaft kulturschöpferische Leistungen können Frauen nach

[42] Simmel: Der Begriff und die Tragödie der Kultur, 415–416; siehe unten, S. 159 f.

[43] Simmel: Weibliche Kultur, 429; siehe unten, S. 174.

Simmels Ansicht nur auf zwei Gebieten erbringen: im Haus und im Einfluss auf Männer.[44] Seine Überlegungen gipfeln in dem Satz: »Das Werk der Frau [...] ist der Mann.«[45] Allerdings schränkt Simmel auch den Geltungsbereich dieser Bestimmungen wieder ein, insofern er sie als Resultat geschichtlicher Gegebenheiten auffasst und die Frage der Zukunftsmöglichkeiten davon abgetrennt behandeln will. Vielleicht, so wagt er zu vermuten, könnte es in der Zukunft eine neue Synthese geben, also eine objektive Kultur, die um die Nuancen des Weiblichen bereichert wird. Aber Simmel zweifelt durchaus an dieser Möglichkeit, denn er gibt zu bedenken, dass die Zukunft eventuell nur Wiederholungen der Vergangenheit bereithält und zudem die objektive Kultur dem weiblichen Wesen so heterogen sein könnte, dass eine »objektive weibliche Kultur eine *contradictio in adiecto* ist«.[46]

Die Abhandlung *Weibliche Kultur* zeigt Simmel nicht nur als Kulturphilosophen, der seine kategorialen Zuordnungen in der Konkretion des kulturellen Lebens anzuwenden versucht, sondern auch als Denker des frühen 20. Jahrhunderts, der mit der Rede vom »weiblichen Wesen« auf eine essentialistische, pseudobiologische und politische Kategorie zurückgreift, die ihm seinem theoretischen Anspruch nach gar nicht mehr zur Verfügung steht. In dieser Hinsicht ist die Abhandlung ein ausgezeichnetes Dokument der Zerrissenheit Simmels zwischen tradierten Normen und Wertvorstellungen einerseits und einer von ihm selbst propagierten relativistischen Weltsicht andererseits.

Den Abschluss der vorliegenden Textsammlung bildet die Abhandlung *Der Konflikt der modernen Kultur*, die auf einen Vortrag zurückgeht, den Simmel in den Anfangsmonaten des Jahres 1918 in Berlin, Straßburg und Amsterdam gehalten hat.

44 Simmel: Weibliche Kultur, 447; siehe unten, S. 199.

45 Simmel: Weibliche Kultur, 452; siehe unten, S. 204.

46 Simmel: Weibliche Kultur, 457; siehe unten, S. 204.

Es handelt sich um eine Kurzfassung seiner These vom Kampf der Prinzipien Leben und Form, die er im *Goethe*, im *Rembrandt* und in der *Lebensanschauung* unterschiedlich akzentuiert hat. Im Vortrag spricht Simmel davon, dass sich der Konflikt aktuell zu einer »Gesamtnot der Kultur akkumuliert«.[47] Er skizziert in Umrissen einen Kulturwandel, der sich aktuell im Expressionismus als künstlerischer Bewegung und im Pragmatismus als philosophischer Bewegung artikuliert. Der Pragmatismus formuliert eine populäre Position der Zeit, da er die Unabhängigkeit der Wahrheit vom geschichtlichen Zusammenhang bestreitet und das Erkennen zu einer Funktion des Lebens erklärt. Das Leben wird im frühen 20. Jahrhundert zu einem »Zentralbegriff«.[48] Was Leben heißt, soll weder durch ein idealistisches System noch eine materialistische Weltanschauung diszipliniert werden. In den Bereichen der Kunst, Ethik und Religiosität erkennt Simmel die gleiche Tendenz, den Lebensprozess aus sich heraus verstehen zu wollen. Er plädiert dafür, diesen anti-systematischen, aber auch anti-reduktionistischen Impuls der Gegenwart ernst zu nehmen. Hier zeigt sich ein Bewusstsein für das Konfliktpotential, das mit dem beständigen Ringen des Lebens um seine jeweilige Form im Kulturgeschehen seit den Anfängen wirkt und sich in der Gegenwart lediglich in einem bisher nicht gekannten Maß zuspitzt, weil wir ein ungeheures Wachstum der objektiven Kultur und eine Radikalisierung individueller Lebensformen erleben.[49]

Die vorliegende Textauswahl soll einen Eindruck von der systematischen Breite der Phänomenbeschreibungen und der Dringlichkeit des Problemdenkens in Simmels Werk vermitteln. Nicht alles ist auf unsere Zeit zu übertragen und auch

[47] Simmel: Der Konflikt in der modernen Kultur, 185; siehe unten, S. 209.

[48] Simmel: Der Konflikt in der modernen Kultur, 186; siehe unten, S. 211.

[49] Simmel: Der Konflikt in der modernen Kultur, 207; siehe unten, S. 233.

das philosophische Vokabular, insbesondere die Emphase für den Leben-Form-Konflikt, wirkt zuweilen angestaubt. Es wäre jedoch die Wiederholung eines üblichen Vorurteils, wenn die Beschäftigung mit dem Philosophen Simmel an der Oberfläche hängen bliebe. Wir haben einige Aspekte angesprochen, die Simmel als einen Denker erscheinen lassen, der uns auch heute noch zu denken gibt. Dazu gehört zum einen seine pfadfinderische Arbeitsweise, die sich weder auf einen Gegenstandsbereich begrenzen noch auf eine Methode verpflichten lässt. Hierher gehört auch sein Hinweis, dass Erkenntnisprobleme als Lebensprobleme zu behandeln sind, weil theoretische Fragen und die Optionen ihrer Beantwortung durchaus Konsequenzen für die Lebensführung haben. Was für Simmel mit den Namen Kopernikus, Kant und Darwin aufgerufen wird, findet heute seine Nachfolge in der Physik, der Neurologie und der Verhaltensbiologie. Es besteht weiterhin die Aufgabe, angesichts der Unlösbarkeit der großen und kleinen Welträtsel weder in Resignation abzugleiten noch irgendwelchen weltanschaulichen Versöhnungsprogrammen zu glauben. Beides käme einem *sacrificium intellectus* gleich.

In kulturphilosophischer Hinsicht ist Simmels Lob der Umwege besonders bemerkenswert. Es gibt nicht die Option einer unmittelbaren Realisierung unserer innersten Begehrungen, Wünsche und Sehnsüchte. Immer müssen wir den Weg über die kulturellen Formen gehen, was neben einem tragischen Scheitern auch Chancen (Kultivierung) und Risiken (Vermassung) beinhaltet. Diese Fragen sind heute so aktuell wie um 1900. Überraschend mag Simmels Emphase für die Funktion der Philosophie angesichts der skizzierten Problemlage erscheinen. Nach Simmels Ansicht sollte die Philosophie einen bedeutenden Anteil an der Bearbeitung der Lebensprobleme seiner Zeit haben. Der Philosoph übernimmt in exzeptioneller Weise das Projekt der Selbstkultivierung. Seine Persönlichkeit hat sich in den objektiven Realitäten auszudrücken und darf ihnen nicht ausweichen. Damit macht er eine menschliche

Geistesart als Typus in einem Fall sichtbar und realisiert eine Möglichkeit des Menschseins. Auch hier treffen wir auf eine für Simmel charakteristische Paradoxe. »Man könnte diese Auffassung der Philosophie in die Formel zusammenfassen, daß das philosophische Denken das Persönliche versachlicht und das Sachliche verpersönlicht.«[50] Der Philosoph führt uns im Einzelfall vor, was Problemdenken heißt und was es heißt, sich im Denken und Handeln selbst zu behaupten, auch wenn keine Problemlösungen zur Verfügung stehen. Der Philosoph tritt auf als individualisierter Typus, weil sich die allgemeinmenschlichen Widersprüche, Paradoxe und Antinomien nicht im neutralen Irgendwo zeigen, sondern am Ort des Denkens, der immer auch der konkrete Ort eines Individuums ist, das lebt und sein Leben führt.

Philosophieren heißt so gesehen, festzuhalten an dem, was einem versagt bleibt, die Sinnsuche fortzusetzen, obwohl Sinnerfüllung aussichtslos ist. Philosophieren wird zur Lebens- und Kulturaufgabe. In diesem Sinne werden Simmels hier versammelte Texte ohne disziplinären und systematisierenden Zwang der Kulturphilosophie zugerechnet. Simmels Senkblei gehört in den Werkzeugkasten jeder Kulturphilosophin.

Ich danke meinen Mitarbeiterinnen und Mitarbeitern sowie den Studierenden an der *Bergischen Universität Wuppertal* für die Bereitschaft, mit mir gemeinsam in den letzten Jahren dem Denkwegen Simmels zu folgen. Marcel Simon-Gadhof vom *Felix Meiner Verlag* danke ich für das Wagnis, einigen Texten Simmels den Zugang zur *Philosophischen Bibliothek* zu eröffnen.

Wuppertal/Berlin, im Juli 2020

[50] Simmel: Hauptprobleme der Philosophie. In: GSG 14, 7–157; 30.

Editorische Notiz

Die in dieser Ausgabe enthaltenen Texte Simmels entstammen dem Zeitraum zwischen 1900 und 1918, in dem die deutsche Rechtschreibung im Zuge der 2. Orthographischen Konferenz von 1901 erstmals vereinheitlicht wurde. Anders als in der Georg-Simmel-Gesamtausgabe (herausgegeben von Otthein Rammstedt, 24 Bände, Frankfurt/M. 1989–2015) sind in unserer Ausgabe Orthographie und Interpunktion unter Erhaltung des Lautstands und sprachlicher Eigenheiten Simmels behutsam an heutige Regeln angeglichen.

Um Textstellen leichter auffinden zu können, wird im Kolumnentitel innen die Paginierung der jeweiligen Bände der Gesamtausgabe mitgeführt.

Nachweis der Erstveröffentlichungen

Folgende Erstveröffentlichungen liegen unserer Ausgabe zugrunde:

1. Persönliche und sachliche Kultur, in: Neue Deutsche Rundschau (Freie Bühne) 11 (1900) 7, S. 700–712.
2. Die Großstädte und das Geistesleben, in: Die Großstadt. Vorträge und Aufsätze zur Städteausstellung (Jahrbuch der Gehe-Stiftung Dresden, hrsg. von Th. Petermann, Band 9, 1903, S. 185–206).
3. Zu einer Theorie des Pessimismus, in: Die Zeit. Wiener Wochenschrift für Politik, Volkswirtschaft, Wissenschaft und Kunst, 22 (1900) 277 vom 20. 1., S. 38–40.
4. Schopenhauer und Nietzsche, in: Vossische Zeitung. Königlich priviligierte Berlinische Zeitung von Staats- und gelehrten Sachen, No. 102, Morgenausgabe vom 2. März 1906.
5. Kant und Goethe, in: Die Zukunft, hrsg. von Maximilian Harden, No. 57 vom 24. Dezember 1906, S. 315–319.
6. Vom Wesen der Kultur, in: Österreichische Rundschau, hrsg. von Alfred Frhr. von Berger, Karl Glossy, Leopold Frhr. von Chlumecky und Felix Frhr. von Oppenheimer, 15 (1908) 1, S. 36–42.
7. Der Begriff und die Tragödie der Kultur, in: Georg Simmel, Philosophische Kultur. Gesammelte Essais, 2., um einige Zusätze vermehrte Aufl., Leipzig 1919, S. 223–253
8. Weibliche Kultur, in: ebd., S. 254–295.
9. Der Konflikt der modernen Kultur – ein Vortrag, München und Leipzig 1918.

GEORG SIMMEL

Essays zur Kulturphilosophie

Persönliche und sachliche Kultur

Wenn der intelligente Wille die Dinge zu der Höhe heraufarbeitet, in der wir sie als kultiviert bezeichnen, so leistet er seine Kulturarbeit doch nicht an ihnen, sondern an uns. Die materiellen Kulturgüter: Möbel und Kulturpflanzen, Kunstwerke und Maschinen, Geräte und Bücher, in denen natürliche Stoffe zu ihnen zwar möglichen, durch ihre eignen Kräfte aber nie verwirklichten Formen entwickelt werden, sind unser eignes, durch Ideen entfaltetes Wollen und Fühlen, das die Entwicklungsmöglichkeiten der Dinge, soweit sie auf seinem Wege liegen, in sich einbezieht; und das verhält sich nicht anders als mit der Kultur, die das Verhältnis des Menschen zu anderen und zu sich selbst formt: Sprache, Sitte, Religion, Recht. Insofern diese Werte als kulturell angesehen werden, unterscheiden wir sie von den bloß natürlichen Ausbildungsstufen der in ihnen lebendigen Energien, die aber für den Kultivierungsprozess ebenso nur Material sind wie Holz und Metall, Pflanzen und Elektrizität. Indem wir die Dinge kultivieren, d. h. ihr Wertmaß über das durch ihren natürlichen Mechanismus uns geleistete hinaus steigern, kultivieren wir uns selbst: es ist der gleiche, von uns ausgehende und in uns zurückkehrende Werterhöhungsprozess, der die Natur außer uns oder die Natur in uns ergreift. Die bildende Kunst zeigt diesen Kulturbegriff am reinsten, weil in der größten Spannung der Gegensätze. Denn hier scheint zunächst die Formung des Gegenstandes sich jener Einfügung in den Prozess unserer Subjektivität völlig zu entziehen. Das Kunstwerk deutet uns doch grade den Sinn der Erscheinung selbst, liege ihm dieser nun in der Gestaltung der Räumlichkeit oder in den Beziehungen der Farben oder in der Seelenhaftigkeit, die so in wie hinter dem Sichtbaren lebt. Immer aber gilt es, den Dingen ihre Bedeutung und ihr Geheimnis abzulauschen, um es in reinerer oder deutlicherer Gestalt, als zu der ihre natürliche Entwicklung es gebracht hat, darzustellen – nicht aber im Sinne chemischer oder physikalischer Technologie, die die | Gesetzlichkeiten der Dinge erkundet, um sie in unsere außerhalb ihrer gelegenen Zweckreihen einzustellen; vielmehr, der artistische Prozess ist abgeschlossen, sobald er den Gegenstand zu dessen eigenster Bedeutung entwickelt hat. Tatsächlich ist hiermit dem bloß artistischen Ideal auch genügt, denn für dieses ist die Vollendung des Kunstwerkes als solchen ein objektiver Wert, völlig unabhängig von seinem Erfolge für unser subjektives Fühlen: das Stichwort des *l'art pour l'art* bezeichnet treffend die Selbstgenugsamkeit der rein künstlerischen Tendenz. Anders aber vom Standpunkt des Kulturideals. Das Wesentliche dieses ist eben, dass es die Eigenwertigkeit der ästhetischen, wissenschaftlichen, sittlichen, eudämonistischen, ja der religiösen Leistung aufhebt, um sie alle als Elemente oder Bausteine in die Entwicklung des menschlichen Wesens über seinen Naturzustand hinaus einzufügen; oder genauer: sie sind die Wegestrecken, die diese Entwicklung durchläuft. Indem der Mensch die Objekte kultiviert, schafft er sie sich zum Bilde: insofern die transnaturale Entfaltung ihrer Energien als Kulturprozess gilt, ist sie nur die Sichtbarkeit oder der Körper für die gleiche Entfaltung unserer Energien.

Dieser Erörterung des allgemeinen Kulturbegriffs stelle ich nun ein besonderes Verhältnis innerhalb der gegenwärtigen Kultur gegenüber. Vergleicht man dieselbe etwa mit der Zeit vor hundert Jahren, so kann man – viele individuelle Ausnahmen vorbehalten – doch wohl sagen: die Dinge, die unser Leben sachlich erfüllen und umgeben, Geräte, Verkehrsmittel, die Produkte der Wissenschaft, der Technik, der Kunst – sind unsäglich kultiviert, aber die Kultur der Individuen, wenigstens in den höheren Ständen, ist keineswegs in demselben Verhältnis vorgeschritten, ja vielfach sogar zurückgegangen. Dies ist ein keines Einzelbeweises bedürftiges Verhältnis. Ich hebe darum nur weniges hervor. Die sprachlichen Ausdrucksmöglichkeiten haben sich, im Deutschen wie im Französischen, seit hundert Jahren außerordentlich bereichert und nuanciert; nicht nur die Sprache Goethes ist uns geschenkt, sondern es ist noch eine große Anzahl von Feinheiten, Abtönungen, Individualisierungen des Ausdrucks hinzugekommen. | Dennoch, wenn man das Sprechen und Schreiben der Einzelnen betrachtet, so wird es als Ganzes immer inkorrekter, würdeloser und trivialer. Und inhaltlich: der Gesichtskreis, aus dem die Konversation ihre Gegenstände schöpft, hat sich objektiv, durch die vorgeschrittene Theorie und Praxis, in derselben Zeit erheblich erweitert; und doch scheint es, als ob die Unterhaltung, die gesellschaftliche wie auch die intimere und briefliche, jetzt viel flacher, uninteressanter und weniger ernsthaft wäre als am Ende des 18. Jahrhunderts. In diese Kategorie gehört es, dass die Maschine so viel geistvoller geworden ist als der Arbeiter. Wie viele Arbeiter, sogar unterhalb der eigentlichen Großindustrie, können denn heute die Maschine, an der sie zu tun haben, d.h. den in der Maschine investierten Geist, verstehen? Nicht anders liegt es in der militärischen Kultur. Was der einzelne Soldat zu leisten hat, ist im Wesentlichen seit lange unverändert geblieben, ja, in manchem durch die moderne Art der Kriegführung herabgesetzt. Dagegen sind nicht nur die materiellen Werkzeuge derselben, sondern vor allem die jenseits aller Individuen stehende Organisation des Heeres unerhört verfeinert und zu einem wahren Triumph objektiver Kultur geworden. Und auf das Gebiet des rein Geistigen hinsehend – so operieren auch die kenntnisreichsten und nachdenkendsten Menschen mit einer immer wachsenden Zahl von Vorstellungen, Begriffen, Sätzen, deren genauen Sinn und Inhalt sie nur ganz unvollständig kennen. Die ungeheure Ausdehnung des objektiv vorliegenden Wissensstoffes gestattet, ja erzwingt den Gebrauch von Ausdrücken, die eigentlich wie verschlossene Gefäße von Hand zu Hand gehen, ohne dass der tatsächlich darin verdichtete Gedankengehalt sich für den einzelnen Gebraucher entfaltete. Wie unser äußeres Leben von immer mehr Gegenständen umgeben wird, deren objektiven, in ihrem Produktionsprozess aufgewandten Geist wir nicht entfernt ausdenken, so ist unser geistiges Innen- und Verkehrsleben von symbolisch gewordenen Gebilden erfüllt, in denen sowohl sachlich wie ihrer Entstehung nach eine umfassende Geistigkeit aufgespeichert ist – während der individuelle Geist davon nur ein Minimum auszunutzen pflegt. Diese Diskrepanz zwischen der objektiv gewordenen | und der subjektiven Kultur scheint sich stetig zu erweitern. Täglich und von allen Seiten her wird der Schatz jener vermehrt, aber nur wie aus weiter Entfernung ihr folgend und in einer nur wenig zu steigernden Beschleunigung kann der individuelle Geist die Formen und Inhalte seiner Bildung erweitern.

Wie erklärt sich nun diese Erscheinung? Wenn alle Kultur der Dinge, wie wir sahen, nur eine Kultur der Menschen ist, sodass nur wir uns ausbilden, indem wir die Dinge ausbilden – was bedeutet jene Entwicklung, Ausgestaltung, Vergeistigung der Objekte, die sich wie aus eignen sachlich Kräften und Normen heraus vollzieht und ohne dass sich einzelne Seelen darin oder daran entsprechend entfalteten? Hierin hegt eine Steigerung des rätselhaften Verhältnisses vor, das überhaupt zwischen dem Leben und den Lebensprodukten der Gesellschaft einerseits und den fragmentarischen Daseinsinhalten der Individuen andrerseits besteht. In Sprache und Sitte, politischer Verfassung und Religionslehren, Literatur und Technik ist die Arbeit unzähliger Generationen niedergelegt, als gegenständlich gewordener Geist, von dem jeder nimmt, so viel er will oder kann, den aber überhaupt kein Einzelner ausschöpfen könnte; zwischen dem Maß dieses Schatzes und dem des davon Genommenen bestehen die mannigfaltigsten und zufälligsten Verhältnisse, und die Geringfügigkeit oder Irrationalität der individuellen Anteile lässt den Gehalt und die Würde jenes Gattungsbesitzes so unberührt, wie irgendein körperliches Sein es von seinem Wahrgenommen- oder Nichtwahrgenommenwerden bleibt. Wie sich der Inhalt und die Bedeutung eines vorliegenden Buches als solche indifferent zu seinem großen oder kleinen, verstehenden oder verständnislosen Leserkreise verhält, so steht auch jedes sonstige Kulturprodukt dem Kulturkreise gegenüber, zwar bereit, von jedem ergriffen zu werden, für diese Bereitheit aber immer nur eine sporadische Aufnahme findend. Diese verdichtete Geistesarbeit der Kulturgemeinschaft verhält sich also zu ihrer Lebendigkeit in den individuellen Geistern wie die weite Fülle der Möglichkeiten zu der Begrenzung der Wirklichkeit. In der aufgespeicherten Geistesarbeit der Gattung liegen präformierte | Inhalte vor, der Verwirklichung in individuellen Geistern sich darbietend, aber auch jenseits solcher ihre Bestimmtheit festhaltend, die keineswegs die eines materiellen Gegenstandes ist; denn selbst wenn der Geist an Materie gebunden ist, wie in Geräten, Kunstwerken, Büchern, so fällt er doch nie mit dem zusammen, was an diesen Dingen sinnlich wahrnehmbar ist. Er wohnt ihnen in einer nicht weiter beschreiblichen Form ein, aus der heraus ihn das individuelle Bewusstsein aktualisieren kann. Mit der Vergegenständlichung des Geistes ist die Form gewonnen, die ein Konservieren und Aufhäufen der Bewusstseinsarbeit gestattet; sie ist die bedeutsamste und erfolgreichste unter den historischen Kategorien der Menschheit. Denn sie macht zur geschichtlichen Tatsache, was als biologische so zweifelhaft ist: die Vererbung des Erworbenen. Wenn man es als den Vorzug des Menschen den Tieren gegenüber bezeichnet hat, dass er Erbe und nicht bloß Nachkomme wäre, so ist die Vergegenständlichung des Geistes in Worten und Werken, Organisationen und Traditionen der Träger dieser Unterscheidung, die dem Menschen erst seine Welt, ja: eine Welt schenkt. Betrachtet man die Gesellschaft als ein Ganzes, d.h. ordnet man die in ihr überhaupt objektiv werdende Geistigkeit in einen zeitlich-sachlichen Komplex, so ist die Gesamtkulturentwicklung, für die man so einen einheitlichen Träger fingiert hat, reicher an Inhalten als die jedes ihrer Elemente. Denn die Leistung der Elemente steigt in jenen Gesamtbesitz auf, aber dieser nicht zu jedem Element hinab. Der ganze Stil des Lebens einer Gemeinschaft hängt aber von dem Verhältnis ab, in dem die objektiv gewordene Kultur zu der Kultur der Personen steht.

Will man nun das gegenwärtige Auseinandertreten beider auf seine Hauptursachen zurückverfolgen, so führen diese auf den Begriff: *Arbeitsteilung* hin; und zwar sowohl nach ihrer Bedeutung innerhalb der Produktion wie der Konsumtion. In ersterer Hinsicht ist oft genug hervorgehoben worden, wie die Vollendung des Produkts auf Kosten der Entwicklung des Produzenten zustande kommt. Die Steigerung der physisch-psychischen Energien und Geschicklichkeiten, die sich bei einseitiger Tätigkeit einstellt, pflegt für die einheitliche Ge|samtpersönlichkeit wenig Nutzen abzuwerfen: sie lässt diese vielfach verkümmern, indem sie ihr ein für die harmonische Gestaltung des Ich unentbehrliches Kraftquantum entsaugt, oder sie entwickelt sich in anderen Fällen wenigstens wie in Abschnürung von dem Kern der Persönlichkeit, als eine Provinz mit uneingeschränkter Autonomie, deren Erträge nicht der Zentralstelle zufließen. Die Erfahrung scheint zu zeigen, dass die innere Ganzheit des Ich sich im Wesentlichen in Wechselwirkung mit der Geschlossenheit und Abrundung der Lebensaufgabe herstellt.

Wie uns die Einheit eines Objekts überhaupt so zustande kommt, dass wir die Art, wie wir unser »Ich« fühlen, in das Objekt hineintragen, es nach unserem Bilde formen, in dem die Vielheit der Bestimmungen zu der Einheit des »Ich« zusammenwächst – so wirkt, im psychologisch-praktischen Sinne, die Einheit des Objekts, das wir schaffen, und ihr Mangel auf die entsprechende Formung unserer Persönlichkeit. Wo unsere Kraft nicht ein Ganzes hervorbringt, an dem sie sich nach der ihr eigentümlichen Einheit ausleben kann, da fehlt es an der eigentlichen Beziehung zwischen beiden, die inneren Tendenzen der Leistung ziehen sie zu den anderweitigen, mit ihr erst eine Totalität bildenden Leistungen Andrer und auf den Produzenten weist sie nicht zurück. Infolge solcher, bei großer Spezialisierung eintretenden Inadäquatheit zwischen der Existenzform des Arbeiters und der seines Produktes löst sich das Letztere so sehr leicht und gründlich von dem Ersteren ab, sein Sinn strömt ihm nicht von dessen Seele zu, sondern von seinem Zusammenhang mit anderswoher stammenden Produkten, es fehlt ihm wegen seines fragmentarischen Charakters das Wesen der Seelenhaftigkeit, das sonst dem Arbeitsprodukt, sobald es ganz als Werk *eines* Menschen erscheint, so leicht angefühlt wird. So kann es seine Bedeutsamkeit weder als Spiegelung einer Subjektivität noch in dem Reflex suchen, den es als Ausdruck der schaffenden Seele in diese zurückwirft, sondern kann sie ausschließlich als objektive Leistung, in seiner Wendung vom Subjekt weg, finden. Dieser Zusammenhang zeigt sich nicht minder an seinem äußersten Gegensatz, dem Kunstwerk. Dessen Wesen wider|strebt völlig jene Aufteilung der Arbeit an eine Mehrzahl von Arbeitern, deren keiner für sich ein Ganzes leiste. Das Kunstwerk ist unter allem Menschenwerk die geschlossenste Einheit, die sich selbst genügendste Totalität – selbst den Staat nicht ausgenommen. Denn sosehr dieser, unter besonderen Umständen, mit sich selbst auskommen mag, so saugt er doch seine Elemente nicht so vollständig in sich ein, dass nicht ein jedes noch ein Sonderleben mit Sonderinteressen führte: immer nur mit einem Teile der Persönlichkeit, deren andere sich anderen Zentren zuwenden, sind wir dem Staate verwachsen. Die Kunst dagegen belässt keinem verwendeten Element eine Bedeutung außerhalb des Rahmens, in den sie es einstellt, das einzelne Kunstwerk vernichtet den Vielsinn der Worte und der Töne, der Farben und der Formen, um nur ihre ihm zugewandte Seite für das Bewusstsein bestehen zu lassen. Diese Geschlossenheit des Kunstwerks aber bedeutet, dass eine subjektive Seeleneinheit in ihm zum Ausdruck kommt; das Kunstwerk fordert nur *einen* Menschen, diesen aber ganz und seiner zentralsten Innerlichkeit nach: es vergilt dies dadurch, dass seine Form ihm der reinste Spiegel und Ausdruck der Persönlichkeit zu sein gestattet. Die völlige Ablehnung der Arbeitsteilung ist so Ursache wie Symptom des Zusammenhanges, der zwischen der in sich fertigen Totalität des Werkes und der seelischen Einheit besteht. Umgekehrt, wo jene herrscht, bewirkt sie eine Inkommensurabilität der Leistung mit dem Leistenden, dieser erblickt sich nicht mehr in seinem Tun, das eine allem Persönlich-Seelischen so unähnliche Form darbietet und nur als eine ganz einseitig ausgebildete Partialität unseres Wesens erscheint, gleichgültig gegen die einheitliche Ganzheit desselben. Die stark arbeitsteilige, mit dem Bewusstsein dieses Charakters vollbrachte Leistung drängt also schon von sich aus in die Kategorie der Objektivität, die Betrachtung und Wirkung ihrer als eines rein Sachlichen und Anonymen wird für den Arbeitenden selbst immer plausibler, der sie nicht mehr in die Wurzel seines Gesamtlebenssystems hinabreichen fühlt.

Endlich wirkt der Prozess, den man als Trennung des Arbeiters von seinem Arbeitsmittel bezeichnet, ersichtlich im glei|chen Sinn. Eine Arbeitsteilung ist doch auch er. Denn wenn selbst die fanatische Behauptung, dass der Kapitalist überhaupt nicht arbeite, richtig wäre, so würde das nur eine Teilung der Arbeit *nach ihrem Quantum* bedeuten, eine Differenzierung, deren ungeheure Wichtigkeit für die Kultur fast ganz über der Betrachtung der qualitativen Arbeitsteilung vernachlässigt wird. Indem es die Funktion andrer Personen ist, die Arbeitsmittel zu erwerben, zu organisieren, auszuteilen, haben diese Letzteren für den Arbeiter eine ganz andere Objektivität, als sie für denjenigen haben müssen, der am eignen Material und mit eignen Werkzeugen schafft. Diese kapitalistische Differenzierung trennt die subjektiven und die objektiven Bedingungen der Arbeit gründlich voneinander – eine Trennung, zu der, als beide noch in einer Hand vereinigt waren, gar keine psychologische Veranlassung vorlag. Indem die Arbeit selbst und ihr unmittelbarer Gegenstand verschiednen Personen zugehören, muss sich für das Bewusstsein des Arbeiters der objektive Charakter dieser Gegenstände außerordentlich scharf betonen, umso schärfer, als die Arbeit und ihre Materie doch andrerseits wieder eine Einheit sind und so grade ihr nahes Aneinander ihre jetzigen Gegenrichtungen am fühlbarsten machen muss. Und das findet seine Fortsetzung und Gegenbild darin, dass außer dem Arbeitsmittel auch noch die Arbeit selbst sich von dem Arbeiter trennt: denn dies ist die Bedeutung der Erscheinung, die man damit bezeichnet, dass die Arbeitskraft eine Ware geworden ist. Wo der Arbeiter mit eignem Material produziert, verbleibt seine Arbeit innerhalb des Umkreises seiner Persönlichkeit, und erst das vollendete Werk verlässt denselben beim Verkauf. Mangels der Möglichkeit indes, seine Arbeit in dieser Weise zu verwerten, stellt er sie für einen Marktpreis in die Verfügung eines anderen, trennt sich also von ihr von dem Augenblick an, wo sie ihre Quelle verlässt. Dass sie nun Charakter, Bewertungsweise, Entwicklungsschicksale mit allen Waren überhaupt teilt, das bedeutet eben, dass sie dem Arbeiter selbst gegenüber etwas Objektives geworden ist, etwas, das er nicht nur nicht mehr *ist,* sondern eigentlich auch nicht mehr *hat.* Denn sobald eine potentielle Arbeitsmenge sich in wirkliches Arbeiten umsetzt, gehört | nicht mehr sie, sondern ihr Geldäquivalent ihm, während sie selbst einem anderen oder genauer: einer objektiven Arbeitsorganisation zugehört. Das Ware-Werden der Arbeit ist also auch nur eine Seite des ungeheuren Differenzierungsprozesses, der von der Persönlichkeit ihre einzelnen Inhalte herauslöst, um sie ihr als Objekte, mit selbständiger Bestimmtheit und Bewegung, gegenüberzustellen. Endlich zeigt sich das Ergebnis dieses Schicksals der Arbeitsmittel und der Arbeitskraft an ihrem Produkt. Dass das Arbeitsprodukt der kapitalistischen Epoche ein Objekt mit entschiedenem Fürsich-sein, eignen Bewegungsgesetzen, dem herstellenden Subjekt selbst fremdem Charakter ist, wird da zur eindringlichsten Vorstellung werden, wo der Arbeiter genötigt ist, sein eignes Arbeitsprodukt, wenn er es haben will, zu *kaufen.* Dies ist ein allgemeines Schema der Entwicklung, das weit über den Lohnarbeiter hinaus gilt. Die ungeheure Arbeitsteilung z.B. in der Wissenschaft bewirkt es, dass nur äußerst wenige Forscher sich die Vorbedingungen ihrer Arbeit selbst beschaffen können; unzählige Tatsachen und Methoden muss man einfach als objektives Material von außen aufnehmen, ein geistiges Eigentum Anderer, an dem sich nun die eigne Arbeit vollzieht.

Man kann auch dies als eine Trennung des Arbeiters von seinen Arbeitsmitteln im weiteren Sinne bezeichnen und jedenfalls in dem hier fraglichen. Denn in dem eigentlichen Prozess der wissenschaftlichen Produktion scheidet sich nun doch ein dem Produzenten gegenüber objektives Material von dem subjektiven Vollbringen seiner Arbeit. Je undifferenzierter der Wissenschaftsbetrieb noch war, je mehr der Forscher alle Voraussetzungen und Materialien seiner Arbeit persönlich beschaffen musste, desto weniger bestand für ihn der Gegensatz seiner subjektiven Arbeit und einer Welt objektiv feststehender wissenschaftlicher Gegebenheiten. Und auch hier erstreckt sich dieser in das Produkt der Arbeit hinein: auch das Ergebnis selbst, sosehr es als solches die Frucht subjektiven Bemühens ist, muss umso eher in die Kategorie einer objektiven, von dem Produzenten unabhängigen Tatsache aufsteigen, je mehr Arbeitsprodukte Anderer schon von vornherein in ihm zusammengebracht und wirksam sind. Darum sehen | wir auch, dass in der Wissenschaft der geringsten Arbeitsteilung, der Philosophie – insbesondere in ihrem metaphysischen Sinne – einerseits das aufgenommene objektive Material eine durchaus sekundäre Rolle spielt, andrerseits das Produkt sich am wenigsten von seinem subjektiven Ursprung gelöst hat und ganz als Leistung dieser einen Persönlichkeit auftritt.

Wenn so die Arbeitsteilung – die ich hier in ihrem weitesten Sinne, die Produktionsteilung wie die Arbeitszerlegung wie die Spezialisation einschließend verstehe – die schaffende Persönlichkeit von dem geschaffenen Werk abtrennt und dies Letztere eine objektive Selbständigkeit gewinnen lässt, so stellt sich Verwandtes in dem Verhältnisse der arbeitsteiligen Produktion zum Konsumenten ein. Hier handelt es sich nun um die Herleitung innerer Folgen aus allbekannten äußeren Tatsachen. Die Kundenarbeit, die das mittelalterliche Handwerk beherrschte und erst in diesem Jahrhundert ihren rapidesten Rückgang erfahren hat, beließ dem Konsumenten ein persönliches Verhältnis zur Ware: da sie speziell für ihn bereitet war, sozusagen eine Wechselwirkung zwischen ihm und dem Produzenten darstellte, so gehörte sie, in einigermaßen ähnlicher Weise wie diesem, innerlich auch ihm zu. Indem die Arbeitsteilung die Kundenproduktion zerstört – schon weil der Abnehmer sich wohl mit einem Produzenten, aber nicht mit einem Dutzend Teilarbeiter in Verbindung setzen kann –, verschwindet die subjektive Färbung des Produkts auch nach der Seite des Konsumenten hin, denn es entsteht nun unabhängig von ihm, die Ware ist nun eine objektive Gegebenheit, an die er von außen herantritt und die ihr Dasein und Sosein ihm gleichsam als etwas Autonomes gegenüberstellt. Der Unterschied z. B. zwischen dem modernen, auf die äußerste Spezialisation gebauten Kleidermagazine und der Arbeit des Schneiders, den man ins Haus nahm, charakterisiert aufs Schärfste die gewachsene Objektivierung des wirtschaftlichen Kosmos, seine überpersönliche Selbständigkeit im Verhältnis zum konsumierenden Subjekt, mit dem er ursprünglich verwachsen war.

Mit dieser dem Abnehmer gegenüber bestehenden Autonomie der Produktion hängt eine Erscheinung der Arbeitstei|lung zusammen, die jetzt ebenso alltäglich wie in ihrer Bedeutung wenig erkannt ist. Von den früheren Gestaltungen der Produktion her besteht im Ganzen die einfache Vorstellung, dass die niederen Schichten der Gesellschaft für die höheren arbeiten: dass die Pflanzen vom Boden, die Tiere von den Pflanzen, der Mensch von den Tieren lebt, das wiederhole sich, mit moralischem Recht oder Unrecht, im Bau der Gesellschaft: je höher die Individuen sozial und geistig stehen, desto mehr gründe sich ihre Existenz auf der Arbeit der tieferstehenden, die sie ihrerseits nicht mit Arbeit für diese, sondern nur mit Geld vergelten. Diese Vorstellung ist nun ganz unzutreffend, seit die Bedürfnisse der unteren Massen durch den Großbetrieb gedeckt werden, der unzählige wissenschaftliche, technische, organisatorische Energien oberster Stufen in seinen Dienst gestellt hat. Der große Chemiker, der in seinem Laboratorium über Darstellung der Teerfarben sinnt, arbeitet für die Bäuerin, die beim Krämer sich das bunteste Halstuch aussucht; wenn der Großkaufmann in weltumspannenden Spekulationen amerikanisches Getreide in Deutschland importiert, so ist er der Diener des ärmsten Proletariers; der Betrieb einer Baumwollspinnerei, in der Intelligenzen hohen Ranges tätig sind, ist von Abnehmern in der tiefsten sozialen Schicht abhängig. Diese Rückläufigkeit der Dienste, in der die niederen Klassen die Arbeit der höheren für sich kaufen, liegt jetzt schon in unzählbaren, unser ganzes Kulturleben bestimmenden Beispielen vor. Möglich aber ist diese Erscheinung nur durch die Objektivierung, die die Produktion sowohl dem produzierenden wie dem konsumierenden Subjekt gegenüber ergriffen hat und die sich jenseits der sozialen oder sonstigen Unterschiede dieser beiden stellt. Dies In-Dienst-Nehmen der höchsten Kulturproduzenten seitens der niedrigststehenden Konsumenten bedeutet nicht, dass ein Verhältnis zwischen ihnen besteht, sondern dass ein Objekt zwischen sie geschoben ist, an dessen einer Seite gleichsam die Einen arbeiten, während die Anderen von der anderen her es konsumieren, und das beide trennt, indem es sie verbindet. Die Grundtatsache selbst ist ersichtlich eine Arbeitsteilung: die Technik der Produktion ist so spezialisiert, dass die Handhabung ihrer ver|schiedenen Teile nicht nur an immer mehr, sondern auch an immer verschiedenere Personen übergeht – bis es eben schließlich dahin kommt, dass ein Teil der Arbeit an den niedrigsten Bedürfnisartikeln von den höchststehenden Individuen geleistet wird, grade wie umgekehrt, in ganz entsprechender Objektivierung, die maschinentechnische Arbeitszerlegung bewirkt, dass an den raffiniertesten Produkten der höchsten Kultur die rohesten Hände mitarbeiten (man denke etwa an eine heutige Druckerei im Unterschied gegen die Herstellung der Bücher vor Erfindung der Buchdruckerkunst!). An dieser Umkehrung des für typisch geltenden Verhältnisses zwischen oberen und tieferen Gesellschaftsschichten tritt also aufs klarste hervor: die Arbeitsteilung bewirkt, dass jene für diese arbeiten, die Form aber, in der dies allein geschehen kann, ist das völlige Objektivwerden der Produktionsleistung selbst, sowohl den einen wie den anderen als Subjekten gegenüber. Jene Umkehrung ist nichts als eine äußerste Konsequenz des Zusammenhanges, der zwischen der Arbeitsteilung und der Objektivierung der Kulturinhalte besteht.

Hat bis hierher die Arbeitsteilung als eine Spezialisierung der persönlichen Tätigkeiten gegolten, so wirkt die Spezialisierung, die differenzierte Mannigfaltigkeit der Gegenstände selbst, nicht weniger dazu, sie in jene Distanz zu den Subjekten zu stellen, die als Beziehungslosigkeit beider zueinander erscheint, als Selbständigkeit des Objekts, als Unfähigkeit des Subjekts, jenes sich zu assimilieren und seinem eignen Rhythmus zu unterwerfen. Dies gilt zunächst für die Arbeitsmittel. Je mehr diese differenziert, aus einer Vielheit spezialisierter Teile zusammengesetzt sind, desto weniger kann die Persönlichkeit des Arbeitenden sich durch sie hindurch ausdrücken, desto weniger ist seine Hand im Produkte zu erkennen. Die Werkzeuge, mit denen die Kunst arbeitet, sind relativ ganz undifferenziert und geben deshalb der Persönlichkeit den weitesten Spielraum, sich mittels ihrer zu entfalten; sie stellen sich ihr nicht gegenüber wie die industrielle Maschine, die durch ihre spezialistische Komplikation selbst gleichsam die Form personaler Festigkeit und Umschriebenheit hat, sodass der Arbeiter sie nicht mehr wie jene, an sich unbestimmteren, mit | seiner Persönlichkeit durchdringen kann. Die Werkzeuge des

Bildhauers sind seit Jahrtausenden nicht aus ihrer völligen Unspezialisiertheit heraus weiter entwickelt worden und wo dies bei einem Kunstmittel allerdings und so entschieden geschehen ist wie bei dem Klavier, da ist sein Charakter auch ein sehr objektiver, einer, der schon viel zu viel für sich ist und deshalb dem Ausdruck der Subjektivität eine viel härtere Schranke setzt als z. B. die an sich technisch viel weniger differenzierte Geige. Der automatische Charakter der modernen Maschine ist der Erfolg einer weit getriebenen Zerlegung und Spezialisierung von Stoffen und Kräften, grade wie der gleiche Charakter einer ausgebildeten Staatsverwaltung sich nur auf Grund einer raffinierten Arbeitsteilung unter ihren Trägern erheben kann. Indem die Maschine aber zur Totalität wird, einen immer größeren Teil der Arbeit auf sich nimmt, steht sie ebenso dem Arbeiter als eine autonome Macht gegenüber, wie er ihr gegenüber nicht als individualisierte Persönlichkeit, sondern nur als Ausführer einer sachlich vorgeschriebenen Leistung wirkt. Man vergleiche etwa den Arbeiter in der Schuhfabrik mit dem Kundenschuhmacher, um zu sehen, wie sehr die Spezialisierung des Werkzeuges die Wirksamkeit der persönlichen Qualitäten, hoch- wie minderwertiger, lähmt und Objekt und Subjekt als voneinander ihrem Wesen nach unabhängige Potenzen sich entwickeln lässt. Während das undifferenzierte Werkzeug wirklich eine bloße Fortsetzung des Arms ist, steigt überhaupt erst das spezialisierte in die reine Kategorie des Objekts auf. In sehr bezeichnender und auf der Hand liegender Weise vollzieht sich dieser Prozess auch an den Kriegswerkzeugen: seinen Gipfel bildet dann das spezialisierteste und als Maschine vollkommenste, das Kriegsschiff; an ihm ist die Objektivierung so weit vorgeschritten, dass in einem modernen Seekrieg überhaupt gar kein andrer Faktor mehr entscheidet als das bloße Zahlenverhältnis der Schiffe gleicher Qualität!

Der Objektivierungsprozess der Kulturinhalte, der, von der Spezialisation dieser getragen, zwischen dem Subjekt und seinen Geschöpfen eine immer wachsende Fremdheit stiftet, steigt nun endlich in die Intimitäten des täglichen Lebens hin|unter. Die Wohnungseinrichtungen, die Gegenstände, die uns zu Gebrauch und Zierde umgeben, waren noch in den ersten Jahrzehnten dieses Jahrhunderts, von den unteren bis in die Schichten der höchsten Bildung hinauf, von relativ großer Einfachheit und Dauerhaftigkeit der einzelnen Gegenstände. Hierdurch entstand jenes »Verwachsen« der Persönlichkeiten mit Gegenständen ihrer Umgebung, das schon Mittleren der Generation heute als eine Wunderlichkeit der Großeltern erscheint. Diesen Zustand hat die Differenzierung der Objekte nach drei verschiedenen Dimensionen hin, und immer mit dem gleichen Erfolge, unterbrochen. Zunächst ist es schon die bloße Vielheit sehr spezifisch gestalteter Gegenstände, die ein enges, sozusagen persönliches Verhältnis zu den Einzelnen erschwert: wenige und einfache Gerätschaften sind der Persönlichkeit leichter assimilierbar, während eine Fülle von Mannigfaltigkeiten dem Ich gegenüber gleichsam Partei bildet; das findet seinen direkten und symbolischen Ausdruck in der Klage der Hausfrauen, dass die Pflege der Wohnungsausstattung einen förmlichen Fetischdienst fordere, und in dem gelegentlich hervorbrechenden Hass tieferer und ernsterer Naturen gegen die zahllosen Einzelheiten, mit denen wir unser Leben behängen. Der erstere Fall ist deshalb kulturell so bezeichnend, weil die sorgende und erhaltende Tätigkeit der Hausfrau früher umfänglicher und anstrengender war als jetzt. Allein zu jenem Gefühl der Unfreiheit den Objekten gegenüber kam es nicht, weil sie der Persönlichkeit enger verbunden waren. Die wenigeren, undifferenzierteren Gegenstände konnte diese eher mit sich durchdringen, sie setzten ihr nicht die Selbständigkeit entgegen wie ein Haufe spezialisierter Dinge. Diese erst, wenn wir ihnen dienen sollen, empfinden wir als eine feindliche Macht. Wie Freiheit nichts Negatives ist, sondern die positive Erstreckung des Ich über ihm nachgebende Objekte, so ist umgekehrt Objekt für uns nur dasjenige, woran unsere Freiheit erlahmt, d.h. wozu wir in Beziehung stehen, ohne es doch unserem Ich assimilieren zu können. Das Gefühl, von den Äußerlichkeiten erdrückt zu werden, mit denen das moderne Leben uns umgibt, ist nicht nur die Folge, sondern auch die Ursache davon, dass sie uns als auto|nome Objekte gegenübertreten. Das Peinliche ist, dass diese vielfachen, umdrängenden Dinge uns im Grunde eben gleichgültig sind, und zwar aus den spezifisch geldwirtschaftlichen Gründen der unpersönlichen Genesis und der leichten Ersetzbarkeit. Dass die Großindustrie den sozialistischen Gedanken nährt, beruht nicht nur auf den Verhältnissen ihrer Arbeiter, sondern auch auf der objektiven Beschaffenheit ihrer Produkte: der moderne Mensch ist von lauter so unpersönlichen Dingen umgeben, dass ihm die Vorstellung einer überhaupt antiindividuellen Lebensordnung immer näher kommen muss – freilich auch die Opposition dagegen. Dass aber die Kulturinhalte sich mehr dem Einwachsen in die Sphäre des Ich entziehen, ist immer[1] großenteils ihrer Mannigfaltigkeit und Spezialisation zuzuschreiben, ihrem Mangel an Einfachheit, der sie der Persönlichkeit als etwas für sich Bestimmtes, gleichsam Unnachgiebiges entgegenstellt. Auf dem Umwege über dieses Verhältnis zum Ich wird so die Differenzierung der Äußerlichkeiten zur Veranlassung, sie erst als Objekt im strengsten Sinne zu empfinden. Die Kulturobjekte erwachsen immer mehr zu einer in sich zusammenhängenden Welt, die an immer weniger Punkten auf die subjektive Seele mit ihrem Wollen und Fühlen hinuntergreift. Und da jener Zusammenhang ein funktioneller ist, so trägt ihn eine gewisse Selbstbeweglichkeit der Objekte. Man hat mit Recht hervorgehoben, dass der Kaufmann, der Handwerker, der Gelehrte heut weit weniger beweglich ist als etwa in der Reformationszeit. Materielle wie geistige Objekte bewegen sich jetzt eben selbständig, ohne personalen Träger oder Transporteur. Dinge und Menschen sind auseinandergetreten. Der Gedanke, die Arbeitsmühe, die Geschicklichkeit haben durch ihre steigende

[1] ist immer] immer ist

Investierung in sachlichen Gebilden, Büchern und Waren, die Möglichkeit einer Eigenbewegung erhalten, für die der moderne Fortschritt in Transportmitteln nur die Verwirklichung oder Ausdruck oder Korrelat ist. Durch ihre eigne impersonale Beweglichkeit erst vollendet sich die Differenzierung der Objekte vom Menschen zu selbstgenugsamem[2] Zusammenschluss. Das restlose Beispiel für diesen mechanischen Charakter der modernen Wirtschaft ist der Warenautomat; mit ihm | ist nun auch aus dem Detailverkauf, in dem noch am längsten der Umsatz durch Beziehung von Person zu Person getragen worden ist, die menschliche Vermittlung völlig ausgeschaltet und das Geldäquivalent maschinenartig in die Ware umgesetzt. Auf andrer Stufe wird dasselbe Prinzip auch schon in dem Fünfzig-Pfennig-Bazar und ähnlichen Geschäften wirksam, in denen der wirtschaftspsychologische Prozess nicht von den Waren zum Preise, sondern vom Preise zur Ware geht. Denn hier werden durch die apriorische Preisgleichheit sämtlicher Gegenstände vielerlei Überlegungen und Abwägungen des Käufers, vielerlei Bemühungen und Explikationen des Verkäufers wegfallen und so der wirtschaftliche Akt seine personalen Instanzen sehr schnell und gegen sie indifferent durchlaufen.

Auf den gleichen Erfolg wie diese Differenzierung im Nebeneinander führt die im Nacheinander. Der Wechsel der Mode unterbricht jenen inneren Aneignungs- und Einwurzelungsprozess zwischen Subjekt und Objekt, der es zur Diskrepanz beider nicht kommen lässt. Die Mode ist eines jener gesellschaftlichen Gebilde, die den Reiz von Unterschied und Abwechselung mit dem von Gleichheit und Zusammenschluss in einer besonderen Proportion vereinen. Jede Mode ist ihrem Wesen nach Klassenmode, d.h. sie bezeichnet jedes Mal eine Gesellschaftsschicht, die sich durch die Gleichheit ihrer Erscheinung ebenso wohl nach innen einheitlich zusammenschließt wie nach außen gegen andere Stände abschließt.

[2] selbstgenugsamem] selbstgenugsamen

Sobald nun die untere Schicht, die es der oberen nachzutun sucht, ihrerseits die neue Mode aufgenommen hat, wird sie von der letzteren verlassen und eine neue kreiert. Deshalb hat es freilich wohl überall Moden gegeben, wo soziale Unterschiede sich einen Ausdruck in der Sichtbarkeit gesucht haben. Allein die soziale Bewegung seit hundert Jahren hat ihr ein ganz besonderes Tempo verliehen. Und zwar einerseits durch das Flüssigwerden der klassenmäßigen Schranken und das vielfache individuelle, manchmal auch ganze Gruppen umfassende Aufsteigen von einer Schicht in die höhere, andrerseits durch die Vorherrschaft des dritten Standes. Der erste Umstand bewirkt, dass die Moden der in dieser Hinsicht füh|renden Schichten äußerst schnell wechseln müssen, denn das Nachdrängen der unteren, das der bestehenden Mode ihren Sinn und Reiz raubt, erfolgt jetzt sehr schnell. Das zweite Moment wird dadurch wirksam, dass der Mittelstand und die städtische Bevölkerung im Gegensatz zu dem Konservativismus der höchsten und der bäurischen Stände der der eigentlichen Variabilität ist. Unruhige, nach Abwechselung drängende Klassen und Individuen finden in der Mode, der Wechsel- und Gegensatzform des Lebens, das Tempo ihrer eignen psychischen Bewegungen wieder. Wenn die heutigen Moden lange nicht so extravagant und kostspielig sind wie die früherer Jahrhunderte, dafür aber sehr viel kürzere Lebensdauer haben, so liegt dies daran, dass sie viel weitere Kreise in ihren Bann ziehen, dass es den Tieferstehenden jetzt sehr viel leichter ist, sie sich anzueignen, und dass ihr eigentlicher Sitz der wohlhabende Bürgerstand geworden ist. Der Erfolg dieses Umsichgreifens der Mode, sowohl in Hinsicht der Breite wie ihres Tempos ist, dass sie dem Einzelnen als eine selbständige Bewegung erscheint, als eine objektive, durch eigne Kräfte entwickelte Macht, die ihren Weg unabhängig von jedem Einzelnen geht. Solange die Moden – und es handelt sich hier keineswegs nur um Kleidermoden – noch relativ längere Zeit dauerten und relativ enge Kreise zusammenhielten, konnte es zu einem sozusagen persönlichen Verhältnis zwischen dem Subjekt und den einzelnen Inhalten der Mode kommen. Die Schnelligkeit ihres Wechsels – also ihre Differenzierung im Nacheinander – und der Umfang ihrer Verbreitung lösen diesen Konnex, und wie es mit manchen anderen sozialen Palladien in der Neuzeit geht, so auch hier: die Mode ist weniger auf den Einzelnen, der Einzelne weniger auf die Mode angewiesen, ihre Inhalte entwickeln sich wie eine evolutionistische Welt für sich. Die Steigerung des zeitlichen Differenzierungsmomentes, das in ihr liegt, lässt sie zu einem ganz objektiven, eignen Normen jenseits der Subjekte folgenden Geschehen kristallisieren.

Wenn so die Differenzierung allverbreiteter Kulturinhalte nach den formalen Seiten des Neben- und Nacheinander sie zu einer selbständigen Welt von Objektivitäten zu gestalten | hilft, so will ich nun drittens von den inhaltlich in diesem Sinne wirksamen Momenten ein einzelnes anführen. Ich meine die Vielheit der Stile, mit denen die täglich anschaubaren Objekte uns entgegentreten – vom Häuserbau bis zu Buchausstattungen, von Bildwerken bis zu Gartenanlagen und Zimmereinrichtungen, in denen Renaissance und Japonismus, Barock und Empire, Präraffaelitentum und realistische Zweckmäßigkeit sich nebeneinander anbauen. Dies ist der Erfolg der Ausbreitung unseres historischen Wissens, welche nun wieder in Wechselwirkung mit jener hervorgehobenen Variabilität des modernen Menschen steht. Zu allem historischen Verständnis gehört eine Biegsamkeit der Seele, eine Fähigkeit, sich in die von dem eignen Zustand abweichendsten seelischen Verfassungen hineinzufühlen und sie in sich nachzuformen – denn alle Geschichte, mag sie noch so sehr von Sichtbarkeiten handeln, hat Sinn und Verstandenwerden nur als Geschichte zum Grunde liegender Interessen, Gefühle, Strebungen: selbst der historische Materialismus ist nichts als eine psychologische Hypothese. Damit einem der Inhalt der Geschichte zum Eigentum werde, bedarf es deshalb einer Bildsamkeit, Nachbildsamkeit der auffassenden Seele, einer innerlichen Sublimierung der Variabilität. Die historisierenden Neigungen unseres Jahrhunderts, seine unvergleichliche Fähigkeit, das Fernliegendste – im zeitlichen wie im räumlichen Sinne – zu reproduzieren und lebendig zu machen, ist nur die Innenseite der allgemeinen Steigerung seiner Anpassungsfähigkeit und ausgreifenden Beweglichkeit. Daher die verwirrende Mannigfaltigkeit der Stilgattungen, die von unserer Kultur aufgenommen, dargestellt, nachgefühlt werden. Wenn nun jeder Stil wie eine Sprache für sich ist, die besondere Laute, besondere Flexionen, eine besondere Syntax hat, um das Leben auszudrücken, so tritt er unserem Bewusstsein offenbar so lange nicht als eine autonome Potenz, die ein eignes Leben lebt, entgegen, als wir nur einen einzigen Stil kennen, in dem wir uns und unsere Umgebung gestalten. Niemand empfindet an seiner Muttersprache, solange er sie unbefangen redet, eine objektive Gesetzmäßigkeit, an die er sich wie an ein Jenseits seines Subjekts zu wenden hat, um von ihr die nach unabhän|gigen Normen geprägte Ausdrucksmöglichkeit für seine Innerlichkeit zu entlehnen. Vielmehr, Ausgedrücktes und Ausdruck sind in diesem Fall unmittelbar eines und als ein selbständiges, uns gegenüberstehendes Sein empfinden wir nicht nur die Muttersprache, sondern die Sprache überhaupt erst, wenn wir fremde Sprachen kennen lernen. So werden Menschen eines ganz einheitlichen, ihr ganzes Leben umschließenden Stiles denselben auch in fragloser Einheit mit den *Inhalten* desselben empfinden. Da sich alles, was sie bilden oder anschauen, ganz selbstverständlich in ihm ausdrückt, so liegt gar keine psychologische Veranlassung vor, ihn von den Stoffen dieses Bildens und Anschauens gedanklich zu trennen und als ein Gebilde eigner Provenienz dem Ich gegenüberzustellen. Erst eine Mehrheit der gebotenen Stile wird den einzelnen von seinem Inhalt lösen, derart, dass seiner Selbständigkeit und von uns unabhängigen Bedeutsamkeit unsere Freiheit, ihn oder einen anderen zu wählen, gegenübersteht. Durch die Differenzierung der Stile wird jeder einzelne und damit der Stil überhaupt zu etwas

Objektivem, dessen Gültigkeit vom Subjekte und dessen Interessen, Wirksamkeiten, Gefallen oder Missfallen unabhängig ist. Dass die sämtlichen Anschauungsinhalte unseres Kulturlebens in eine Vielheit von Stilen auseinandergegangen sind, löst jenes ursprüngliche Verhältnis zu ihnen, in dem Subjekt und Objekt noch gleichsam ungeschieden ruhen, und stellt uns einer Welt nach eignen Normen entwickelter Ausdrucksmöglichkeiten, der Form, das Dasein überhaupt auszudrücken gegenüber, sodass eben diese Formen einerseits und unser Subjekt andrerseits wie zwei Parteien sind, zwischen denen ein rein zufälliges Verhältnis von Berührungen, Harmonien und Disharmonien herrscht.

Dies also ist ungefähr der Umkreis, in dem Arbeitsteilung und Spezialisation, persönlichen wie sachlichen Sinnes, den großen Objektivationsprozess der modernsten Kultur tragen. Aus all diesen Erscheinungen setzt sich das Gesamtbild zusammen, in dem der Kulturinhalt immer mehr und immer gewusster *objektiver* Geist wird, gegenüber nicht nur denen, die ihn aufnehmen, sondern auch denen, die ihn produzieren. In dem Maß, in dem diese Objektivation vorschreitet, wird die | wunderliche Erscheinung begreiflicher, von der wir ausgingen: dass die kulturelle Steigerung der Individuen hinter der der Dinge – greifbarer wie funktioneller wie geistiger – merkbar zurückbleiben kann.

Dass gelegentlich auch das Umgekehrte stattfindet, beweist die gleiche gegenseitige Verselbständigung beider Formen des Geistes. Mit großer Entschiedenheit tritt eine derartige Diskrepanz an sozialen Institutionen auf, die ein erhebliches Beharrungsvermögen zeigen und deren Evolution ein schwerfälligeres und konservativeres Tempo zeigt als die der Individuen. Unter dieses Schema gehören die Fälle, die dahin zusammengefasst worden sind, dass die Produktionsverhältnisse, nachdem sie eine bestimmte Epoche über bestanden haben, von den Produktionskräften, die sie selbst entwickelten, überflügelt werden, sodass sie den Letzteren keinen adäquaten Ausdruck und Verwendung mehr gestatten. Diese Kräfte sind zum großen Teil personalen Wesens: was die Persönlichkeiten zu leisten fähig oder zu wollen berechtigt sind, findet keinen Platz mehr in den objektiven Formen der Betriebe. Die erforderliche Umänderung dieser erfolgt immer erst, wenn die dahindrängenden Momente sich zu Massen angehäuft haben; bis dahin bleibt die sachliche Organisierung der Produktion hinter der Entwicklung der individuellen wirtschaftlichen Energien zurück. Ein entsprechendes Verhältnis wird als Grund des vielfach unbefriedigenden Charakters moderner Ehen angegeben. Die festgewordenen, die Individuen zwingenden Formen und Lebensgewohnheiten der Ehe stünden einer persönlichen Entwicklung der Kontrahenten, insbesondere der der Frau gegenüber, die weit über jene hinausgewachsen sei. Die Individuen wären jetzt auf eine Freiheit, ein Verständnis, eine Gleichheit der Rechte und Ausbildungen angelegt, für die das eheliche Leben, wie es nun einmal traditionell und objektiv gefestigt ist, keinen rechten Raum gäbe. Der objektive Geist der Ehe, so könnte man dies formulieren, sei hinter den subjektiven Geistern an Entwicklung zurückgeblieben. – Behält man die relative Selbständigkeit des Lebens im Auge, mit der die objektiv gewordenen Kulturgebilde, der Niederschlag der geschichtlichen Elementarbewegungen, den | Subjekten gegenüberstehen, so dürfte die Frage nach dem Fortschritt in der Geschichte viel von ihrer Ratlosigkeit verlieren. Dass sich Beweis und Gegenbeweis mit gleicher Plausibilität an jede Beantwortung derselben knüpfen lässt, liegt vielleicht daran, dass beide gar nicht denselben Gegenstand haben. So kann man z. B. mit demselben Recht den Fortschritt wie die Unveränderlichkeit in der sittlichen Verfassung behaupten, wenn man einmal auf die festgewordenen Prinzipien, die Organisationen, die in das Bewusstsein der Gesamtheit aufgestiegenen Imperative hinsieht, das andre Mal auf das Verhältnis der Einzelpersonen zu diesen objektiven Idealen, die Zulänglichkeit oder Unzulänglichkeit, mit der sich das Subjekt in sittlicher Hinsicht benimmt. Fortschritte und Stagnation können so unmittelbar nebeneinander liegen, und zwar nicht nur in verschiednen Provinzen des geschichtlichen Lebens, sondern in einer und derselben, je nachdem man die Evolution der Subjekte oder die der Gebilde ins Auge fasst, die zwar aus den Beiträgen der Individuen entstanden sind, aber ein eignes, objektiv geistiges Leben gewonnen haben. –

Sosehr nun die Gebilde des objektiven Geistes an sachlich geistigem Gehalt und Entwickelbarkeit desselben jeden individuellen Intellekt übertreffen, so empfinden wir sie doch in demselben Maß, in dem die Differenziertheit und Anzahl der arbeitsteiligen Elemente zunimmt, als bloßen Mechanismus, dem die Seele fehlt. Aufs deutlichste tritt hier der Unterschied hervor, den man als den von Geist und Seele bezeichnen kann. Geist ist der objektive Inhalt dessen, was innerhalb der Seele in lebendiger Funktion bewusst wird; Seele ist gleichsam die Form, in der der Geist, d.h. der logisch-sachliche Inhalt des Denkens, für uns lebt. Der Geist in diesem Sinne ist deshalb nicht an die Gestaltung zur Einheit gebunden, ohne die es keine Seele gibt. Es ist, als ob die geistigen Inhalte irgendwie verstreut da wären und erst die Seele führte sie in sich einheitlich zusammen, ungefähr wie die unorganischen Stoffe in den Organismus und die Einheit seines Lebens einbezogen werden. Darin liegt die Größe wie die Grenze der Seele gegenüber den einzelnen, in ihrer selbständigen Gültigkeit und sachlichen Bedeutsamkeit betrachteten Inhalten ihres Bewusstseins. | In so leuchtender Vollkommenheit und restlosem Sich-selbst-Genügen auch Plato das Reich der Ideen zeichnen mag, die doch nichts anderes sind als die von aller Zufälligkeit des Vorgestelltwerdens gelösten Sach-Inhalte des Denkens, und so unvollkommen, bedingt und dämmernd ihm die Seele des Menschen mit ihrer blassen, verwischten, kaum erhaschten Abspiegelung jener reinen Bedeutsamkeiten erscheinen mag – für uns ist jene plastische Klarheit und logische Formbestimmtheit nicht der einzige Wertmaßstab der Ideale und

Wirklichkeiten. Uns ist die Form persönlicher Einheit, zu der das Bewusstsein den objektiven geistigen Sinn der Dinge zusammenführt, von unvergleichlichem Wert: hier erst gewinnen sie die Reibung aneinander, die Leben und Kraft ist, hier entwickeln sich erst jene dunklen Wärmestrahlen des Gemütes, für die die klare Perfektion rein sachlich bestimmter Ideen keinen Platz und kein Herz hat. So aber verhält es sich auch mit dem Geiste, der durch Vergegenständlichung unserer Intelligenz sich als Objekt der Seele gegenüberstellt. Und zwar wächst der Abstand zwischen beiden offenbar in demselben Maße, in dem der Gegenstand durch das arbeitsteilige Zusammenwirken einer wachsenden Anzahl von Persönlichkeiten entsteht; denn in eben diesem Maß wird es unmöglich, in das Werk die Einheit der Persönlichkeit hineinzuarbeiten, hineinzuleben, an welche sich für uns grade der Wert, die Wärme, die Eigenart der Seele knüpft. Dass dem objektiven Geist durch die moderne Differenziertheit seines Zustandekommens eben diese Form der Seelenhaftigkeit fehlt – in engem Zusammenhang mit dem mechanischen Wesen unserer Kulturprodukte –, das mag der letzte Grund der Feindseligkeit sein, mit der sehr individualistische und vertiefte Naturen jetzt so häufig dem »Fortschritt der Kultur« gegenüberstehen. Und zwar umso mehr, als diese durch die Arbeitsteilung bestimmte Entwicklung der objektiven Kultur eine Seite oder Folge der allgemeinen Erscheinung ist, die man so auszudrücken pflegt: dass das Bedeutende in der gegenwärtigen Epoche nicht mehr durch die Individuen, sondern durch die Massen geschehe. Die Arbeitsteilung bewirkt in der Tat, dass der einzelne Gegenstand schon ein Produkt | der Masse ist; die unsere Arbeitsorganisation bestimmende Zerlegung der Individuen in ihre einzelnen Energien und Zusammenführung des Herausdifferenzierten zu einem objektiven Kulturprodukt hat zur Folge, dass in diesem einzelnen umso weniger Seele ist, je mehr Seelen an seiner Herstellung beteiligt waren. Die Pracht und Größe der modernen Kultur zeigt so einige Analogie mit jenem strahlenden Ideenreiche

Platos, in dem der objektive Geist der Dinge in makelloser Vollendung wirklich ist, dem aber die Werte der eigentlichen, nicht in Sachlichkeiten auflösbaren Persönlichkeit fehlen – ein Mangel, den alles Bewusstsein des fragmentarischen, irrationalen, ephemeren Charakters der Letzteren nicht unfühlbar machen kann. Ja, die personale Seelenhaftigkeit besitzt als bloße Form einen spezifischen Wert, der sich neben aller Minderwertigkeit und Kontraidealität ihres Inhalts behauptet; sie bleibt als eine eigentümliche Bedeutsamkeit des Daseins all seiner Objektivität gegenüber selbst in den Fällen bestehen, von denen wir ausgingen und in denen die individuell-subjektive Kultur einen positiven Rückschritt zeigt, während die objektive fortschreitet.

Die Großstädte und das Geistesleben

Die tiefsten Probleme des modernen Lebens quellen aus dem Anspruch des Individuums, die Selbständigkeit und Eigenart seines Daseins gegen die Übermächte der Gesellschaft, des geschichtlich Ererbten, der äußerlichen Kultur und Technik des Lebens zu bewahren – die letzterreichte Umgestaltung des Kampfes mit der Natur, den der primitive Mensch um seine *leibliche* Existenz zu führen hat. Mag das 18. Jahrhundert zur Befreiung von allen historisch erwachsenen Bindungen in Staat und Religion, in Moral und Wirtschaft aufrufen, damit die ursprünglich gute Natur, die in allen Menschen die gleiche ist, sich ungehemmt entwickele; mag das 19. Jahrhundert neben der bloßen Freiheit die arbeitsteilige Besonderheit des Menschen und seiner Leistung fordern, die den Einzelnen unvergleichlich und möglichst unentbehrlich macht, ihn dadurch aber umso enger auf die Ergänzung durch alle anderen anweist; mag Nietzsche in dem rücksichtslosesten Kampf der Einzelnen oder der Sozialismus gerade in dem Niederhalten aller Konkurrenz die Bedingung für die volle Entwicklung der Individuen sehen – in alledem wirkt das gleiche Grundmotiv: der Widerstand des Subjekts, in einem gesellschaftlich-technischen Mechanismus nivelliert und verbraucht zu werden. Wo die Produkte des spezifisch modernen Lebens nach ihrer Innerlichkeit gefragt werden, sozusagen der Körper der Kultur nach seiner Seele – wie mir dies heut gegenüber unseren Großstädten obliegt –, wird die Antwort der Gleichung nachforschen müssen, die solche Gebilde zwischen den individuellen und den überindividuellen Inhalten des Lebens stiften, den Anpassungen der Persönlichkeit, durch die sie sich mit den ihr äußeren Mächten abfindet.

Die psychologische Grundlage, auf der der Typus großstädtischer Individualitäten sich erhebt, ist die *Steigerung des Nervenlebens,* die aus dem raschen und ununterbrochenen Wechsel äußerer und innerer Eindrücke hervorgeht. Der Mensch ist ein Unterschiedswesen, d.h. sein Bewusstsein wird durch den Unterschied des augenblicklichen Eindrucks gegen den vor|hergehenden angeregt; beharrende Eindrücke, Geringfügigkeit ihrer Differenzen, gewohnte Regelmäßigkeit ihres Ablaufs und ihrer Gegensätze verbrauchen sozusagen weniger Bewusstsein als die rasche Zusammendrängung wechselnder Bilder, der schroffe Abstand innerhalb dessen, was man mit einem Blick umfasst, die Unerwartetheit sich aufdrängender Impressionen. Indem die Großstadt gerade diese psychologischen Bedingungen schafft – mit jedem Gang über die Straße, mit dem Tempo und den Mannigfaltigkeiten des wirtschaftlichen, beruflichen, gesellschaftlichen Lebens – stiftet sie schon in den sinnlichen Fundamenten des Seelenlebens, in dem Bewusstseinsquantum, das sie uns wegen unserer Organisation als Unterschiedswesen abfordert, einen tiefen Gegensatz gegen die Kleinstadt und das Landleben, mit dem langsameren, gewohnteren, gleichmäßiger fließenden Rhythmus ihres sinnlich-geistigen Lebensbildes. Daraus wird vor allem der intellektualistische Charakter des großstädtischen Seelenlebens begreiflich, gegenüber dem kleinstädtischen, das vielmehr auf das Gemüt und gefühlsmäßige Beziehungen gestellt ist. Denn diese wurzeln in den unbewussteren Schichten der Seele und wachsen am ehesten an dem ruhigen Gleichmaß ununterbrochener Gewöhnungen. Der Ort des Verstandes dagegen sind die durchsichtigen, bewussten, obersten Schichten unserer Seele, er ist die anpassungsfähigste unserer inneren Kräfte; er bedarf, um sich mit dem Wechsel und Gegensatz der Erscheinungen abzufinden, nicht der Erschütterungen und des inneren Umgrabens, wodurch allein das konservativere *Gemüt* sich in den gleichen Rhythmus der Erscheinungen zu schicken wüsste. So schafft der Typus des Großstädters – der natürlich von tausend individuellen Modifikationen umspielt ist – sich ein Schutzorgan gegen die Entwurzelung, mit der die Strömungen und Diskrepanzen seines äußeren Milieus ihn bedrohen: statt mit dem Gemüte reagiert er auf diese im Wesentlichen mit dem Verstande, dem die Steigerung des Bewusstseins, wie dieselbe Ursache sie erzeugte, die seelische Prärogative verschafft; damit ist die Reaktion auf jene Erscheinungen in das am wenigsten empfindliche, von den Tiefen der Persönlichkeit am weitesten abstehende psychische Organ verlegt. | Diese Verstandesmäßigkeit, so als ein Präservativ des subjektiven Lebens gegen die Vergewaltigungen der Großstadt erkannt, verzweigt sich in und mit vielfachen Einzelerscheinungen. Die Großstädte sind von jeher die Sitze der Geldwirtschaft gewesen, weil die Mannigfaltigkeit und Zusammendrängung des wirtschaftlichen Austausches dem Tauschmittel eine Wichtigkeit verschafft, zu der es bei der Spärlichkeit des ländlichen Tauschverkehrs nicht gekommen wäre. Geldwirtschaft aber und Verstandesherrschaft stehen im tiefsten Zusammenhange. Ihnen ist gemeinsam die reine Sachlichkeit in der Behandlung von Menschen und Dingen, in der sich eine formale Gerechtigkeit oft mit rücksichtsloser Härte paart. Der rein verstandesmäßige Mensch ist gegen alles eigentlich Individuelle gleichgültig, weil aus diesem sich Beziehungen und Reaktionen ergeben, die mit dem logischen Verstande nicht auszuschöpfen sind – gerade wie in das Geldprinzip die Individualität der Erscheinungen nicht eintritt. Denn das Geld fragt nur nach dem, was ihnen allen gemeinsam ist, nach dem Tauschwert, der alle Qualität und Eigenart auf die Frage nach dem bloßen Wieviel nivelliert. Alle Gemütsbeziehungen zwischen Personen gründen sich auf deren Individualität, während die verstandesmäßigen mit den Menschen wie mit Zahlen rechnen, wie mit an sich gleichgültigen Elementen, die nur nach ihrer objektiv abwägbaren Leistung ein Interesse haben – wie der Großstädter mit seinen Lieferanten und seinen Abnehmern, seinen Dienstboten und oft genug mit den Personen seines gesellschaftlichen Pflichtverkehrs rechnet, im Gegensatz zu dem Charakter des kleineren Kreises, in dem die unvermeidliche Kenntnis der Individualitäten ebenso unvermeidlich eine gemütvollere Tönung des Verhaltens erzeugt, ein Jenseits der bloß objektiven Abwägung von Leistung und Gegenleistung. Das Wesentliche auf wirtschaftspsychologischem Gebiet ist hier, dass in primitiveren Verhältnissen für den Kunden produziert wird, der die Ware bestellt, sodass Produzent und Abnehmer sich gegenseitig kennen. Die moderne Großstadt aber nährt sich fast vollständig von der Produktion für den Markt, d.h. für völlig unbekannte, nie in den Gesichtskreis des eigentlichen Produzenten tretende Abnehmer. Da|durch bekommt das Interesse beider Parteien eine unbarmherzige Sachlichkeit, ihr verstandesmäßig rechnender wirtschaftlicher Egoismus hat keine Ablenkung durch die Imponderabilien persönlicher Beziehungen zu fürchten. Und dies steht offenbar mit der Geldwirtschaft, die in den Großstädten dominiert und hier die letzten Reste der Eigenproduktion und des unmittelbaren Warentausches verdrängt hat und die Kundenarbeit täglich mehr reduziert –, in so enger Wechselwirkung, dass niemand zu sagen wüsste, ob zuerst jene seelische, intellektualistische Verfassung auf die Geldwirtschaft hindrängte ober ob diese der bestimmende Faktor für jene war. Sicher ist nur, dass die Form des großstädtischen Lebens der nährendste Boden für diese Wechselwirkung ist; was ich nur noch mit dem Ausspruch des bedeutendsten englischen Verfassungshistorikers belegen will: im Verlauf der ganzen englischen Geschichte habe London niemals als das Herz von England gehandelt, oft als sein Verstand und immer als sein Geldbeutel!

An einem scheinbar unbedeutenden Zuge auf der Oberfläche des Lebens vereinigen sich, nicht wenig charakteristisch, dieselben seelischen Strömungen. Der moderne Geist ist mehr und mehr ein rechnender geworden. Dem Ideale der Naturwissenschaft, die Welt in ein Rechenexempel zu verwandeln, jeden Teil ihrer in mathematischen Formeln festzulegen, entspricht die rechnerische Exaktheit des praktischen Lebens, die ihm die Geldwirtschaft gebracht hat; sie erst hat den Tag so vieler Menschen mit Abwägen, Rechnen, zahlenmäßigem Bestimmen, Reduzieren qualitativer Werte auf quantitative ausgefüllt. Durch das rechnerische Wesen des Geldes ist in das Verhältnis der Lebenselemente eine Präzision, eine Sicherheit in der Bestimmung von Gleichheiten und Ungleichheiten, eine Unzweideutigkeit in Verabredungen und Ausmachungen gekommen – wie sie äußerlich durch die allgemeine Verbreitung der Taschenuhren bewirkt wird. Es sind aber die Bedingungen der Großstadt, die für diesen Wesenszug so Ursache wie Wirkung sind. Die Beziehungen und Angelegenheiten des typischen Großstädters pflegen so mannigfaltige und komplizierte zu sein, vor allem: durch die Anhäufung so vieler Menschen mit so differenzierten Interessen greifen ihre Beziehungen und | Betätigungen zu einem so vielgliedrigen Organismus ineinander, dass ohne die genaueste Pünktlichkeit in Versprechungen und Leistungen das Ganze zu einem unentwirrbaren Chaos zusammenbrechen würde. Wenn alle Uhren in Berlin plötzlich in verschiedener Richtung falschgehen würden, auch nur um den Spielraum einer Stunde, so wäre sein ganzes wirtschaftliches und sonstiges Verkehrsleben auf lange hinaus zerrüttet. Dazu kommt, scheinbar noch äußerlicher, die Größe der Entfernungen, die alles Warten und Vergebenskommen zu einem gar nicht aufzubringenden Zeitaufwand machen. So ist die Technik des großstädtischen Lebens überhaupt nicht denkbar, ohne dass alle Tätigkeiten und Wechselbeziehungen aufs pünktlichste in ein festes, übersubjektives Zeitschema eingeordnet würden. Aber auch hier tritt hervor, was überhaupt nur die ganze Aufgabe dieser Betrachtungen sein kann: dass sich von jedem Punkt an der Oberfläche des Daseins, sosehr er nur in und aus dieser erwachsen scheint, ein Senkblei in die Tiefe der Seelen schicken lässt, dass alle banalsten Äußerlichkeiten schließlich durch Richtungslinien mit den letzten Entscheidungen über den Sinn und Stil des Lebens verbunden sind. Die

Pünktlichkeit, Berechenbarkeit, Exaktheit, die die Komplikationen und Ausgedehntheiten des großstädtischen Lebens ihm aufzwingen, steht nicht nur in engstem Zusammenhange mit ihrem geldwirtschaftlichen und ihrem intellektualistischen Charakter, sondern muss auch die Inhalte des Lebens färben und den Ausschluss jener irrationalen, instinktiven, souveränen Wesenszüge und Impulse begünstigen, die von sich aus die Lebensform bestimmen wollen, statt sie als eine allgemeine, schematisch präzisierte von außen zu empfangen. Wenn auch die durch solche charakterisierten, selbstherrlichen Existenzen keineswegs in der Stadt unmöglich sind, so sind sie doch ihrem Typus entgegengesetzt, und daraus erklärt sich der leidenschaftliche Hass von Naturen wie Ruskin und Nietzsche gegen die Großstadt – Naturen, die allein in dem unschematisch Eigenartigen, nicht für alle gleichmäßig Präzisierbaren den Wert des Lebens finden und denen deshalb aus der gleichen Quelle wie jener Hass der gegen die Geldwirtschaft und gegen den Intellektualismus des Daseins quillt. |

Dieselben Faktoren, die so in der Exaktheit und minutenhaften Präzision der Lebensform zu einem Gebilde von höchster Unpersönlichkeit zusammengeronnen sind, wirken andrerseits auf ein höchst persönliches hin. Es gibt vielleicht keine seelische Erscheinung, die so unbedingt der Großstadt vorbehalten wäre wie die Blasiertheit. Sie ist zunächst die Folge jener rasch wechselnden und in ihren Gegensätzen eng zusammengedrängten Nervenreize, aus denen uns auch die Steigerung der großstädtischen Intellektualität hervorzugehen schien; weshalb denn auch dumme und von vornherein geistig unlebendige Menschen nicht gerade blasiert zu sein pflegen. Wie ein maßloses Genussleben blasiert macht, weil es die Nerven so lange zu ihren stärksten Reaktionen aufregt, bis sie schließlich überhaupt keine Reaktion mehr hergeben – so zwingen ihnen auch harmlosere Eindrücke durch die Raschheit und Gegensätzlichkeit ihres Wechsels so gewaltsame Antworten ab, reißen sie so brutal hin und her, dass sie ihre letzte Kraftreserve hergeben und, in dem gleichen Milieu verbleibend, keine Zeit haben, eine neue zu sammeln. Die so entstehende Unfähigkeit, auf neue Reize mit der ihnen angemessenen Energie zu reagieren, ist eben jene Blasiertheit, die eigentlich schon jedes Kind der Großstadt im Vergleich mit Kindern ruhigerer und abwechslungsloserer Milieus zeigt.

Mit dieser physiologischen Quelle der großstädtischen Blasiertheit vereinigt sich die andere, die in der Geldwirtschaft fließt. Das Wesen der Blasiertheit ist die Abstumpfung gegen die Unterschiede der Dinge, nicht in dem Sinne, dass sie nicht wahrgenommen würden, wie von dem Stumpfsinnigen, sondern so, dass die Bedeutung und der Wert der Unterschiede der Dinge und damit der Dinge selbst als nichtig empfunden wird. Sie erscheinen dem Blasierten in einer gleichmäßig matten und grauen Tönung, keines wert, dem anderen vorgezogen zu werden. Diese Seelenstimmung ist der getreue subjektive Reflex der völlig durchgedrungenen Geldwirtschaft; indem das Geld alle Mannigfaltigkeiten der Dinge gleichmäßig aufwiegt, alle qualitativen Unterschiede zwischen ihnen durch Unterschiede des Wieviel ausdrückt, indem das Geld, mit seiner Farblosigkeit und Indifferenz, sich zum Generalnenner aller Werte auf|wirft, wird es der fürchterlichste Nivellierer, es höhlt den Kern der Dinge, ihre Eigenart, ihren spezifischen Wert, ihre Unvergleichbarkeit rettungslos aus. Sie schwimmen alle mit gleichem spezifischem Gewicht in dem fortwährend bewegten Geldstrom, liegen alle in derselben Ebene und unterscheiden sich nur durch die Größe der Stücke, die sie von dieser decken. Im einzelnen Fall mag diese Färbung oder vielmehr Entfärbung der Dinge durch ihre Äquivalenz mit dem Gelde unmerkbar klein sein; in dem Verhältnis aber, das der Reiche zu den für Geld erwerbbaren Objekten hat, ja vielleicht schon in dem Gesamtcharakter, den der öffentliche Geist jetzt diesen Objekten allenthalben erteilt, ist er zu einer sehr merkbaren Größe angehäuft. Darum sind die Großstädte, die Hauptsitze des Geldverkehrs und in denen die Käuflichkeit der Dinge sich in ganz anderem Umfange aufdrängt als in kleineren Verhältnissen, auch die eigentlichen Stätten der Blasiertheit. In ihr gipfelt sich gewissermaßen jener Erfolg der Zusammendrängung von Menschen und Dingen auf, die das Individuum zu seiner höchsten Nervenleistung reizt; durch die bloß quantitative Steigerung der gleichen Bedingungen schlägt dieser Erfolg in sein Gegenteil um, in diese eigentümliche Anpassungserscheinung der Blasiertheit, in der die Nerven ihre letzte Möglichkeit, sich mit den Inhalten und der Form des Großstadtlebens abzufinden, darin entdecken, dass sie sich der Reaktion auf sie versagen – die Selbsterhaltung gewisser Naturen, um den Preis, die ganze objektive Welt zu entwerten, was dann am Ende die eigene Persönlichkeit unvermeidlich in ein Gefühl gleicher Entwertung hinabzieht.

Während das Subjekt diese Existenzform ganz mit sich abzumachen hat, verlangt ihm seine Selbsterhaltung gegenüber der Großstadt ein nicht weniger negatives Verhalten sozialer Natur ab. Die geistige Haltung der Großstädter zueinander wird man in formaler Hinsicht als Reserviertheit bezeichnen dürfen. Wenn der fortwährenden äußeren Berührung mit unzähligen Menschen so viele innere Reaktionen antworten sollten wie in der kleinen Stadt, in der man fast jeden Begegnenden kennt und zu jedem ein positives Verhältnis hat, so würde man sich innerlich völlig atomisieren und in eine ganz unaus|denkbare seelische Verfassung geraten. Teils dieser psychologische Umstand, teils das Recht auf Misstrauen, das wir gegenüber den in flüchtiger Berührung vorüberstreifenden Elementen des Großstadtlebens haben, nötigt uns zu jener Reserve, infolge deren wir jahrelange Hausnachbarn oft nicht einmal von Ansehen kennen und die uns dem Kleinstädter so oft als kalt und gemütlos erscheinen lässt. Ja, wenn ich mich nicht täusche, ist die Innenseite dieser äußeren Reserve nicht nur Gleichgültigkeit, sondern, häufiger als wir es uns zum Bewusstsein bringen, eine leise Aversion, eine gegenseitige Fremdheit und Abstoßung, die in dem Augenblick einer irgendwie veranlassten nahen Berührung sogleich in Hass und Kampf ausschlagen würde. Die ganze innere Organisation eines derartig ausgedehnten Verkehrslebens beruht auf einem äußerst mannigfaltigen Stufenbau von Sympathien, Gleichgültigkeiten und Aversionen der kürzesten wie der dauerndsten Art. Die Sphäre der Gleichgültigkeit ist dabei nicht so groß, wie es oberflächlich scheint; die Aktivität unserer Seele antwortet doch fast auf jeden Eindruck seitens eines anderen Menschen mit einer irgendwie bestimmten Empfindung, deren Unbewusstheit, Flüchtigkeit und Wechsel sie nur in eine Indifferenz aufzuheben scheint. Tatsächlich wäre diese Letztere uns ebenso unnatürlich wie die Verschwommenheit wahlloser gegenseitiger Suggestion unerträglich, und vor diesen beiden typischen Gefahren der Großstadt bewahrt uns die Antipathie, das latente und Vorstadium des praktischen Antagonismus, sie bewirkt die Distanzen und Abwendungen, ohne die diese Art Leben überhaupt nicht geführt werden könnte: ihre Maße und ihre Mischungen, der Rhythmus ihres Auftauchens und Verschwindens, die Formen, in denen ihr genügt wird – dies bildet mit den im engeren Sinne vereinheitlichenden Motiven ein untrennbares Ganzes der großstädtischen Lebensgestaltung: was in dieser unmittelbar als Dissoziierung erscheint, ist so in Wirklichkeit nur eine ihrer elementaren Sozialisierungsformen.

Diese Reserviertheit mit dem Oberton versteckter Aversion erscheint aber nun wieder als Form oder Gewand eines viel allgemeineren Geisteswesens der Großstadt. Sie gewährt näm|lich dem Individuum eine Art und ein Maß persönlicher Freiheit, zu denen es in anderen Verhältnissen gar keine Analogie gibt: sie geht damit auf eine der großen Entwicklungstendenzen des gesellschaftlichen Lebens überhaupt zurück, auf eine der wenigen, für die eine annähernd durchgängige Formel auffindbar ist. Das früheste Stadium sozialer Bildungen, das sich an den historischen wie an gegenwärtig sich gestaltenden findet, ist dieses: ein relativ kleiner Kreis, mit starkem Abschluss gegen benachbarte, fremde oder irgendwie antagonistische Kreise, dafür aber mit einem umso engeren Zusammenschluss in sich selbst, der dem einzelnen Mitglied nur einen geringen Spielraum für die Entfaltung eigenartiger Qualitäten und freier, für sich selbst verantwortlicher Bewegungen gestattet. So beginnen politische und familiäre Gruppen, so Parteibildungen, so Religionsgenossenschaften; die Selbsterhaltung sehr junger Vereinigungen fordert strenge Grenzsetzung und zentripetale Einheit und kann deshalb dem Individuum keine Freiheit und Besonderheit innerer und äußerer Entwicklung einräumen. Von diesem Stadium aus geht die soziale Evolution gleichzeitig nach zwei verschiedenen und dennoch sich entsprechenden Seiten. In dem Maß, in dem die Gruppe wächst – numerisch, räumlich, an Bedeutung und Lebensinhalten –, in eben dem lockert sich ihre unmittelbare innere Einheit, die Schärfe der ursprünglichen Abgrenzung gegen andere wird durch Wechselbeziehungen und Konnexe gemildert; und zugleich gewinnt das Individuum Bewegungsfreiheit, weit über die erste, eifersüchtige Eingrenzung hinaus, und eine Eigenart und Besonderheit, zu der die Arbeitsteilung in der größer gewordenen Gruppe Gelegenheit und Nötigung gibt. Nach dieser Formel hat sich der Staat und das Christentum, Zünfte und politische Parteien und unzählige andere Gruppen entwickelt, sosehr natürlich die besonderen Bedingungen und Kräfte der Einzelnen das allgemeine Schema modifizieren. Es scheint mir aber auch deutlich an der Entwicklung der Individualität innerhalb des städtischen Lebens erkennbar. Das Kleinstadtleben in der Antike wie im Mittelalter legte dem Einzelnen Schranken der Bewegung und Beziehungen nach außen, der Selbständigkeit und Differenzierung nach innen hin-|auf, unter denen der moderne Mensch nicht atmen könnte – noch heute empfindet der Großstädter, in die Kleinstadt versetzt, eine wenigstens der Art nach gleiche Beengung. Je kleiner ein solcher Kreis ist, der unser Milieu bildet, je beschränkter die grenzenlösenden Beziehungen zu anderen, desto ängstlicher wacht er über die Leistungen, die Lebensführung, die Gesinnungen des Individuums, desto eher würde eine quantitative und qualitative Sonderart den Rahmen des Ganzen sprengen. Die antike Polis scheint nach dieser Richtung ganz den Charakter der Kleinstadt gehabt zu haben. Die fortwährende Bedrohtheit ihrer Existenz durch Feinde von nah und fern bewirkte jenen straffen Zusammenhalt in politischer und militärischer Beziehung, jene Beaufsichtigung des Bürgers durch den Bürger, jene Eifersucht der Gesamtheit gegen den Einzelnen, dessen Sonderleben so in einem Maße niedergehalten war, für das er sich höchstens durch den Despotismus seinem Hause gegenüber schadlos halten konnte. Die ungeheure Bewegtheit und Erregtheit, die einzigartige Farbigkeit des athenischen Lebens erklärt sich vielleicht daraus, dass ein Volk von unvergleichlich individuell angelegten Persönlichkeiten gegen den steten inneren und äußeren Druck einer entindividualisierenden Kleinstadt ankämpfte. Dies erzeugte eine Atmosphäre von Gespanntheit, in der die schwächeren niedergehalten und die starken zu den leidenschaftlichsten Selbstbewährungen angereizt wurden. Und eben damit gelangte in Athen dasjenige zur Blüte, was man, ohne es genau umschreiben zu können, als »das allgemein Menschliche« in der geistigen Entwicklung unserer Art bezeichnen muss. Denn dies ist der Zusammenhang, dessen sachliche wie geschichtliche Gültigkeit hier behauptet wird: die allerweitesten und allgemeinsten Inhalte und Formen des Lebens sind mit den allerindividuellsten innig verbunden; beide haben ihr gemeinsames Vorstadium oder auch ihren gemeinsamen Gegner an engen Gestaltungen und Gruppierungen, deren Selbsterhaltung sie ebenso gegen das Weite und Allgemeine außer ihnen wie gegen das frei Bewegte und Individuelle innerhalb ihrer zur Wehre setzt. Wie in der Feudalzeit der »freie« Mann derjenige war, der unter Landrecht stand, d. h. unter dem Recht des größten | sozialen Kreises, unfrei aber, wer sein Recht nur aus dem engen Kreise eines Feudalverbandes, unter Ausschluss von jenem, zog – so ist heute, in einem vergeistigten und verfeinerten Sinn, der Großstädter »frei« im Gegensatz zu den Kleinlichkeiten und Präjudizierungen, die den Kleinstädter einengen. Denn die gegenseitige Reserve und Indifferenz, die geistigen Lebensbedingungen großer Kreise, werden in ihrem Erfolg für die Unabhängigkeit des Individuums nie stärker gefühlt als in dem dichtesten Gewühl der Großstadt, weil die körperliche Nähe und Enge die geistige Distanz erst recht anschaulich macht; es ist offenbar nur der Revers dieser Freiheit, wenn man sich unter Umständen nirgends so einsam und verlassen fühlt als eben in dem großstädtischen Gewühl; denn hier wie sonst ist es keineswegs notwendig, dass die Freiheit des Menschen sich in seinem Gefühlsleben als Wohlbefinden spiegele. Es ist nicht nur die unmittelbare Größe von Bezirk und Menschenzahl, die, wegen der weltgeschichtlichen Korrelation zwischen der Vergrößerung des Kreises und der persönlichen, innerlichäußerlichen Freiheit, die Großstadt zum Sitz der Letzteren macht, sondern, über diese anschauliche Weite noch hinausgreifend, sind die Großstädte auch die Sitze des Kosmopolitismus gewesen. Vergleichbar der Form der Vermögensentwicklung – jenseits einer gewissen Höhe pflegt der Besitz sich in immer rascheren Progressionen und wie von selbst zu steigern – vergrößern sich der Gesichtskreis, die wirtschaftlichen, persönlichen, geistigen Beziehungen der Stadt, ihr ideelles Weichbild, wie in geometrischer Progression, sobald erst einmal eine gewisse Grenze überschritten ist; jede gewonnene dynamische Ausdehnung ihrer wird zur Staffel, nicht für eine gleiche, sondern für eine größere nächste Ausdehnung, an jeden Faden, der sich von ihr aus spinnt, wachsen dann wie von selbst immer neue an, gerade wie innerhalb der Stadt das *unearned increment* der Bodenrente dem Besitzer durch die bloße Hebung des Verkehrs ganz von selbst wachsende Gewinne zuführt. An diesem Punkt setzt sich die Quantität des Lebens sehr unmittelbar in Qualität und Charakter um. Die Lebenssphäre der Kleinstadt ist in der Hauptsache in und mit ihr selbst beschlossen. Für die Großstadt ist dies entscheidend, | dass ihr Innenleben sich in Wellenzügen über einen weiten nationalen oder internationalen Bezirk erstreckt. Weimar ist keine Gegeninstanz, weil eben diese Bedeutung seiner an einzelne Persönlichkeiten geknüpft war und mit ihnen starb, während die Großstadt gerade durch ihre wesentliche Unabhängigkeit selbst von den bedeutendsten Einzelpersönlichkeiten charakterisiert wird – das Gegenbild und der Preis der Unabhängigkeit, die der Einzelne innerhalb ihrer genießt. Das bedeutsamste Wesen der Großstadt liegt in dieser funktionellen Größe jenseits ihrer physischen Grenzen: und diese Wirksamkeit wirkt wieder zurück und gibt ihrem Leben Gewicht, Erheblichkeit, Verantwortung. Wie ein Mensch nicht zu Ende ist mit den Grenzen seines Körpers oder des Bezirkes, den er mit seiner Tätigkeit unmittelbar erfüllt, sondern erst mit der Summe der Wirkungen, die sich von ihm aus zeitlich und räumlich erstrecken: so besteht auch eine Stadt erst aus der Gesamtheit der über ihre Unmittelbarkeit hinausreichenden Wirkungen. Dies erst ist ihr wirklicher Umfang, in dem sich ihr Sein ausspricht. Dies weist schon darauf hin, die individuelle Freiheit, das logische und historische Ergänzungsglied solcher Weite, nicht nur im negativen Sinne zu verstehen, als bloße Bewegungsfreiheit und Wegfall von Vorurteilen und Philistrositäten; ihr Wesentliches ist doch, dass die Besonderheit und Unvergleichbarkeit, die schließlich jede Natur irgendwo besitzt, in der Gestaltung des Lebens zum Ausdruck komme. Dass wir den Gesetzen der eigenen Natur folgen – und dies ist doch Freiheit –, wird uns und anderen erst dann ganz anschaulich und überzeugend, wenn die Äußerungen dieser Natur sich auch von denen anderer unterscheiden; erst unsere Unverwechselbarkeit mit anderen erweist, dass unsere Existenzart uns nicht von anderen aufgezwungen ist. Die Städte sind zunächst die Sitze der höchsten wirtschaftlichen Arbeitsteilung; sie erzeugen darin so extreme Erscheinungen wie in Paris den einträglichen Beruf des Quatorzième: Personen, durch Schilder an ihren Wohnungen kenntlich, die sich zur Dinerstunde in angemessenem Kostüm bereit halten, um schnell herangeholt zu werden, wo sich in einer Gesellschaft 13 am Tisch befinden. Genau im Maße ihrer Ausdehnung bie|tet die Stadt immer mehr die entscheidenden Bedingungen der Arbeitsteilung: einen Kreis, der durch seine Größe für eine höchst mannigfaltige Vielheit von Leistungen aufnahmefähig ist, während zugleich die Zusammendrängung der Individuen und ihr Kampf um den Abnehmer den Einzelnen zu einer Spezialisierung der Leistung zwingt, in der er nicht so leicht durch einen anderen verdrängt werden kann. Das Entscheidende ist, dass das Stadtleben den Kampf für den Nahrungserwerb mit der Natur in einen Kampf um den Menschen verwandelt hat, dass der umkämpfte Gewinn hier nicht von der Natur, sondern vom Menschen gewährt wird. Denn hierin fließt nicht nur die eben angedeutete Quelle der Spezialisierung, sondern die tiefere: der Anbietende muss in dem Umworbenen immer neue und eigenartigere Bedürfnisse hervorzurufen suchen. Die Notwendigkeit, die Leistung zu spezialisieren, um eine noch nicht ausgeschöpfte Erwerbsquelle, eine nicht leicht ersetzbare Funktion zu finden, drängt auf Differenzierung, Verfeinerung, Bereicherung der Bedürfnisse des Publikums, die ersichtlich zu wachsenden personalen Verschiedenheiten innerhalb dieses Publikums führen müssen.

Und dies leitet zu der im engeren Sinne geistigen Individualisierung seelischer Eigenschaften über, zu der die Stadt im Verhältnis ihrer Größe Veranlassung gibt. Eine Reihe von Ursachen liegt auf der Hand. Zunächst die Schwierigkeit, in den Dimensionen des großstädtischen Lebens die eigene Persönlichkeit zur Geltung zu bringen. Wo die quantitative Steigerung von Bedeutung und Energie an ihre Grenze kommen, greift man zu qualitativer Besonderung, um so, durch Erregung der Unterschiedsempfindlichkeit, das Bewusstsein des sozialen Kreises irgendwie für sich zu gewinnen: was dann schließlich zu den tendenziösesten Wunderlichkeiten verführt, zu den spezifisch großstädtischen Extravaganzen des Apartseins, der Kaprice, des Pretiösentums, deren Sinn gar nicht mehr in den Inhalten solchen Benehmens, sondern nur in seiner Form des Andersseins, des Sich-Heraushebens und dadurch Bemerklichwerdens liegt – für viele Naturen schließlich noch das einzige Mittel, auf dem Umweg über das Bewusstsein der anderen irgendeine Selbstschätzung und das Bewusstsein, | einen Platz auszufüllen, für sich zu retten. In demselben Sinne wirkt ein unscheinbares, aber seine Wirkungen doch wohl merkbar summierendes Moment: die Kürze und Seltenheit der Begegnungen, die jedem Einzelnen mit dem anderen – verglichen mit dem Verkehr der kleinen Stadt – gegönnt sind. Denn hierdurch liegt die Versuchung, sich pointiert, zusammengedrängt, möglichst charakteristisch zu geben, außerordentlich viel näher, als wo häufiges und langes Zusammenkommen schon für ein unzweideutiges Bild der Persönlichkeit im anderen sorgen.

Der tiefste Grund indes, aus dem grade die Großstadt den Trieb zum individuellsten persönlichen Dasein nahelegt – gleichviel, ob immer mit Recht und immer mit Erfolg –, scheint mir dieser. Die Entwicklung der modernen Kultur charakterisiert sich durch das Übergewicht dessen, was man den objektiven Geist nennen kann, über den subjektiven, d. h., in der Sprache wie im Recht, in der Produktionstechnik wie in der Kunst, in der Wissenschaft wie in den Gegenständen der häuslichen Umgebung ist eine Summe von Geist verkörpert, deren täglichem Wachsen die geistige Entwicklung der Subjekte nur sehr unvollständig und in immer weiterem Abstand folgt. Übersehen wir etwa die ungeheure Kultur, die sich seit 100 Jahren in Dingen und Erkenntnissen, in Institutionen und Komforts verkörpert hat, und vergleichen wir damit den Kulturfortschritt der Individuen in derselben Zeit – wenigstens in den höheren Ständen –, so zeigt sich eine erschreckende Wachstumsdifferenz zwischen beiden, ja in manchen Punkten eher ein Rückgang der Kultur der Individuen in Bezug auf Geistigkeit, Zartheit, Idealismus. Diese Diskrepanz ist im Wesentlichen der Erfolg wachsender Arbeitsteilung; denn eine solche verlangt vom Einzelnen eine immer einseitigere Leistung, deren höchste Steigerung seine Persönlichkeit als ganze oft genug verkümmern lässt. Jedenfalls, dem Überwuchern der objektiven Kultur ist das Individuum weniger und weniger gewachsen. Vielleicht weniger bewusst als in der Praxis und in den dunklen Gesamtgefühlen, die ihr entstammen, ist es zu einer *quantité négligeable* herabgedrückt, zu einem Staubkorn gegenüber einer ungeheuren Organisation von Dingen und | Mächten, die ihm alle Fortschritte, Geistigkeiten, Werte allmählich aus der Hand spielen und sie aus der Form des subjektiven in die eines rein objektiven Lebens überführen. Es bedarf nur des Hinweises, dass die Großstädte die eigentlichen Schauplätze dieser über alles Persönliche hinauswachsenden Kultur sind. Hier bietet sich in Bauten und Lehranstalten, in den Wundern und Komforts der raumüberwindenden Technik, in den Formungen des Gemeinschaftslebens und in den sichtbaren Institutionen des Staates eine so überwältigende Fülle kristallisierten, unpersönlich gewordenen Geistes, dass die Persönlichkeit sich sozusagen dagegen nicht halten kann. Das Leben wird ihr einerseits unendlich leicht gemacht, indem Anregungen, Interessen, Ausfüllungen von Zeit und Bewusstsein sich ihr von allen Seiten anbieten und sie wie in einem Strome tragen, in dem es kaum noch eigener Schwimmbewegungen bedarf. Andererseits aber setzt sich das Leben doch mehr und mehr aus diesen unpersönlichen Inhalten und Darbietungen zusammen, die die eigentlich persönlichen Färbungen und Unvergleichlichkeiten verdrängen wollen; sodass nun gerade, damit dieses Persönlichste sich rette, es ein Äußerstes an Eigenart und Besonderung aufbieten muss; es muss dieses übertreiben, um nur überhaupt noch hörbar, auch für sich selbst, zu werden. Die Atrophie der individuellen durch die Hypertrophie der objektiven Kultur ist ein Grund des grimmigen Hasses, den die Prediger des äußersten Individualismus, Nietzsche voran, gegen die Großstädte hegen, aber auch ein Grund, weshalb sie gerade in den Großstädten so leidenschaftlich geliebt sind, grade dem Großstädter als die Verkünder und Erlöser seiner unbefriedigtsten Sehnsucht erscheinen.

Indem man diese beiden Formen des Individualismus, die von den quantitativen Verhältnissen der Großstadt genährt werden: die individuelle Unabhängigkeit und die Ausbildung persönlicher Sonderart – nach ihrer geschichtlichen Stellung fragt, gewinnt die Großstadt einen ganz neuen Wert in der Weltgeschichte des Geistes. Das 18. Jahrhundert fand das Individuum in vergewaltigenden, sinnlos gewordenen Bindungen politischer und agrarischer, zünftiger und religiöser Art vor – Beengungen, die dem Menschen gleichsam eine unnatür|liche Form und längst ungerechte Ungleichheiten aufzwangen. In dieser Lage entstand der Ruf nach Freiheit und Gleichheit – der Glaube an die volle Bewegungsfreiheit des Individuums in allen sozialen und geistigen Verhältnissen, die sogleich in allen den gemeinsamen edlen Kern würde hervortreten lassen, wie die Natur ihn in jeden gelegt und Gesellschaft und Geschichte ihn nur verbildet hätten. Neben diesem Ideal des Liberalismus wuchs im 19. Jahrhundert, durch Goethe und die Romantik einerseits, die wirtschaftliche Arbeitsteilung andererseits, das Weitere auf: die von den historischen Bindungen befreiten Individuen wollen sich nun auch voneinander unterscheiden. Nicht mehr der »allgemeine Mensch« in jedem Einzelnen, sondern gerade qualitative Einzigkeit und Unverwechselbarkeit sind jetzt die Träger seines Wertes. In dem Kampf und den wechselnden Verschlingungen dieser beiden Arten, dem Subjekte seine Rolle innerhalb der Gesamtheit zu bestimmen, verläuft die äußere wie die innere Geschichte unserer Zeit. Es ist die Funktion der Großstädte, den Platz für den Streit und für die Einungsversuche beider herzugeben, indem ihre eigentümlichen Bedingungen sich uns als Gelegenheiten und Reize für die Entwicklung beider offenbart haben. Damit gewinnen sie einen ganz einzigen, an unübersehbaren Bedeutungen fruchtbaren Platz in der Entwicklung des seelischen

Daseins, sie enthüllen sich als eines jener großen historischen Gebilde, in denen sich die entgegengesetzten, das Leben umfassenden Strömungen wie zu gleichen Rechten zusammenfinden und entfalten. Damit aber treten sie, mögen ihre einzelnen Erscheinungen uns sympathisch oder antipathisch berühren, ganz aus der Sphäre heraus, der gegenüber uns die Attitüde des Richters ziemte. Indem solche Mächte in die Wurzel wie in die Krone des ganzen geschichtlichen Lebens eingewachsen sind, dem wir in dem flüchtigen Dasein einer Zelle angehören – ist unsere Aufgabe nicht, anzuklagen oder zu verzeihen, sondern allein zu verstehen.[1]

1 Der Inhalt dieses Vortrags geht seiner Natur nach nicht auf eine anzuführende Literatur zurück. Begründung und Ausführung seiner kulturgeschichtlichen Hauptgedanken ist in meiner »Philosophie des Geldes« gegeben.

Zu einer Theorie des Pessimismus

I. Der Pessimismus als Übergangserscheinung

Die natürliche Zweckmäßigkeit sorgt dafür, dass das Menschengeschlecht im Großen und Ganzen optimistisch gestimmt ist, das heißt, so fühlt und handelt, als ob die Schmerzen des Daseins, gegen seine Freuden aufgerechnet, diesen den Überschuss ließen; denn das Gegenteil würde die Energien zur Erhaltung und Förderung des Lebens unterbinden. Gewiss hat es jederzeit auch Menschen dieser entgegengesetzten Überzeugung gegeben; allein, entweder haben sie dann den Wert des Lebens auf einer andern Basis als an der Abwägung von Lust und Leid gewonnen, oder ihr Handeln hat nicht die logisch notwendigen Schlüsse aus ihren Theorien gezogen. Andernfalls sind sie nur als vereinzelte Erscheinungen in einer anders gearteten Umgebung denkbar; nur eine solche kann ihnen, durch Zwang wie durch Darbietungen, die weitere Existenz ermöglichen, die ihnen ihre Überzeugungen, ihrer eigenen Konsequenz überlassen, schon in äußerlicher Hinsicht abgeschnitten hätten. Wo wirklich größere Kreise einem ernsthaften Pessimismus ergeben sind, wie es in Indien der Fall war, da ist eine Lähmung aller praktischen Kräfte und ein allmählicher Verfall des Lebens unvermeidlich. Die Lebenstendenz also, die sich theoretisch als Optimismus darbietet, muss als eine Waffe im Kampf ums Dasein, als ein Vorzug der so Ausgestatteten vor den pessimistisch Gestimmten herangezüchtet werden; vielleicht, dass die Errungenschaften, die den Juden unter so schwierigen Umständen innerhalb der germanischen Völker gelingen, ihrem unverwüstlichen Optimismus zu danken sind, wobei es ganz ununtersucht bleibt, ob diese Anschauungsweise die Wirklichkeit des Daseins richtiger nachzeichnet als die entgegengesetzte oder vielleicht nur zu den zweckmäßigen Irrtümern gehört; und ob sie statt der Ursache nicht vielleicht nur die Folge oder das Feldzeichen der kräftigeren und sieghafteren Lebensantriebe ist. Je be|wusster die steigende Kultur unsere inneren Vorgänge macht, desto mehr muss die bloße Tatsache einer solchen Lebensdirektive sich als eine verstandesmäßige Weltanschauung darstellen. So finden wir bis in dieses Jahrhundert hinein die großen Weltanschauungen optimistisch gefärbt. Denn wenn auch die Metaphysiker von tiefer Verachtung für alles empirische Dasein erfüllt sind, wenn auch dem Christentum die Welt ein Jammertal ist, wenn auch Kant den Wert des Lebens, an seiner Glückseligkeit gemessen, unter Null sinken lässt – so ermangeln doch alle diese Weltsysteme nicht des »versöhnlichen Schlusses«, irgendwo wird in der dies- oder jenseitigen Ordnung der Dinge die Provinz aufgefunden, in der der Sieg des Lebenswertes über alle negativen Instanzen ein definitiver ist.

Solcher Optimismus mag so objektiv und umfassend ausgestaltet sein, wie er will, sein Fundament bleibt doch immer die verstandes- oder gefühlsmäßige Überzeugung, dass der Mensch das Zentrum, die eigentliche Bedeutung, der Endzweck der Schöpfung überhaupt sei. Die Welt muss irgendwie darauf angelegt sein, dem Menschen die Erfüllung seiner tiefsten Sehnsüchte zu gewähren, in dieser Erfüllung muss ihr eigentlicher Sinn liegen, wenn der Optimismus wirklich sicher und prinzipiell gegründet sein will. Das subjektive Streben des Einzelnen, den Mechanismus, die Zufälligkeit, das Material seines Daseins zu einer positiven Wertbilanz zu gestalten, wächst im Optimismus zu einem gleichgestalteten Bilde des Seins überhaupt auf und glaubt erst in diesem Wachstum über seinen eigenen Umfang hinaus seine sachliche Rechtfertigung und Erfüllungsgewähr zu gewinnen. Den ersten unverschmerzbaren Schlag erhielt dieser anthropozentrische Bau der Welt durch die Entdeckung des Kopernikus. Hier war nun eine zwar bloß äußere, aber doch auch für das Innere bedeutsamste Tatsache erwiesen, die die Abzweckung des Weltbaus auf den Menschen höchst fraglich machte. Und nun folgte die dichtgedrängte Reihe der Erkenntnisse, die die Ausnahmestellung des Menschen immer gründlicher beseitigten, die Wiedererkennung physikalischer und chemischer Ereignisse in seinen Körpervorgängen, die Deutung des Seelenle|bens als eines Mechanismus, die Einordnung des Menschen in die von den niedrigsten aufsteigende Reihe der Organismen. Die Formel, in deren allbeherrschende Gültigkeit diese geistige Entwickelung mündet, ist: Gleichheit vor dem Naturgesetz für alle Erscheinungen, also auch für den Menschen, Verneinung jener besonderen Rücksicht der Welteinrichtung auf sein Wohl, ohne die es keine optimistische Theorie gibt, Einsicht in den völligen Mangel eines prinzipiellen Zusammenhanges zwischen den menschlichen Wünschen und den Mächten, die sie gewähren oder verweigern. Unsere Glücksbegehrungen, unsere Wertgefühle bilden eine Reihe, die zu der Reihe des wirklichen Geschehens ein durchaus unstetiges Verhältnis hat; so konsequent und notwendig sich jede von beiden in sich entwickle, so ist doch das Verhältnis zwischen beiden ein rein zufälliges. Mit derselben gleichgültigen Gesetzmäßigkeit, mit der die Wirklichkeit uns die höchste Seligkeit gewährt, bereitet sie uns das tiefste Leid. Sowenig die Würfel immer das uns erwünschte Resultat zeigen, sich demselben aber auch nicht prinzipiell entziehen, und diese scheinbare Launenhaftigkeit gerade der bloß naturgesetzlichen Bestimmtheit jedes Wurfes entstammt: so wenig ist die Natur auf eine durchgängige Harmonie oder durchgängige Disharmonie mit unseren Bedürfnissen nach Lebenswerten angelegt.

Diese notwendige Konsequenz der naturwissenschaftlichen Weltanschauung, die dem Optimismus seine wurzelnährenden Quellen abgräbt, ist indes dem Innenleben der Gegenwart keineswegs schon vollständig assimiliert. Die Widerstandslosigkeit, mit der logische Prämissen, der reinen Sachlichkeit ihres

Inhalts gehorsam, ihre Schlussfolgerungen aus sich entlassen, setzt sich keineswegs in dem Prozess fort, in dem unsere Seele sich von diesem logisch Notwendigen wirklich durchdringen lässt. Unser Gefühl vielmehr, nach gewissen Überzeugungen bestimmt und ihnen angepasst, pflegt in dieser Richtung und Tönung noch lange zu verharren, nachdem ihr theoretisches Fundament erschüttert oder ausgewechselt ist. Die wesentliche Stimmung unseres Fühlens und Wollens ist sehr viel konservativer als der rücksichtslos vorschreitende Verstand. An allen möglichen Punkten macht es | sich geltend, dass wir eine theoretische Weltansicht haben, an die wir mit der Gesamtheit unseres Wesens noch nicht angepasst sind; die große Umbildung unserer Gemütsinteressen, infolge deren sie an dem neuen Weltbild volle Befriedigung fänden, steht noch aus, und wir können uns heute vielleicht noch nicht einmal völlig ausdenken, wie eine Natur, aus der alle übermechanischen Zwecke, alle besondere Beziehung zum Menschen, alle innere Wärme und Beseeltheit, alle »Götter Griechenlands« verschwunden sind – wie sie den Bedürfnissen eines Gemütslebens überhaupt genügen soll.

Den Kräften des Bildens und Gebildetwerdens, die unsere Seele besitzt, dürfen wir das Gelingen dieser Anpassung und Einheit dennoch zutrauen; begreiflich aber ist, dass der Übergang aus jener subjektivistisch-optimistischen Weltanschauung in die objektive, die zentrale Stellung des Menschen verneinende, sich auf dem Umweg über das jener entgegengesetzte Extrem, über den Pessimismus, vollzieht. Gegenüber dem optimistischen Glauben der anthropozentrischen Weltanschauung, deren Gefühlsseiten noch keineswegs zurückgebildet sind, muss man von der mechanistischen, rein natürlichen Ordnung der Dinge zunächst nur das Nein hören: der entthronte König, der jetzt allen anderen Bürgern koordiniert ist, wird vor allen Dingen nur seinen Verlust empfinden, und die Rechtsgleichheit mit jenen wird ihm als das größte, ihm geschehene Unrecht erscheinen. Ja, der teuflische, auf das Leiden angelegte Charakter der Welt, wie der Pessimismus ihn lehrt, ist dem Optimismus noch verwandter als dem naturwissenschaftlichen Prinzip. Denn immerhin liegt auch in ihm ein auf Werte und Gefühlsansprüche eingestellter Sinn des Daseins – wenn auch nur, um diese zu verneinen; es ist die gleiche Form der Weltauffassung, nur mit entgegengesetztem Inhalt. Optimismus und Pessimismus stehen als subjektivistische Deutungen der naturalistischen gleichmäßig, wenn auch mit umgekehrtem Vorzeichen, gegenüber. Der eine ist der Rückschlag, den die Zerstörung des anderen hervorrief, ein Pendeln in das entgegengesetzte Extrem, ehe der Indifferenzpunkt zwischen beiden erreicht ist, den die objektive, jenseits des positiven wie des negativen Sinnes des Daseins stehende | Erkenntnis verlangt. Der Pessimismus ist der begreifliche Durchgangspunkt von der Epoche, wo der Mensch die Welt seinem Bedürfnis nach Glück und Wert gemäß gestaltete, zu der Weltanschauung auf dem Grunde bloßer Naturgesetzlichkeit, die zu unseren Wünschen und Idealen ein rein zufälliges Verhältnis hat; von ihr freilich wissen wir noch nicht, welche Umbildung und Anpassung unserer Gemütsbedürfnisse sie bewirken wird, um dem Leben den Sinn und Wert zu erhalten, dem der Optimismus einen illusionären kosmischen Untergrund gegeben hatte und den der Pessimismus durch die Zerstörung dieses Letzteren in sein Gegenteil verkehrt glaubte.

II. Das Grausamkeitsmoment im Pessimismus

Wenn sich in der pessimistischen Beurteilung des allgemeinen Daseins die Gefühlsstimmung des Pessimisten adäquat ausspricht, wenn die Spannung seines Verhältnisses zur Welt sich damit löst, so erweist dies eine sublime Grausamkeitslust; und zwar sowohl in der zergliedernden Einsicht in das Leiden der Welt, dessen immer schärferes Bewusstsein die pessimistische Tendenz immer vollständiger befriedigt, wie in dem eigenen Zerstören des Wertes der Wirklichkeit, indem man dessen flüchtigen und betrügerischen Charakter durchschaut: denn offenbar ist diese Herabsetzung und Entwürdigung der Dinge nur eine vergeistigte Form der Zerstörung ihrer Realität. Schließlich würde doch auch die tätliche Ruinierung und Vernichtung keine Befriedigung der Zerstörungslust enthalten, sondern etwas völlig Gleichgültiges sein, wenn das jetzt Zerstörte nicht bis dahin als wertvoll und irgendwie bedeutsam empfunden wäre; was sie zu zerstören sucht, sind eigentlich nicht die Dinge, die in ihrem bloßen Außer-uns ganz jenseits unseres Interesses stehen, sondern die Wertgefühle, die menschliche Seelen mit ihrem Dasein verbinden. Diese will die destruktive Grausamkeitslust treffen und trifft sie nicht weniger tief, wenn sie die Nichtigkeit, die Kontra-Idealität, die fundamentale Enttäuschung aufzeigt, die allem, was wir erstreben und lieben, anhaftet. |

Die Zerstörungslust, in welcher von beiden Formen sie sich äußere, ist ein sehr merkwürdiges psychologisches Problem. Man versteht sie vielleicht am besten in der Einordnung in jene freilich auch nur bildlich zu bezeichnende Kategorie: als Erweiterung des Ich. Der Zerstörende fühlt sich als Herrscher über den Schaffenden, der Verneinende über den Bejahenden, der Entwertende über den Besitzenden. Das Ich, das die positiven Werte zerstört, schlürft gleichsam deren Extrakt in sich ein, es bemächtigt sich ihrer Bedeutung, dehnt seine Willenssphäre über sie aus. Nachdem in Lenaus »Faust« Mephisto sein Programm der allmählichen Zerstörung Fausts entworfen hat, schließt er:

So wird mein Schmerz am Göttlichen sich rächen,
So will Verstoßener ich mein Leiden kühlen,
Verderbend mich als Gegenschöpfer fühlen.

Eine Anzahl der römischen Kaiser, Sublimierungen einer äußerst pessimistischen Epoche, zeigen die unmittelbare Einheit eines pathologisch ausgearteten Triebes zur Zerstörung mit einem ebensolchen zum Schaffen, Bauen, Wirken; sie zeigen, wie eng die äußerste Grausamkeitslust mit einem ebenso gesteigerten Ichgefühl verknüpft ist. Dieser Zusammenhang der Grausamkeit mit der Erweiterung des Ich zeigt übrigens, dass die Leidenschaft, zu herrschen und zu tyrannisieren, keineswegs ein so unbedingtes Kennzeichen vornehmer Naturen ist, wie man es häufig – insbesondere durch die Vieldeutigkeit der »Herrennatur« verführt – voraussetzt. Denn sie beweist, dass man sich selbst nicht genügt, dass einem das eigene Ich nicht groß genug ist; sie kann gemein sein, wie alle Habsucht. Der Trieb, die Sphäre zu vergrößern, die wir mit unserm Ich und seiner Kraft erfüllen, kann ebenso in einem groß angelegten wie in einem erbärmlich kleinen Ich wohnen. Ist man sich erst darüber klar, dass das pessimistische Verneinen aller Werte nichts anderes zu sein braucht als die theoretische Form des praktischen Zerstörens und Raubens derselben, so wird man in der Grausamkeitswollust, die sich ihrerseits auf jenes Extensitätsstreben des Ich gründet, eine der psychologischen Wurzeln des Pessimismus erkennen. Die Bibel des Sadismus, die »Justine« des Marquis de Sade, baut ihre Schilde|rungen der ins Wahnsinnige ausgearteten Grausamkeit auf einer Grundlage des äußersten Pessimismus auf; sie lehrt, dass ausschließlich dem Laster und dem Verbrechen die Welt mit all ihrem Glück gehört und dass der Tugendhafte niemals anderes als Malträtierung, Misserfolge und Elend zu erwarten habe.

Es gehört nun zu den tiefsten Rätseln des Seelenlebens, dass die Lust am Leiden anderer sich auf das eigene Ich zurückwendet – als ob dieses sich selbst gegenüberträte wie einem Du und am eigenen Leide, mag die Welt es ihm bereiten oder mag es einem physischen oder psychischen Flagellantismus entfließen, eine Befriedigung empfindet, die sich bis zu unbändiger Wollust steigern kann. Zwischen dieser und jener Tatsache, die einander zunächst auszuschließen scheinen, vermittelt das oft Übersehene: dass das Leid des Anderen überhaupt keinerlei Gefühlsreaktion in einer Seele auslösen könnte, wenn diese es nicht in irgendeinem Maß und einer Art selbst fühlte! Was wir unmittelbar wahrnehmen, sind doch niemals die Schmerzen jemandes, sondern immer nur Laute und Bewegungen, aus denen seine Gefühle erst *erschlossen* werden müssen; wie aber sollte das anders möglich sein, als dass aus dem Reservoir unserer eigenen Gefühle etwas anklänge, was wir nun in jenen hineinverlegen? Wie das des Nähern geschieht, wissen wir nicht; dass es geschieht, ist die Bedingung, unter der allein ein schmerzenfühlender Mensch uns etwas anderes ist als ein sich verzerrender und schreiender Automat. Nur ein eigenes Fühlen, wie umgebildet und umgestimmt auch immer, kann uns das an sich unwahrnehmbare Fühlen des Anderen interpretieren. So ist zwischen den Lustreflexen, die das Leid des Du und die das Leid des Ich in uns hervorrufen, vielleicht nur ein Unterschied des Grades, der Form, der Distanz; wodurch nicht nur die Existenz beider überhaupt, sondern auch die scheinbar widerspruchsvolle Tatsache verständlich wird, dass beide Empfindungsweisen sich oft in einer und derselben Persönlichkeit gleichzeitig stark ausbilden. Die überreizten und erschlafften Nerven, die nach der Misshandlung Anderer dürsten, finden oft im eigenen Misshandeltwerden ihre letzte Aufregungsmöglichkeit und be|dürfen der Gewalttätigkeit solchen Eingriffes, um überhaupt ihr Leben zu fühlen. In einem Roman de Sades wird der Novize einer Verbrechergesellschaft ein förmlicher Katechismus abgefragt, und darunter: *comment pensez-vous sur le fouet?* – worauf sie antwortet: *j'aime à le donner et à le recevoir.* Wie solche Naturen die Spannung zwischen dem Ich und dem Du dadurch auf den Gipfel treiben, dass der Schmerz des Einen zur Freude des Andern wird, und nun das Ich gleichsam um diese Ausdehnung erweitern, indem das Du so erst ganz dessen Macht und Willkür unterworfen ist, so wiederholt sich dieser Prozess innerhalb der eigenen Seele: denn wie sie ihre äußerste Erhebung nach der Seite des Sittlichen dadurch erhält, dass ihre dahin gerichtete Kraft über alle inneren Hemmnisse und Schmerzen triumphiert, so scheint sie vielfach sich ihres sensationalen Vermögens am gewaltigsten an der Spannung zwischen einem Leide und einem an eben dieses Leid geknüpften Wollustgefühl bewusst zu werden.

Diese Lust am eigenen Leide, auf den Expansionstrieb des Ich zurückgehend, malt sich nun leichtersichtlicher Weise eine pessimistische Weltanschauung als Hintergrund. Den ganzen Komplex der so zustande gekommenen Stimmungen kann man als »Weltschmerz« bezeichnen; wobei die ironische Färbung, die diesem Ausdruck jetzt anhaftet, die Unverhältnismäßigkeit des rein subjectiven Motivs zu den weltumfassenden Behauptungen, zu denen es auswächst, treffend charakterisiert. Das Schwelgen in den eignen Schmerzen, das wollüstige Sichverbohren in jeden Kummer, die Sucht, von seinen Missgeschicken vor sich selbst und anderen möglichst viel »herzumachen«, äußert sich durchgehends zugleich in den Formen und im Zusammenhange einer pessimistischen Allgemeinanschauung. Der Mangel an Aktivität, der jedem prinzipiellen Pessimismus eigen ist – denn alle energische Betätigung ruht, um nicht sinnlos zu sein, auf einer mehr oder weniger optimistischen Basis –, entspricht ganz dieser pessimistischen Freude am subjektiven Leide. Beides, sowohl die pessimistischen Sentenzen wie die Miene des Dulders, pflegen ein Interesse an der Persönlichkeit, einen scheuen Respekt vor ihrer Bedeutsamkeit und Tiefe zu erzeugen, die den entgegen|gesetzten Erscheinungen erst bei unvergleichlich größerer Erheblichkeit zuteilwerden. Es ist sehr merkwürdig, zu wie viel unkeuscher Arroganz gerade das Leiden – nicht nur das eingebildete, sondern auch das wirkliche – verführt. Nicht viele sind so selbstbewusst, zu glauben: so etwas leistet doch kein anderer! Aber viele sind so anmaßend, zu glauben und auszusprechen: so etwas leidet doch kein anderer! Da dies Gefühl nun in einen allgemeinen Pessimismus auszustrahlen pflegt und auch erst an ihm seine Intensität und Absolutheit rechtfertigen kann, so zeigt sich derselbe auch durch diese Vermittlung hindurch von dem Bedürfnis getragen, der Sphäre des Ich nach außen wie nach innen, mit legalen wie mit illegalen Mitteln, einen größeren Umfang zu gewinnen; er stellt sich als einer der vielen wunderlichen Umwege dar, die die Stimmung der Zeit für die Befriedigung dieses Bedürfnisses darbietet, mit deren Subjektivität und Verwerflichkeit aber die sachliche Wahrheit seines Inhaltes völlig zusammenbestehen könnte.

Schopenhauer und Nietzsche

Alle höhere Kultur unserer Art beruht paradoxerweise darauf, dass wir, in dem Maße ihres Wachstums, zu unseren Zielen immer längere, immer umständlichere, an Stationen und Biegungen reichere Wege begehen müssen. Der Mensch ist, und zwar je höher er kultiviert ist, umso mehr das indirekte Wesen. Worauf der Wille des Tieres und des unkultivierten Menschen geht, das erreichen sie, wenn überhaupt, sozusagen in geradliniger Richtung, durch einfaches Zugreifen oder durch eine geringe Zahl einfacher Mittel: der Aufbau von Mittel und Zweck ist ohne weiteres übersehbar. Die steigende Vielgliedrigkeit und Komplizierung des höheren Lebens gestattet diese bloße Dreiheit der Reihe: Wunsch – Mittel – Zweck nicht, sondern gestaltet das Mittelglied zu einer Vielheit, in der das eigentlich wirksame Mittel wieder durch ein Mittel hergestellt wird und dieses wieder durch ein weiteres, bis jene unübersehbare Verschlingung, jener Kettencharakter unserer praktischen Betätigungen erwächst, innerhalb dessen der Mensch reifer Kulturen lebt. Es genügt, an den Nahrungserwerb zu denken, an die Einfachheit der Vornahmen, die in primitiver Kultur zur Beschaffung des Brotes genügen – oft auch freilich nicht genügen –, und an die Verzweigung unzähliger Aktionen, Apparate, Verkehrseinrichtungen, vermöge deren der moderne Mensch erst das Brot auf seinem Tische findet. Durch diese Langsichtigkeit der Zweckreihen, die das Leben zu einem technischen Problem macht, wird es uns tausendfach unmöglich, das Endglied jeder Reihe in jedem Augenblick im Bewusstsein zu haben; teils, weil wir sie nicht überblicken können, teils weil der je nächste, vorläufige Schritt die ganze Konzentration unserer seelischen Energien beansprucht, bleibt das Bewusstsein an den Mitteln hängen, die Endziele, von denen dieser ganzen Entwicklung Sinn und Bedeutung kommt, rücken an unseren inneren Blickhorizont und versinken schließlich hinter ihm. Die Technik, d.h. die Summe der Mittel für die kultivierte Existenz, wächst zum | eigentlichen Inhalt der Bemühungen und Wertungen auf, bis man auf allen Seiten von kreuz und quer verschlungenen Reihen von Unternehmungen und Institutionen umgeben ist, denen allenthalben die abschließenden, definitiv wertvollen Ziele fehlen. In dieser Lage der Kultur erst taucht das Bedürfnis nach einem Endzweck des Lebens überhaupt auf. Solange es von kurzen Zweckreihen, jede für sich befriedigend, erfüllt ist, liegt ihm die suchende Unruhe fern, die aus der Besinnung über das Gefangensein in einem Netzwerk bloßer Mittel, Umwege, Vorläufigkeiten hervorgehen muss. Erst wenn unzählige Tätigkeiten und Interessen, auf die wir uns wie auf endgültige Werte konzentrierten, uns nun doch in ihrem bloßen Mittelscharakter klar werden, erwächst die angstvolle Frage nach dem Sinn und Zweck des Ganzen, über die Einzelzwecke, die nicht mehr ein Letztes, sondern nur noch ein Vorletztes und Vorvorletztes sind, steigt das Problem einer wirklich vollendeten Einheit auf, in der alle jene unabgeschlossenen Strebungen ihre Reife und Ruhe fänden, die die Seele aus aller Wirrnis der bloßen Vorläufigkeiten erlöste.

Zum ersten Mal in der Weltgeschichte, die wir kennen, scheint die Kultur der griechisch-römischen Welt zu Beginn unserer Zeitrechnung die Seelen in diese Verfassung getrieben zu haben. Die Zwecksysteme des Lebens waren so komplizierte geworden, die Reihen des Handelns und Denkens so vielgliedrige, die Interessen und Bewegtheiten des Lebens so ausgedehnte und von so vielen Bedingungen abhängige, dass sich nun in den dumpfen Trieben der Masse ebenso wie in der Selbstbesinnung des philosophischen Bewusstseins ein unruhiges Suchen nach dem Ziele und der Bedeutung des Lebens überhaupt auszulösen scheint. Dass das *carpe diem* der Genussmenschen die Frage abschnitt, war gerade der Beweis für ihre

Existenz: die Sinnenfreude des Augenblicks freilich hatte ihren Zweck in sich selbst, und indem sie das Leben in lauter einzeln akzentuierte Momente zerlegte, entzog sie es gewaltsam dem Bedürfnis einer absoluten Einheit. Der Mystizismus importierter orientalischer Kulte, die verbreitete Neigung zu jedem Aberglauben, zugleich mit dem Kampf gegen die Vielgötterei, bewiesen es, dass die Welt in der Breite des verworrenen Lebens keinen Sinn mehr fand. |

In dieser, innerlich vielleicht bedürftigsten Lage, in der sich je die historische Menschheit befand, brachte das Christentum die Erlösung und Erfüllung. Es gab dem Leben jenen absoluten Zweck, dessen es bedurfte, nachdem seine Vielfältigkeit und Umständlichkeit es in einen Irrgarten von lauter Mitteln und Relativitäten sich hatte verlaufen lassen. Das Heil der Seele und das Reich Gottes bot sich jetzt den Massen als ein unbedingter Wert, als das definitive Ziel jenseits alles Einzelnen, Fragmentarischen, Sinnlosen des Lebens. Und von diesem Endzweck haben sie gelebt, bis das Christentum in den letzten Jahrhunderten unzähligen Seelen gegenüber seine Macht verlor. Aber das Bedürfnis eines Endzwecks des Lebens ging damit nicht zugleich verloren, sondern im Gegenteil: wie jedes Bedürfnis durch langdauernde Befriedigung fester, tiefer wurzelt, so hat das Leben eine tiefe Sehnsucht nach einem absoluten Zwecke behalten, auch und gerade, nachdem der Inhalt, der die Anpassung an diese Form des inneren Daseins bewirkt hatte, ausgeschieden ist. Diese Sehnsucht ist die Erbschaft des Christentums, es hat das Bedürfnis nach einem Definitivum der Lebensbewegungen hinterlassen, das als ein leeres Drangen nach einem ungreifbar gewordenen Ziele weiterbesteht.

Die Philosophie Schopenhauers ist der absolute, philosophische Ausdruck für diese innere Lage des modernen Menschen. Es ist das Zentrum seiner Lehre, dass das eigentliche, metaphysische Wesen der Welt und unser selbst seinen ganz umfassenden und allein entscheidenden Ausdruck in unserm Willen besitzt. Der Wille ist die Substanz unseres subjektiven Lebens, wie und weil das Absolute des Seins überhaupt ein rastloses Drängen, ein stetes Übersichhinausgehen ist, das aber, gerade weil es der erschöpfende Grund aller Dinge ist, zu ewiger Unbefriedigtheit verurteilt ist. Denn nun kann der Wille nichts außer sich finden, woran er sich befriedige, weil er immer nur sich selbst in tausend Verkleidungen greifen kann, von jedem scheinbaren Ruhepunkt aus seines endlosen Weges weitergetrieben wird. Damit ist die Eingestelltheit der Existenz auf einen Endzweck und die gleichzeitige Versagtheit seiner in eine Gesamtweltanschauung projiziert; gerade | die Absolutheit des Willens, mit dem das Leben identisch ist, lässt ihn nicht an irgendeinem Außerhalb-seiner zur Ruhe kommen, weil es kein Außerhalb-seiner gibt, und sie drückt damit die Lage der momentanen Kultur aus, wie sie von der Sehnsucht nach einem Endzweck des Lebens erfüllt ist, den sie als für immer entschwunden oder illusorisch empfindet.

Eben diese vom Zweckwillen getriebene und des Zweckes beraubte Welt ist der Ausgangspunkt Nietzsches. Aber zwischen Schopenhauer und ihm liegt Darwin. Während Schopenhauer an der Verneintheit des Endzweckes haltmacht und darum nur die Verneinung des Lebenswillens überhaupt als praktische Folge übrig behalten kann, findet Nietzsche an der Tatsache der Entwicklung des Menschengeschlechts die Möglichkeit eines Zweckes, der das Leben wieder sich bejahen lässt. Für Schopenhauer ist das Leben, weil es an sich selbst Wille ist, in letzter Instanz zur Wert- und Sinnlosigkeit verurteilt, es ist dasjenige, was schlechthin nicht sein sollte. In dem Grauen vor dem Leben spitzt sich für ihn jenes Entsetzen zu, das gewisse Naturen vor der Tatsache des Seins überhaupt empfinden, im Gegensatz zu andern, die das Sein als solches, als Form, unabhängig von den Inhalten, die es bietet, mit dem Glück einer sinnlichen oder religiösen Ekstase füllt. Ihm geht völlig das Gefühl ab, das bei Nietzsche überall durchbricht: das Gefühl für die Feierlichkeit des Lebens. Aus dem Entwicklungsgedanken hat Nietzsche den, Schopenhauer gegenüber, völlig neuen Begriff vom Leben geschöpft: dass es von sich aus, seinem eigensten, innersten Wesen nach, Steigerung, Mehrung, wachsende Konzentrierung der umgebenden Weltkräfte auf das Subjekt ist. Durch diesen in ihm unmittelbar gelegenen Trieb und Gewähr der Erhöhung, Bereicherung, Wertvollendung *kann das Leben selbst zum Zweck des Lebens werden* und ist damit der Frage nach einem Endzweck enthoben, der jenseits seines rein und natürlich verlaufenden Prozesses läge. Diese Vorstellung vom Leben – die dichterisch-philosophische Verabsolutierung der Entwicklungsidee Darwins, dessen Einfluss auf sich Nietzsche in seiner späteren Epoche sehr unterschätzt hat – diese Vorstellung erscheint mir als der Ausdruck des für jede | Philosophie letztinstanzlich entscheidenden Lebensgefühls bei Nietzsche und seiner tiefsten und notwendigen Abbiegung von Schopenhauer.

Das Leben, in seinem prinzipiellsten Sinne, der noch jenseits des Gegensatzes von körperlicher und geistiger Existenz steht, tritt hier als eine unabsehliche Summe von Kräften oder Möglichkeiten auf, die von sich aus auf die Steigerung, das Intensiverwerden, den Wirkungszuwachs des Lebensprozesses selbst gerichtet sind; diesen aber durch Analyse zu beschreiben, ist nicht möglich, weil er in seiner Einheitlichkeit das letztergreifbare Grundphänomen unser selbst ausmacht. Das tatsächliche Leben ist in dem Maße mehr oder weniger »Entwicklung«, in dem mehr oder weniger von jenen in ihm gelegenen, auf die Verstärkung seines eigenen Seins gerichteten Elementen[1] zur Entfaltung gelangen. Ob ein tatsächlicher Vorgang als Entwicklung gelten soll – im historisch-psychologischen oder auch im metaphysischen Sinne –, hängt demnach nicht mehr von einem außerhalb seiner gesetzten Endziel ab, das von sich aus jenem Vorgang ein Maß von Mittel- oder Übergangsbedeutung zuteilte. Es handelt sich für Nietzsche darum, den sinngebenden Zweck des Lebens, der an seinem Ort außerhalb des Lebens

[1] Elementen] Elemente

illusionär geworden war, wie durch eine Rückwärtsdrehung in das Leben selbst zu verlegen. Dies konnte nicht radikaler geschehen als durch ein Bild des Lebens, in dem seine in ihm selbst indizierte Erhöhung, die bloße Verwirklichung dessen, was das Leben rein als solches an Steigerungsmöglichkeiten enthält, alle Zwecke und Werte des Lebens in sich schließt. Jedes Stadium des menschheitlichen Daseins findet seinen Zweck nicht in einem Absoluten und Definitiven, sondern in dem Nächsthöheren, in dem alles in dem früheren nur Angelegte zu größerer Weite und Wirkung erwacht ist, in dem also das Leben voller und reicher geworden ist, in dem mehr Leben ist. Der Nietzschesche Übermensch ist nichts anderes als die Entwicklungsstufe, die über der jeweils von einer gegenwärtigen Menschheit erreichten liegt, nicht ein fixiertes Endziel, das der Entwicklung ihren Sinn gäbe, sondern der Ausdruck dafür, dass es keines solchen bedarf, dass das Leben in sich selbst, d.h. in dem Überwun|denwerden jeder Stufe durch eine vollere und entfaltetere seinen Eigenwert besitzt. Das Leben, dessen Inhalte hier nur die Seiten oder Erscheinungen seines geheimnisvoll einheitlichen Prozesses sind, ist seine eigne letzte Instanz geworden; und dies stellt sich, weil das Leben Entwicklung und kontinuierliches Fließen ist, so dar, dass jede Verfassung des Lebens ihre höhere, sinngebende Instanz in der nächsten findet, zu der sie ihre in ihr selbst noch gebundenen Kräfte entfaltet.

Gemäß diesem alles bestimmenden Grundunterschied in der Teleologie des Lebens zwischen Schopenhauer und Nietzsche ist es durchaus nachfühlbar, dass für Schopenhauer das menschliche Dasein sich in seiner inneren Rhythmik als eine undurchbrechbare Monotonie darstellt. Von seinen Schilderungen und Wertungen des Menschenlebens habe ich manchmal den Eindruck, als ob nicht sowohl die positiven Schmerzen als die Langeweile, die lähmende Eintönigkeit des Tages und des Jahres die tiefste Substanz seines Pessimismus wäre. Es ist die Abwesenheit jedes Entwicklungsgedankens, die die Welt und die Menschheit in trostlose Immergleichheit bannt. Solange das Leben noch einen absoluten Zweck hatte, gab ihm das variierende Verhältnis zu diesem ein reiches Spiel von Licht und Schatten. Nun jener weggefallen ist, während doch die weiterlebende Sehnsucht nach ihm das stumpfe Hinnehmen der einförmigen Gegebenheiten verhindert, tritt die Qual der Langeweile, die Empörung über die matte Trostlosigkeit des Lebenslaufes als die allein angemessene Gefühlsreaktion auf. Die Tatsache der Langenweile beweist ihm die Sinnlosigkeit des Lebens: denn wenn wir mit nichts beschäftigt, von keinem Einzelinhalt erfüllt wären, so fühlten wir, allein und rein, das Leben selbst – und das eben bewirke jenen unerträglichen Zustand. Tiefer als an irgendeinem andern Punkte offenbart sich hier der Radikalismus der Wendung von Schopenhauer zu Nietzsche. Die tiefste Herabwürdigung und der höchste Triumph des Lebensprozesses hängt gleichmäßig an der Verneinung eines absoluten, außerhalb seiner gelegenen Zweckes und Wertes: jene, indem sich das Leben nun, leer und sinnlos, um sich selbst zu drehen scheint, wie das Eichhörnchen im Rade, dieser, indem er als Entwicklung den von | außen ihm entrissenen Zweckcharakter in sein inneres und eigenes Wesen zurücknimmt.

Aus derselben Wurzel wächst der Unterschied der Bilder, die sich beide von den Bedeutungsunterschieden innerhalb der Menschheit machen. Der gelegentlich hervorbrechende geistesaristokratische Hochmut Schopenhauers ist eine Inkonsequenz gegenüber seinen fundamentalen Überzeugungen. Jene Monotonie, daraus hervorgehend, dass dem Leben eigentlich jeder Maßstab fehlt, an dem sich Wertdifferenzen innerhalb seiner feststellen ließen – muss sich auf das Verhältnis der Menschen untereinander fortsetzen. Wenn keine Existenz positiven Wert besitzt, sondern was ihm als Vollendung erscheint nur in dem Maße gewinnt, in dem sie sich der Vernichtung nähert, so muss die graue Immergleichheit, der Mangel jedes eigentlichen Rangunterschiedes, wie für die Momente der Existenzen, so für die Reihe dieser ganzen gelten. Er zieht diese Folgerung auch mindestens da, wo er die sittliche Aufgabe formuliert: der ganz moralische Mensch mache zwischen sich und den andern keinen Unterschied, er erkenne, wenn auch nicht theoretisch bewusst, so doch praktisch die tiefe metaphysische Einheit alles Seienden, der gegenüber die individualisierende Sonderung nur ein täuschender Schein, die Folge unserer subjektiven Auffassungsformen, sei. Es scheint, als ob jene absolute Einheit unserer Wesenswurzel nicht sowohl der Grund unsrer schließlichen Nichtunterschiedenheit wäre, sondern umgekehrt der Ausdruck oder Reflex dieser letzteren, die aus dem Mangel des definitiven, unterschiedgebenden Lebenszweckes hervorgeht. Dagegen nun muss die neue Kreierung eines solchen, wie Nietzsche sie vollzieht, an die Stelle solcher metaphysischen Demokratie die schärfste Rangdistanz und Aristokratie setzen. Die Entwicklung des Gesamtlebens vollzieht sich nicht *a tempo* in all seinen Trägern; ihre Formel vielmehr ist, dass unsere Gattung in jedem Augenblick aus einer Stufenfolge mehr oder weniger entwickelter Existenzen besteht und dass die jeweils höchsten unter ihnen das Maß zeigen, zu dem das Leben gelangt ist. Liegt dessen Sinn darin, dass es Entwicklung ins Unendliche ist, so bedeutet die Verschiedenheit der Entwicklungsstufen | den definitiven Wertunterschied zwischen den Individuen. Das Entwicklungsprinzip macht Nietzsche zum Aristokraten, weil es den Sinn jeder niederen Stufe des Daseins in die nächste, über jene sich erhebende verlegt. Das Höhere ist überhaupt nur unter der Bedingung möglich, dass ein Minderes sei oder gewesen sei; im Gegensatz zu der »Gleichheit vor Gott« und dem absoluten Werte jeder Menschenseele als solcher – welch alles für Schopenhauer ersichtlich mit negativem Vorzeichen weiterbesteht – kann es für Nietzsche zu keinem Werte überhaupt kommen, wenn nicht ein niederer vorhanden ist; und keiner Stufe kann ein absoluter Wert zukommen, sondern nur der: die vollere Entfaltung einer tieferen zu sein, die in dieser Werdemöglichkeit den Sinn ihres Daseins besaß, und ihrerseits die Bedingung einer wieder über sie hinausgehenden zu sein. Wenn Leben Entwicklung ist, so ist die aristokratische Ungleichheit seiner Formen mit logischen Klammern darein vernietet – gerade wie das Ausschalten des Zweckes überhaupt diese Formen in selbstverständliches Nivellement sinken lässt.

Die Verschiedenheit in der Attitüde beider Philosophen gegenüber der Gleichheit ihres Ausgangspunktes – der Verneinung des absoluten Seins-Zweckes – markiert sich endlich an demjenigen Werte, auf den gerade die Schopenhauersche Entwertung der Welt ihn hindrängt. Wo über den Moment hinaus weder ein unbedingtes Ziel liegt, wie im Christentum, noch ein relatives, wie in der Entwicklungstheorie Nietzsches, rückt ein schließlich unvermeidlicher Wertakzent auf die vom Moment selbst umschlossenen Erregungen, auf Lust und Leid. Wer einen Zweck des Lebens ablehnt, muss Eudämonist werden, weil Lust und Leid jetzt als die einzigen Pointierungen des aus Augenblicken zusammengesetzten Lebens erscheinen, von denen keiner eine Bedeutsamkeit über sich hinauserstreckt. Die Summe des Leidens, die Unmöglichkeit, dass ein erreichbares Glücksquantum jenes je aufwöge, ja, schon die Tatsache des Leidens überhaupt, die, noch jenseits aller Frage des Maßes, durch keinerlei Glücksempfindung wirklich gutgemacht werden kann – dies ist für Schopenhauer der empirische und schon für sich entscheidende Beweis für die Sinn|losigkeit der Welt, die von vornherein durch ihren Willenscharakter feststeht. Die Verneinung des Willens zum Leben, die er als die praktische Lösung des Welträtsels anbietet, ist ihrem Werterfolge nach nichts anderes als die Erlösung von den Leidempfindungen des Lebens. Vor solchem Absolutwerden der Momentwerte ist Nietzsche dadurch sicher, dass seine Entwicklungswerte ihr Wesen gerade in der Überwindung jedes Einzelmomentes haben. Den Wert des Lebens von Lust und Leid abhängen zu lassen, muss ihm in demselben Maße und aus demselben Grunde als eine Perversität erscheinen wie die ethische Gleichsetzung aller Wesen: ein Haltmachen des Wertgefühles auf der breiten

Vorläufigkeit der Existenz, die doch zum Überwundenwerden zu Gunsten ihrer Gipfelentwicklung bestimmt ist. Mit Lust und Leid verläuft sich das Leben jedes Mal sozusagen in eine Sackgasse, und sie jedes Mal als ein Definitivum anzusehen wäre nicht anders, als mitten im Satze einen Punkt zu setzen. Von seinem Entwicklungsideal aus bezeichnet Nietzsche sie deshalb richtig als »Begleitzustände«. Sie sind bloße, in das Subjekt zurückfallende Reflexe der Weiterbewegung des Lebens, dessen Ziele, die jeweilig höheren Beschaffenheiten unserer Art, deshalb keine Rücksicht auf jene kennen dürfen. Ja, höchstens kann selbst Lust und Schmerz den Zielwerten des Lebens untertan gemacht werden: »Die Zucht des großen Leidens«, sagt er einmal, bewirke alle Erhöhungen der Menschheit. In diese Umdrehung der Bedeutung eudämonistischer Zustände drängt sich noch einmal der ganze Gegensatz der Schopenhauerschen und der Nietzscheschen Welt zusammen: für jene Glück und Leid Definitiva des Lebenswertes, weil sie allein ihrer seelischen Struktur nach sich der Vergleichgültigung entziehen, mit der der Fortfall jedes Endzwecks das Leben geschlagen hatte – für diese wegen eben dieses Momentcharakters die eigentlichen Gleichgültigkeiten, Stationen, auf denen es für das Leben keinen Aufenthalt lohnt. Wo aber dennoch ein Strahl von Wert auf sie fällt, ist es nicht, weil sich das Leben zu ihnen hin entwickelt, sondern umgekehrt, weil und wenn sie sich bis zu dem Leben hin entwickeln, als Mittel seiner Steigerung ausgenutzt werden. |

Auch widerspricht dem gar nicht jene Apotheose der Lust, mit der der Zarathustra schließt:

Lust – tiefer noch als Herzeleid:
Weh spricht: vergeh!
Doch alle Lust will Ewigkeit –
Will tiefe, tiefe Ewigkeit!

Denn hier fasst er vom Glück gerade den Zug, durch den es – zwar nicht in seiner seelischen Tatsächlichkeit, aber in seinem idealen Sinne, dem es sich von dieser Tatsächlichkeit her entgegenstreckt – sein bloßes Augenblicksleben überwindet: jedes Glück enthält die Sehnsucht seiner Dauer, mit seiner flüchtigen Wirklichkeit ist – wie eine Forderung, deren Recht durch ihre Unerfülltheit nicht erlischt – ein Wollen, ja, ein Sollen seines ewigen Bestandes innerlichst verwachsen. Von dieser besonderen Kategorie her fällt für Nietzsche ein Glanz der Ewigkeit über das Glück und lässt es an der Bedeutung teilnehmen, die Nietzsche diesem Begriff scheinbar mystisch, in Wirklichkeit aber in genauer Konsequenz seiner Grundanschauungen zuteilt. Für Schopenhauer muss die Ewigkeit alles Seins der fürchterlichste aller Gedanken sein: denn sie bedeutet für ihn die absolute Unerlöstheit, die Unbeendbarkeit des Weltprozesses, von dem schon jeder einzelne Moment sinnlose Qual ist. Da es innerhalb des Daseins keine Erlösung gibt, so ist die Ewigkeit das genaue logische Gegenteil des einzigen Gedankens, in dem Schopenhauer einen Trost und Sinn der Existenz sehen kann: seiner seelischen Verneinung und metaphysischen Vernichtung. Gerade der eine Gedanke aber, durch den Nietzsche sich dem Pessimismus der Lebenszwecklosigkeit entwindet: der Triumph des ins Endlose aufsteigenden Lebens über jede noch so unvollkommne Gegenwart – ist gerade nur unter der Bedingung der Ewigkeit ausdenkbar. Sie muss zur Verfügung stehen als die Form, in die sich allein der Erlösungs- und Zweckprozess der Welt gießen kann. Sie ist die Brücke, über die hin Nietzsche von seinem pessimistischen Ausgangspunkt zu einem Optimismus gelangt; denn sie gibt die ins Absolute gesteigerte Möglichkeit, das Nein gegenüber jedem Gegebenen, für jetzt Wirklichen, mit dem Ja gegenüber dem Dasein überhaupt zu verbinden, das jeder unvollkomme|nen Gegenwart nun den unbegrenzten Raum für ihre Entwicklung ins Vollkommnere bietet. Der Ewigkeitsgedanke ist die Wasserscheide, an der die aus dem gleichen Urquell entsprungenen Ströme des Schopenhauerschen und des Nietzscheschen Denkens die Entgegengesetztheit ihres Laufes offenbaren.

Kant und Goethe

Von zwei prinzipiellen Gesinnungen, die in sehr mannichfachen Ausgestaltungen die Kultur durchziehen, gehen die nächstliegenden Vereinheitlichungen des Weltbildes aus: von der materialistischen und der spiritualistischen; jene alles Geistige und Ideelle in seiner Sonderexistenz leugnend und die Körperwelt mit ihrem äußeren Mechanismus für das allein Seiende und Absolute erklärend, diese umgekehrt alles Äußerlich-Anschauliche zu einem nichtigen Schein herabsetzend und in dem Geistigen mit seinen Werten und Ordnungen die ausschließliche Substanz des Daseins erblickend.

Neben beiden haben sich zwei Weltanschauungen gebildet, deren Einheitsgedanke jenem Dualismus unparteiischer gerecht wird: die kantische und die goethische. Es ist die ungeheure Tat Kants, dass er den Subjektivismus der neueren Zeit, die Selbstherrlichkeit des Ich und seine Unzurückführbarkeit auf das Materielle zu ihrem Gipfel hob, ohne dabei die Festigkeit und Bedeutsamkeit der objektiven Welt im Geringsten preiszugeben. Er zeigte, dass zwar alle Gegenstände des Erkennens für uns in nichts anderem bestehen können als in den erkennenden Vorstellungen selbst und dass alle Dinge für uns nur als Vereinigungen sinnlicher Eindrücke, also subjektiver, durch unsere Organe bestimmter Vorgänge existieren. Aber er zeigte zugleich, dass alle Zuverlässigkeit und Objektivität des Seins gerade erst durch diese Voraussetzung begreiflich würde. Denn nur, wenn die Dinge nichts sind als unsere Vorstellungen, kann unser Vorstellen, über das wir niemals hinauskönnen, uns ihrer sicher machen; nur so können wir unbedingt Notwendiges von ihnen aussagen, nämlich die Bedingungen des Vorstellens selbst, die nun von ihnen, weil sie eben unsere

Vorstellungen sind, unbedingt gelten müssen. Müssten wir darauf warten, dass die Dinge, uns wesensfremde Existenzen, in unseren Geist von außen hineingeschüttet würden wie in ein passiv aufnehmendes Gefäß, so könnte das Erkennen nie über den Einzelfall hinausgehen. Indem nun aber die vor|stellende Tätigkeit des Ich die Welt bildet, sind die Gesetze unseres geistigen Tuns die Gesetze der Dinge selbst. Das Ich, die nicht weiter erklärliche Einheit des Bewusstseins, bindet die sinnlichen Eindrücke zu Gegenständen der Erfahrung zusammen, die unsere objektive Welt restlos ausmachen. Dahinter, jenseits von aller Möglichkeit des Erkennens, mögen wir uns die Dinge-an-sich denken, also die Dinge, die nicht mehr für uns da sind; und in ihnen mögen für unsere Phantasie alle Träume der Vernunft, des Gemüts, der Idealbildung verwirklicht sein, während sie in der Welt unserer Erfahrungen, die für uns allein Objekt sein kann, keine Stelle finden.

Genauer angesehen, ist die kantische Lösung des Hauptproblems, des Dualismus von Subjekt und Objekt, Geistigkeit und Körperlichkeit, die: dass diesem Gegensatz die Tatsache des Bewusstseins und Erkennens überhaupt untergebaut wird; die Welt wird durch die Tatsache bestimmt, dass wir sie wissen. Denn die Bilder, in denen wir uns selbst erkennen und für uns selbst existieren, sind ebenso wie die wirkliche Welt die Erscheinungen eines Etwas, das uns in seinem An-sich verborgen ist. Körper und Geist sind empirische Phänomene innerhalb eines allgemeinen Bewusstseinszusammenhanges, aneinander gebunden durch das Faktum, dass sie beide vorgestellt werden und den gleichen Bedingungen des Erkennens unterliegen. In der Erscheinungswelt selbst, innerhalb deren allein sie unsere Objekte sind, sind sie nicht aufeinander zurückführbar; weder der Materialismus, der den Geist durch den Körper, noch der Spiritualismus, der den Körper durch den Geist erklären will, sind zulässig. Jeder muss vielmehr nach den ihm allein eigenen Gesetzen verstanden werden. Aber dennoch fallen sie nicht auseinander, sondern bilden eine Erfahrungswelt, weil sie von dem erkennenden Bewusstsein überhaupt, dem sie erscheinen, und seiner Einheit zusammengehalten werden und weil jenseits von beiden die zwar nie erkennbaren, aber doch immerhin denkbaren Dinge-an-sich ruhen; und diese mögen (so können wir glauben) in ihrer Einheit den Grund jener Erscheinungen bewahren, die nun, von unseren Erkenntniskräften *gespiegelt* und zerlegt, in die Zweiheit von Geist und Körper, von empirischem Subjekt | und empirischem Objekt auseinandergehen. Während also die äußere Natur, als Objekt für uns, keine Spur von Geist enthalten darf, sodass die vollendete Wissenschaft von ihr nur Mechanik und Mathematik wäre, und während der Geist völlig anderen, immanenten Gesetzen folgt, binden die beiden Gedanken des übergreifenden, erkennenden Bewusstseins und des Dinges-an-sich, in dem ideale Ahnungen den gemeinsamen Grund aller Erscheinungen finden, beide zu einer einheitlichen Weltanschauung zusammen. Damit ist die wissenschaftlich-intellektualistische Deutung des Weltbildes auf ihren Höhepunkt gekommen: nicht die Dinge, sondern das Wissen um die Dinge wird für Kant das Problem schlechthin. Die Vereinheitlichung der großen Zweiheiten: Natur und Geist, Körper und Seele gelingt ihm um den Preis, nur die wissenschaftlichen Erkenntnisbilder ihrer vereinen zu wollen; die wissenschaftliche Erfahrung mit der Allgleichheit ihrer Gesetze ist der Rahmen, der alle Inhalte des Daseins in eine Form: die der verstandesmäßigen Begreifbarkeit, zusammenfasst.

Nach einer ganz anderen Norm mischt Goethe die Elemente, um aus ihnen eine gleich beruhigende Einheit zu gewinnen. Über Goethes Philosophie kann man nicht von der trivialen Formel aus sprechen, dass er zwar eine vollständige Philosophie besessen, diese aber nicht in systematisch-fachmäßiger Gestalt niedergelegt habe. Nicht nur das System und die Schultechnik fehlten ihm, sondern die ganze Absicht der Philosophie als Wissenschaft: unser Gefühl vom Wert und Zusammenhang des Weltganzen in die Sphäre abstrakter Begriffe zu erheben; unser unmittelbares Verhältnis zur Welt, das innere Anklingen und Mitfühlen ihrer Kräfte und ihres Sinnes spiegelt sich, wenn wir wissenschaftlich philosophieren, in dem ihm gleichsam gegenüberstehenden Denken; dieses drückt in der ihm eigenen Sprache jenen Sachverhalt aus, mit dem es direkt gar nicht verbunden ist. Wenn ich aber Goethe recht verstehe, handelt es sich bei ihm immer nur um eine unmittelbare Äußerung seines Weltgefühles; er fängt es nicht erst in dem Medium des abstrakten Denkens auf, um es darin zu objektivieren und in eine ganz neue Existenzart zu formen, | sondern sein unvergleichlich starkes Empfinden der Bedeutsamkeit des Daseins und seines inneren Zusammenhanges nach Ideen treibt seine »philosophischen« Äußerungen hervor wie die Wurzel die Blüte. Mit einem ganz freien Gleichnis: Goethes Philosophie gleicht den Lauten, die die Lust- und Schmerzgefühle uns unmittelbar entlocken, während die wissenschaftliche Philosophie den Worten gleicht, mit denen man jene Gefühle sprachlich-begrifflich bezeichnet. Da er nun aber zuerst und zuletzt Künstler ist, so wird jenes natürliche Sich-Geben von selbst zu einem Kunstwerk. Er durfte »singen, wie der Vogel singt«, ohne dass seine Äußerung ein unförmig zudringlicher Naturalismus wurde, weil die Kunstform sie *a priori* gleich an ihrer Quelle gestaltete, gerade wie das wissenschaftliche Erkennen von vornherein durch bestimmte Verstandeskategorien geformt wird, die in der sachlich vorliegenden Erkenntnis als deren Formen aufzeigbar sind. Es ist deshalb in Hinsicht auf die letzte und entscheidende Gesinnung vollkommen richtig, was, äußerlich genommen, ganz unbegreiflich scheint, wenn er sagt: »Von der Philosophie habe ich mich immer frei erhalten.« Darum wird eine Darstellung der Philosophie Goethes bis zu einem gewissen Grade ganz unvermeidlich eine Philosophie über Goethe sein. Nicht um Systematisierung seines Denkens handelt es sich (das wäre ihm gegenüber ein sehr minderwertiges Unternehmen), sondern darum, die unmittelbare Fortsetzung und Äußerung des Gefühls für Natur, Welt und Leben bei ihm in die mittelbare, abgespiegelte, einer ganz anderen Region und Dimension angehörige Form der abstrakten Begrifflichkeit überzuführen.

Der entscheidende und ihn von Kant absolut scheidende Grundzug seiner Weltanschauung ist der, dass er die Einheit des subjektiven und des objektiven Prinzips, der Natur und des Geistes innerhalb ihrer Erscheinung selbst sucht. Die Natur selbst, wie sie uns anschaulich vor Augen steht, ist ihm das unmittelbare Produkt und Zeugnis geistiger Mächte, formender Ideen. Sein ganzes inneres Verhältnis zur Welt ruht, theoretisch ausgedrückt, auf der Geistigkeit der Natur und der Natürlichkeit des Geistes. Der Künstler lebt in der Erschei|nung der Dinge als in seinem Element; die Geistigkeit, das Mehr-als-Materie-und-Mechanismus, das seinem Hinnehmen und Behandeln der Welt allerdings erst einen Sinn gibt, muss er in der greifbaren Wirklichkeit selbst suchen, wenn es für ihn überhaupt bestehen soll. Dies bestimmt seine besondere Bedeutung für die Kulturlage der Gegenwart. Die Reaktion auf den abstrakten Idealismus der Weltanschauung vom Beginn des neunzehnten Jahrhunderts war der Materialismus der fünfziger und sechziger Jahre. Das Verlangen nach einer Synthese, die beide in ihrem Gegensatz überwand, rief in den siebenziger Jahren den Ruf: »Zurück zu Kant!« hervor. Aber die wissenschaftliche Lösung, die dieser allein geben konnte, scheint nun als Ergänzung ihrer Einseitigkeit die ästhetische zu fordern; die so lebhaft wiedererwachten ästhetischen Interessen bieten eine besondere Form, den Geist wiederum in die Realität aufzunehmen, und verdichten sich deshalb in den Ruf: »Zurück zu Goethe!« Für ihn sind die beiden Wege verschlossen, auf denen Kant jenen fundamentalen Dualismus überwindet: er steigt nicht unter die Erscheinungen hinab, um sie, als bloße Vorstellungen, durch das erkenntnistheoretische Ich umschließen zu lassen, noch kann er sich, über sie hinweg, mit der Idee der Dinge an sich und ihrer unanschaulichen, absoluten Einheit begnügen. An dem Einen hindert ihn die Unmittelbarkeit seines geistigen Wesens, die ihn alles Theoretisieren über das Erkennen verachten lässt.

»Wie hast Du's denn so weit gebracht?
Sie sagen, Du habest es gut vollbracht.«
»Mein Kind, ich habe es klug gemacht:
Ich habe nie über das Denken gedacht.«

Und:

»Ja, Das ist das rechte Gleis,
Dass man nicht weiß, was man denkt,
Wenn man denkt:
Alles ist als wie geschenkt.«

Seiner im höchsten Sinn praktischen Natur war die Beschäftigung mit den Vorbedingungen des Denkens widrig, weil diese das Denken selbst, seinen Inhalten und Resultaten nach, nicht förderten. »Das Schlimmste ist«, sagt er zu Eckermann, | »daß alles Denken zum Denken nichts hilft; man muß von Natur richtig sein, so daß die guten Einfälle immer wie freie Kinder Gottes vor uns dastehen und uns zurufen: Da sind wir.« Die Abneigung gegen Erkenntnistheorie, die aus solchen Gründen der psychologischen Praxis hervorging, entfernte ihn völlig von dem kantischen Weg, in den Bedingungen des Erkennens, in dem Bewusstseinszusammenhang, der die empirische Welt trägt, die Versöhnung ihrer Diskrepanzen zu suchen. Das Absolute aber, in dem diese gefunden wird, aus der Erscheinung heraus in die Dinge-an-sich zu verlegen, würde für ihn die Welt sinnlos machen. »Vom Absoluten im theoretischen Sinn wag' ich nicht zu reden; behaupten aber darf ich: daß, wer es in der Erscheinung anerkannt und immer im Auge behalten hat, sehr großen Gewinn davon erfahren wird.« Und ein anderes Mal: »Ich glaube einen Gott. Das ist ein schönes und löbliches Wort; aber Gott anerkennen, wie und wo er sich offenbare, Das ist eigentlich die Seligkeit auf Erden.« Nicht außerhalb der Erscheinungen, sondern in ihnen fallen Natur und Geist, das

Lebensprinzip des Ich und das des Objekts zusammen. Dieser anschauende Glaube, ohne den es überhaupt kein Künstlertum gäbe, hat in ihm sein äußerstes, das ganze Weltfühlen durchdringende Bewusstsein erlangt, da er, als die höchste Artistennatur, die wir kennen, gerade in eine Zeit traf, in der jener Gegensatz die maximale Spannung und damit das maximale Versöhnungsbedürfnis erreicht hatte. Goethe, der »Augenmensch«, war seiner Natur nach zu sehr Realist, um die Wirklichkeit zu ertragen, wenn sie nicht in ihrer ganzen Erscheinung Darstellung der Idee wäre; Kant war zu sehr Idealist, um die Welt ertragen zu können, wenn die Idee (im weitesten, nicht in dem spezifischen Sinn der philosophischen Terminologie) nicht die Wirklichkeit ausgemacht hätte.

Der tiefe Gegensatz der beiden Weltanschauungen, die doch dem gleichen Problem gegenüberstehen, tritt in dem Verhältnis hervor, das sie beide zu dem berühmten Satz Hallers haben, dass »kein erschaffener Geist ins Innere der Natur dringt«. Beide bekämpfen ihn mit förmlicher Entrüstung, weil er jenen Abgrund zwischen Subjekt und Objekt verewigen | möchte, den es gerade auszufüllen galt. Aber auf wie verschiedene Motive hin! Für Kant ist der ganze Ausspruch von vornherein unsinnig, weil er die Unerkennbarkeit eines Objektes beklagt, das es gar nicht gibt. Denn da die Natur überhaupt nur Erscheinung, also Vorstellung in einem vorstellenden Subjekt ist, so hat sie überhaupt kein Inneres. Wenn man von einem Inneren ihrer Erscheinung sprechen wollte, so sei es dasjenige, in das Beobachtung und Zergliederung der Erscheinungen wirklich dringen. Wenn die Klage sich aber auf dasjenige bezieht, was hinter aller Natur liegt, also nicht mehr Natur, weder ihr Äußeres noch ihr Inneres, ist, so ist sie nicht weniger töricht, weil sie etwas zu erkennen verlangt, das seinem Begriff nach sich den Bedingungen des Erkennens entzieht. Das Absolute hinter der Natur ist eine bloße Idee, die niemals angeschaut, also auch nicht erkannt werden kann. Goethe hingegen, solcher erkenntnistheoretischen Überlegung ganz fern, verwirft jenen

Spruch aus dem unmittelbaren Mitfühlen mit dem Wesen der Natur heraus:

Natur hat weder Kern
Noch Schale,
Alles ist sie mit einem Male.

Und:

Denn Das ist der Natur Gestalt,
Daß innen gilt, was außen galt.

Und:

Müsset im Naturbetrachten
Immer Eins wie Alles achten,
Nichts ist drinnen, nichts ist draußen,
Denn was innen, Das ist außen.

Dass das Tiefste, Innerste und Bedeutsamste, nach dem man sich sehnen kann, nicht auch in der Wirklichkeit ergreifbar sein sollte, ist ihm schlechthin unerträglich. Der ganze Sinn seiner künstlerischen Existenz wäre ihm dadurch erschüttert. Wenn er deshalb jenem Spruch entgegenhält: »Ist nicht der Kern der Natur Menschen im Herzen«, so ist dies nur scheinbar der kantischen Ansicht gleich, die die Natur und ihre Gesetze in das menschliche Erkenntnisvermögen, als dessen Produkte, hineinverlegt. Denn Goethe will sagen: Das Le|bensprinzip der Natur ist zugleich auch dasjenige der menschlichen Seele, beide sind gleichberechtigte Tatsachen, aber hervorgehend aus der Einheit des Seins, die die Gleichheit des schöpferischen Prinzips in die Mannichfaltigkeit der Gestaltungen entwickelt; sodass der Mensch in seinem eigenen Herzen das ganze Geheimnis des Seins und vielleicht auch seine Lösung zu finden vermag. Der ganze künstlerische Rausch der Einheit von Innen und Außen, von Gott und Welt, bricht in ihm, aus ihm hervor. Solcher Behauptungen über die Dinge selbst enthält sich Kant. Er sagt nur das über sie aus, was sich aus den Bedingungen ihres Vorgestelltwerdens ergibt. Nicht weil Natur und Menschenseele ihrem Wesen, ihrer Substanz nach einheitlich sind, kann man das eine aus dem anderen ablesen, sondern weil die Natur eine Vorstellung in der Menschenseele ist, sodass die Form und Bewegung dieser allerdings die allgemeinsten Gesetze jener bedeuten muss. Man kann den Gegensatz, um den es sich handelt, im Hinblick auf den Spruch Hallers zu einer kurzen Formel zuspitzen; fragt man nach dem eigenen Wesen der Natur, so antwortet Kant: Sie ist nur Äußeres, da sie ausschließlich aus räumlich-mechanischen Beziehungen besteht; und Goethe: Sie ist nur Inneres, da die Idee, das geistige Schöpfungsprinzip, auch ihr ganzes Leben ausmacht. Fragt man nach ihrem Verhältnis zum Menschengeist, so antwortet Kant: Sie ist nur Inneres, weil sie eine Vorstellung in uns ist; und Goethe: Sie ist nur Äußeres, weil die Anschaulichkeit der Dinge, auf der alle Kunst beruht, eine unbedingte Realität haben muss.

Vom Wesen der Kultur

Den Begriff der Natur umgibt eine Verwirrung, durch die es geschehen kann, dass man im Zeitalter der exakten Empirie und der mathematischen Erkenntnisideale von der »Natur« wie von einer einheitlichen Macht spricht, die die einzelnen Erscheinungen »erzeugt«, die »unbedingt wahrhaftig« wäre, deren Gesetze sich Befolgung »erzwingen«. Der Naturbegriff ist vielfach in die mystisch-mythologische Rolle des früheren Gottesbegriffes eingetreten. Dieser Missbrauch scheint mir darauf begründet, dass die Natur als ein absolutes Wesen gilt statt als eine *Kategorie*, unter der die Inhalte des Seins angesehen und angeordnet werden; wie diese Inhalte ein Reich der Natur bilden, so bilden sie auch ein Reich der Kunst, der Religion, der begrifflichen Systematik. Von herrschenden Begriffen aus werden gewisse Seiten der Erscheinungen, gewisse Möglichkeiten, sie zu einheitlichen Reihen zu ordnen, erfasst, und der Begriff Natur – aus Elementen von Kausalität, Substanzen, Energien, Raum- und Zeitformen etc. bestehend – ist nur einer dieser Begriffe; er ist deshalb in seinem einheitlichen Wesen nur durch den Gegensatz oder die Beziehung zu den anderen Begriffen zu verstehen, die das gleiche Material zu jenen anderen Komplexen formen; von deren Gesamtheit wird der Bezirk unseres Lebens besetzt, das freilich nur fragmentarische und wechselnde Stücke ihrer sich aneignet und erlebt. Dass nun ein jeder derartige Komplex nur eine Betrachtungsweise und Formierung der identischen Inhalte oder eines Ausschnittes dieser Inhalte ist, nicht aber als ein absolutes Dasein sie für sich monopolisiert, steht in Wechselwirkung mit der Tatsache, dass ein jeder seinen spezifischen Sinn und seine Rechtsgrenzen erst in der Relation zu einem anderen findet; d. h. erst wenn der gleiche Inhalt der einen wie der anderen Kategorie unterstellt wird, leuchtet die Bedeutung eben dieser unzweideutig hervor. Auf diese Weise legt sich etwa erst auseinander, welche Vielheit von Begriffen der Begriff der Natur deckt. Wenn eine Religion von der Natur | als dem Werk des Teufels und dem Ort der Unreinheit spricht, weil sie hier der Idee eines göttlichen Reiches gegenübersteht, so ist diese Natur etwas völlig anderes als *die* Natur, die etwa ein moderner Künstler als den Inbegriff seiner Werte feiert, weil er sie irgendwelchen willkürlich ausgedachten, von vorgefassten Ideen abhängigen Kunstformen entgegensetzt. Die Natur, die Kant als unsere Vorstellungswelt, als das Produkt unserer Sinne und unseres Verstandes bezeichnet, ist ersichtlich etwas ganz anderes als die Natur, die die Ethik entweder als das zu Überwindende in uns oder als das Ideal aufstellt, das unserem Handeln die Richtlinien geben müsste. Und eine neue Funktion ihrer offenbart sich, wenn ihr die Kategorie der Kultur entgegengehalten wird, die auch ihrerseits erst an diesem Gegensatz ihre Bedeutung entfaltet.

Alle Geschehensreihen, die von der menschlichen Aktivität getragen werden, können als Natur angesehen werden, d. h. als eine ursächlich bestimmte Entwicklung, in der jedes aktuelle Stadium aus der Kombination und den Spannkräften der vorangegangenen Lage verständlich sein muss. In diesem Sinne braucht auch zwischen Natur und Geschichte kein Unterschied gemacht zu werden, insofern das, was wir Geschichte nennen, rein als Ereignisverlauf betrachtet, sich in die natürlichen Zusammenhänge des Weltgeschehens und seine kausale Erkennbarkeit einstellt. Allein, sobald irgendwelche Inhalte dieser Reihen unter den Begriff der Kultur rücken, so verschiebt sich damit der Naturbegriff in eine engere und sozusagen lokale Bedeutung. Denn nun geht die »natürliche« Entwicklung der Reihe nur bis zu einem bestimmten Punkte, an dem sie von der kulturellen abgelöst wird. Der Holzbirnbaum trägt holzige und saure Früchte. Damit ist die Entwicklung, zu der ihn sein wildes Wachstum bringen kann, an ihr Ende gelangt. An diesem Punkte hat der menschliche Wille und Intellekt eingegriffen und den Baum durch allerhand Beeinflussungen zur Produktion der Essbirne geführt, d.h. ihn »kultiviert«. Nicht weniger denken wir uns die Entwicklung des Menschengeschlechts durch physisch-psychische Organisation, durch Vererbung und Anpassung zu bestimmten Formen und Inhalten der Existenz gelangt, an die nun erst teleo|logische Prozesse ansetzten, um die so vorgefundenen Energien zu einer ihren bisherigen Entwicklungsmöglichkeiten prinzipiell versagten Höhe zu führen. Der Punkt, an dem diese Ablösung der Entwicklungskräfte stattfindet, bezeichnet die Grenze des Naturzustandes gegen den Kulturzustand. Da nun aber auch dieser Letzte aus seinen »natürlichen« Entstehungsbedingungen kausal abzuleiten ist, so zeigt sich erstens, dass Natur und Kultur nur zwei verschiedene Betrachtungsweisen eines und desselben Geschehens sind, zweitens, dass Natur ihrerseits hier in zwei verschiedenen Bedeutungen auftritt, einmal als der allumfassende Komplex der in kausalem Nacheinander verbundenen Erscheinungen, dann aber als eine Entwicklungsperiode eines Subjektes – nämlich diejenige, in der es die in ihm allein gelegenen Triebkräfte entfaltet und die endet, sobald ein intelligenter, über *Mittel* verfügender Wille diese Kräfte aufnimmt und damit das Subjekt zu Zuständen führt, die es, jenen allein überlassen, nicht erreichen könnte.

Wenn indes der Kulturbegriff so mit dem der menschlichen Zwecktätigkeit überhaupt zusammenzufallen scheint, so bedarf dies einer Einschränkung, die sein besonderes Wesen erst bezeichnet. Wenn ein Schuljunge einem anderen ein Bein stellt, damit er hinfällt und die Kameraden lachen, so ist dies sicher eine eminent teleologische Handlung, eine Ausnutzung natürlicher Begebenheiten durch Intellekt und Willen; aber man wird sie nicht unter den Gesichtspunkt der Kultur rücken. So ruht dessen Anwendung vielmehr noch auf einer Reihe von – wenn man will: unbewusst wirksamen – Bedingungen, die sich erst aus einer nicht ganz selbstverständlichen Analyse ergeben.

Kultivierung setzt voraus, dass etwas da sei, was sich vor ihrem Eintreten in einem nicht kultivierten – eben dem »natürlichen« – Zustand befand; und sie setzt nun weiter voraus, dass die dann eintretende Änderung dieses Subjektes irgendwie *in dessen natürlichen Strukturverhältnissen oder Triebkräften* latent sei, wenngleich nicht von diesen selbst, sondern eben nur durch die Kultur zu realisieren; dass die Kultivierung ihren Gegenstand zu dem für ihn determinierten, in der eigentlichen und wurzelhaften Tendenz seines Wesens angeleg|ten Vollendung führe. Darum erscheint uns der Birnbaum selbst kultiviert, weil die Arbeit des Gärtners schließlich nur die in der organischen Anlage seiner Naturform schlummernden Möglichkeiten entwickelt, ihn zu der vollkommensten Entfaltung seiner eigenen Natur bringt. Wenn dagegen ein Baumstamm zu einem Segelmast verarbeitet wird, so ist auch dies sicher eine Kulturarbeit, allein keine »Kultivierung« des Baumstammes, weil die Form, zu der die Arbeit des Schiffsbauers ihn gestaltet, nicht in seiner eigenen Wesenstendenz liegt; sie wird ihm vielmehr rein von außen, von einem seinen eigenen Anlagen fremden Zwecksystem hinzugefügt. Alle Kultivierung also ist, wenn wir auf den mit dem Worte anklingenden Sinn hören, nicht nur die Entwicklung eines Wesens über die seiner bloßen Natur erreichbare Formstufe hinaus, sondern nun auch Entwicklung in der Richtung eines inneren ursprünglichen Kerns, Vollendung dieses Wesens gleichsam nach der Norm seines eigenen Sinnes, seiner tiefsten Triebrichtungen; aber diese Vollendung ist in dem Stadium, das wir das natürliche nennen und das in der rein kausalen Entfaltung der dem Wesen von vornherein innewohnenden Kräfte besteht, nicht erreichbar; sie entsteht vielmehr durch deren Zusammenwirken mit den neuen teleologischen Eingriffen, die aber in jenen Anlagerichtungen des Wesens selbst erfolgen und insoweit *seine* Kultur heißen. Daraus ergibt sich, genau genommen, dass nur der Mensch der eigentliche Gegenstand der Kultur ist; denn er ist das einzige uns bekannte Wesen, in dem von vornherein die Forderung einer Vollendung liegt; seine »Möglichkeiten« sind nicht nur die einfache Zuständlichkeit ruhender Spannkräfte oder die Reflexionen und ideellen Hinzufügungen eines Zuschauers – wie dies die vom Holzbirnbaum auszusagenden »Möglichkeiten« der Gartenbirne sind –, sondern sie haben gleichsam schon eine Sprache; das, wozu die Seele sich überhaupt entwickeln kann, liegt schon in ihrem jeweiligen Zustand als etwas Drängendes, wie mit unsichtbaren Linien in sie Eingezeichnetes, es ist, wenngleich in seinem Inhalt oft undeutlich und fragmentarisch realisiert, doch ein positives Gerichtetsein; das Sollen und Können der vollen Entwicklung ist mit dem Sein der menschlichen | Seele untrennbar verbunden. Nur sie enthält die Entwicklungsmöglichkeiten, deren Ziele rein in der Teleologie ihres eigenen Wesens beschlossen liegen – nur dass auch sie diese Ziele nicht durch ihr bloßes Wachstum von innen her, das wir als das natürliche bezeichnen, erreicht, sondern dazu von einem bestimmten Punkte an einer Technik, eines willensmäßigen Verfahrens bedarf. Wenn wir deshalb von »Kultivierung« niederer Organismen, der Pflanzen und Tiere, sprechen – für nicht-organische Wesen lässt schon der Sprachgebrauch diesen Begriff nicht zu –, so ist dies ersichtlich nur eine Übertragung nach der Analogie, die irgendwie zwischen dem Menschen und den anderen Organismen besteht; denn wenn auch der Zustand, zu dem die Kultur derlei Wesen führt, in ihrer Organisation angelegt und schließlich mittels ihrer Kräfte herbeigeführt ist, so liegt er doch niemals so in dem eigenen Sinne ihrer Existenz, ist in ihrem natürlichen Stadium niemals so, als eine Art Aktivität, determiniert wie in der menschlichen Seele die Vollendung, zu der sie gelangen kann.

Nun wird aber gerade von hier aus eine neue Verengerung des Begriffes erforderlich. Wenn auch die Kultur eine Vollendung des Menschen ist, so ist keineswegs jede Vollendung seiner schon Kultur. Es gibt vielmehr Entwicklungen, die die Seele rein von innen heraus oder als ein Verhältnis zu transzendenten Mächten oder in einer unmittelbaren ethischen, erotischen, suggestiven Beziehung zu anderen Personen vollzieht und die sich der Einstellung unter den Kulturbegriff entziehen. Religiöse Aufschwünge, sittliche Selbsthingaben, die strenge Bewahrung der Persönlichkeit für die nur *ihr* eigene Existenzart und Aufgabe – alles das sind Werte, die der Seele aus den Instinkten einer Genialität oder aus der Arbeit an sich selbst zuwachsen. Sie mögen durchaus jenen Begriff erfüllen: dass damit die Anlagen der Person aus dem natürlich zu nennenden Stadium zu einem Höhepunkt entwickelt werden, der zwar in der eigensten Richtung der Person und ihrer Idee liegt, zu dem aber doch nur das Eingreifen der höchsten seelischen Energien jene Kräfte führen kann – aber doch ist der Begriff der Kultur damit nicht erfüllt. Denn zu diesem gehört nun noch: dass der Mensch in eine solche Entwicklung | *etwas, das ihm äußerlich ist*, einbezieht. Gewiss ist Kultiviertheit ein Zustand der Seele, allein ein solcher, der auf dem Wege über die Ausnutzung zweckmäßig geformter *Objekte* erreicht wird. Diese Äußerlichkeit und Objektivität braucht nicht nur im räumlichen Sinn verstanden zu werden. Die Formen des Benehmens etwa, die Feinheit des Geschmackes, die sich in Urteilen offenbart, die Bildung des sittlichen Taktes, die den Einzelnen zu einem erfreulichen Mitglied der Gesellschaft macht – dies alles sind Kulturformationen, die die Vollendung des Einzelnen über reale und ideale Gebiete jenseits seiner selbst führen, diese bleibt hier nicht ein rein immanenter Prozess, sondern vollzieht sich in einer einzigartigen Ausgleichung und teleologischen Verwebung zwischen Subjekt und Objekt. Wo keine Einbeziehung eines objektiven Gebildes in den Entwicklungsprozess der subjektiven Seele vorliegt, wo sie nicht über ein solches, als über ein Mittel und Stadium ihrer Vollendung, zu sich selbst zurückkehrt, mag sie Werte des höchsten Ranges in sich oder außer sich realisieren, aber es ist nicht der Weg der Kultur in deren spezifischem Sinne, den sie zurücklegt. Daher begreifen wir aber auch, dass sehr innerliche Naturen, die jeden Umweg der Seele über ein Außerhalb-ihrer auf dem Suchen nach ihrer eigenen Vollendung perhorreszieren, einen Hass auf die Kultur haben können.

Diese notwendige Zweiheit der Elemente zeigt der Kulturbegriff nicht weniger von der Seite des Objekts her. Wir sind gewohnt, die großen Reihen der künstlerischen und der sittlichen, der wissenschaftlichen und der wirtschaftlichen Produktion ohne weiteres als Kulturwerte zu bezeichnen. Mag sein, dass sie es durchgehend sind; aber keineswegs sind sie es ihrer rein sachlichen, sozusagen autochthonen Bedeutung nach, und keineswegs ist die Kulturbedeutung des einzelnen Produktes genau derjenigen entsprechend, die es innerhalb seiner eigenen, durch seinen Sachbegriff, sein Sachideal bestimmten Reihe einnimmt. Ein Kunstwerk etwa untersteht ganz anderen Rangierungen und Normierungen, wenn es innerhalb der kunstgeschichtlichen oder der ästhetischen Reihe und Kategorie betrachtet wird, als wenn sein Kulturwert in Frage steht. Während jede jener großen Reihen einerseits als | Endzweck gelten kann, sodass jedes einzelne Produkt in ihnen einen mit seinem unmittelbaren Genossenwerden und Sichbewähren erwiesenen Wert darstellt, kann alles dies anderseits in die Kulturreihe eingestellt, d.h. auf seine Bedeutung für die Gesamtentwicklung der einzelnen Individuen und ihrer Summe hin angesehen werden. Auf ihrem eigenen Boden stehend sträuben sich all diese Werte gegen die Unterbringung in die Kulturreihe: das Kunstwerk fragt nur nach seiner Vollendung an dem Maßstab rein künstlerischer Forderungen, die wissenschaftliche Forschung nur nach der Richtigkeit ihrer Ergebnisse, das wirtschaftliche Produkt nur nach seiner zweckdienlichsten Herstellung und seiner einträglichsten Verwertung. Mit alledem werden innere und äußere Gebilde über das Maß ihrer »natürlichen« Entwicklung hinaus zu einer teleologischen geführt und gewinnen dadurch freilich die

Möglichkeit, als Kulturwerte zu funktionieren. Aber auf ihre autonome Sachlichkeit hin angesehen, *sind* sie das noch nicht, sondern unterstehen Idealen und Normen, die nur von ihrem objektiven Inhalt, aber nicht von den Forderungen jenes einheitlichen, zentralen Punktes der Persönlichkeit hergenommen sind. Was sie für die Entwicklung dieser, d.h. als Kulturwerte leisten, ist eine weitere Frage, und die Höhe, die sie unter der Voraussetzung dieses Letzteren einnehmen, fällt darum keineswegs mit der zusammen, die jene Forderungen der spezifischen, nur je eine sachlich bestimmte Seite unseres Wesens betreffenden Interessen stellen. Sie mögen unseren Einzelzwecken noch so vortrefflich dienen – darum kann ihr Ertrag für unsere Gesamtexistenz, für den nach Entwicklung ringenden Quellpunkt unseres Ich überhaupt sehr gering sein; und umgekehrt, sie können sachlich, technisch, vom Blickpunkt der spezifischen Wesensprovinz aus unvollkommen und wenig bedeutsam sein, aber doch gerade das leisten, was unser Sein für die Harmonie seiner Bestandteile, für seine geheimnisvolle Einheit jenseits aller seiner Spezialbedürfnisse und -kräfte gerade bedarf. Denn wie sich »Einheit« überhaupt für uns nur als Wechselwirkung und dynamisches Ineinander-weben, Zusammenhang, Ausgleichung einer Vielheit darbietet, so ist jener Einheitspunkt in uns, dessen innere Bedeutung | und Kraft sich im Kulturprozess durch die Einbeziehung gesteigerter und vollendeter Objekte vollendet, explizite ausgedrückt dieses: dass unsere einzelnen Wesensseiten in enger Wechselwirkung stehen, jede die anderen tragend und von ihnen getragen, ihre Lebendigkeiten harmonisch ausgleichend und austauschend. Deshalb sind wir noch nicht kultiviert, weil wir dieses oder jenes können oder wissen, deshalb ist das Spezialistentum, so hoch es seine objektiven Inhalte ausbilden möge, noch nicht Kultur – sondern diese entsteht erst, wenn jene einseitigen Perfektionen sich in die Gesamtlage der Seele einordnen, wenn sie Unstimmigkeiten unter deren Elementen dadurch, dass sie alle auf eine höhere Stufe heben, ausgleichen, kurz, wenn sie das

Ganze als Einheit vollenden helfen. So darf der Maßstab, der jede unserer Leistungen oder Rezeptivitäten unter den Kategorien ihrer sachlichen, speziellen Reihe ihren Rang bestimmt, nicht mit dem anderen verwechselt werden, der eben dieselben Inhalte unter der Kategorie der Kultur, d. h. als Entwicklung unserer inneren *Totalität*, beurteilen lässt.

Angesichts dieser Scheidung wird die paradoxe Tatsache deutlich, dass gerade den allerhöchsten Leistungen verschiedener Gebiete gegenüber, namentlich denen persönlicher Art: in der Kunst, der Religion, der Spekulation – der Gesichtspunkt ihres *Kulturwertes* verhältnismäßig zurücktritt. Die eindrucksmächtigsten Werke und Gedanken halten uns so kräftig an dem fest, was sie an und für sich, innerhalb ihres eigensten Gebietes und gemessen am unmittelbaren Maßstabe ihres Inhaltes sind, dass ihre Kulturbedeutung dadurch überdeckt wird, dass sie sich gleichsam weigern, in jene Kooperation mit anderen in der Richtung unseres allgemeinen Wesens einzutreten; sie sind zu sehr Herr innerhalb ihrer Provinz, um sich der Kategorie des Dienens zu fügen, unter die sie als Kulturfaktoren, als Mittel für die Bildung einer seelischen Gesamteinheit, treten müssten. Dies wird ersichtlich jenen Kulturprodukten gegenüber am entschiedensten sein, aus denen unmittelbar ein persönliches Leben zu dem Aufnehmenden spricht. Je getrennter ein Produkt von der subjektiven Seelenhaftigkeit seines Schöpfers ist, je mehr es in eine objektive, für sich geltende Ordnung eingestellt ist, desto spezifischer ist seine | *kulturelle* Bedeutung, desto geeigneter ist es, als ein allgemeines Mittel in die Ausbildung vieler individueller Seelen einbezogen zu werden. Es verhält sich damit wie mit dem »Stil« eines Kunstwerkes. Das ganz große Kunstwerk, in dem eine souveräne Seele einen nur ihr eigenen Ausdruck gefunden hat, pflegen wir kaum nach seinem Stil zu fragen; denn dieser ist eine *allgemeine* Ausdrucksart, vielen Äußerungen gemeinsam, eine von ihrem jeweiligen Inhalt ideell trennbare Form; in dem höchsten Kunstwerk aber ist das allgemeine Fundament und die besondere Ausgestaltung eine einheitliche Offenbarung, in der das, was sie mit anderen teilt, für den Eindruck völlig zurücktritt, es fordert als ein völlig für sich Seiendes, nicht als das Beispiel eines allgemeinen Stilgesetzes aufgenommen zu werden. Und ebenso findet das ganz Große und ganz Persönliche überhaupt, so erheblich seine Kultureinwirkung auch tatsächlich sein mag, doch unter dieser Kategorie nicht seine bedeutsamste, seinen Wert am meisten akzentuierende Stelle; diese bietet sich vielmehr den ihrem inneren Wesen nach allgemeineren, unpersönlicheren Leistungen an, die in größere Distanz vom Subjekt hin objektiviert sind und sich damit gewissermaßen »selbstloser« zu Stationen der seelischen Entwicklungen hergeben.

Indem die Kultur so die Lebensinhalte in einen in unvergleichlicher Weise geschürzten Knotenpunkt von Subjekt und Objekt stellt, ergibt sich das Recht zu zwei Bedeutungen ihres Begriffes. Als die objektive Kultur kann man die Dinge in jener Ausarbeitung, Steigerung, Vollendung bezeichnen, mit der sie die Seele zu deren eigener Vollendung führen oder die Wegstrecken darstellen, die der Einzelne oder die Gesamtheit auf dem Wege zu einem erhöhten Dasein durchläuft. Unter subjektiver Kultur aber verstehe ich das so erreichte Entwicklungsmaß der Personen – sodass objektive und subjektive Kultur nur in einem übertragenen Sinn der ersteren koordinierte Begriffe sind: indem man nämlich die Dinge mit einem selbständigen Triebe zu einer Perfektion ausstattet, mit einer Idee, zu einer Entwicklung jenseits ihrer bloß natürlichen aufsteigen zu sollen; wobei dann die menschliche Kraft, die dies bewirkt, gewissermaßen als ihr Mittel dazu vorgestellt wird. | Spricht man von einer Kultiviertheit der Dinge, der Sachgehalte des Lebens, so kehrt man die Ordnung des eigentlichen, im Menschen sich abspielenden Kulturprozesses um; man schafft diesem ein Gleichnis, indem man nun die Entwicklung der Sachen, als wäre sie ein an sich teleologisches Geschehen, in ein natürliches und ein kultiviertes Stadium teilt, und das letztere, als ein selbstgenugsames und definitives, durch den Eingriff des menschlichen Tuns, als eines Trägers oder einer Wegstrecke dieses Aufsteigens, hindurchgehen lässt.

Im genaueren Sinne aber sind die beiden Anwendungen des Kulturbegriffes keineswegs einander analog, sondern die subjektive Kultur ist der dominierende Endzweck und ihr Maß ist das Maß des Anteilhabens des seelischen Lebensprozesses an jenen objektiven Gütern oder Vollkommenheiten. Ersichtlich kann es keine subjektive Kultur ohne objektive geben, weil eine Entwicklung oder ein Zustand des Subjekts eben nur dadurch Kultur ist, dass er so bearbeitete Objekte in seinen Weg einbezieht. Dagegen kann die objektive Kultur eine, zwar nicht vollständige, aber relativ erhebliche Selbständigkeit der subjektiven gegenüber gewinnen, indem »kultivierte«, d.h., ihrem Sinn nach, kultivierende Objekte geschaffen werden, deren Bedeutung nach dieser Richtung hin nur unvollkommen von Subjekten ausgenutzt wird. Gerade in sehr entwickelten und arbeitsteiligen Epochen wachsen die Kulturerrungenschaften zu einem gleichsam für sich bestehenden Reiche aus und zusammen, die Dinge werden vollendeter, geistiger, gewissermaßen einer innerlich sachlichen Logik der Zweckmäßigkeit immer fügsamer folgend, ohne dass die definitive Kultivierung, die der Subjekte, sich in demselben Maße steigerte oder auch angesichts der ungeheuren Ausdehnung jenes objektiven, an unzählige Arbeiter verteilten Gebietes der Dinge auch nur steigern *könnte.* Zum mindesten geht die geschichtliche Entwicklung darauf, die sachlich schöpferische Kulturleistung von dem gesamten Kulturstand der Individuen mehr und mehr zu differenzieren. Die Dissonanzen des modernen Lebens – insbesondere das, was sich als Steigerung der Technik jedes Gebietes und als gleichzeitige tiefe Unbefriedigung an ihr darstellt – entspringen zum großen Teil daraus, | dass zwar die Dinge immer kultivierter werden, die Menschen aber nur in geringerem Maße imstande sind, aus der Vollendung der Objekte eine Vollendung des subjektiven Lebens zu gewinnen.

Der Begriff und die Tragödie der Kultur

Dass der Mensch sich in die natürliche Gegebenheit der Welt nicht fraglos einordnet wie das Tier, sondern sich von ihr losreißt, sich ihr gegenüberstellt, fordernd, ringend, vergewaltigend und vergewaltigt – mit diesem ersten großen Dualismus entspinnt sich der endlose Prozess zwischen dem Subjekt und dem Objekt. Innerhalb des Geistes selbst findet er seine zweite Instanz. Der Geist erzeugt unzählige Gebilde, die in einer eigentümlichen Selbständigkeit fortexistieren, unabhängig von der Seele, die sie geschaffen hat, wie von jeder anderen, die sie aufnimmt oder ablehnt. So sieht sich das Subjekt der Kunst wie dem Recht gegenüber, der Religion wie der Technik, der Wissenschaft wie der Sitte – nicht nur von ihrem Inhalt bald angezogen, bald abgestoßen, jetzt mit ihnen verschmolzen wie mit einem Stück des Ich, bald in Fremdheit und Unberührbarkeit gegen sie; sondern es ist die Form der Festigkeit, des Geronnenseins, der beharrenden Existenz, mit der der Geist, so zum Objekt geworden, sich der strömenden Lebendigkeit, der inneren Selbstverantwortung, den wechselnden Spannungen der subjektiven Seele entgegenstellt; als Geist dem Geiste innerlichst verbunden, aber eben darum unzählige Tragödien an diesem tiefen Formgegensatz erlebend: zwischen dem subjektiven Leben, das rastlos, aber zeitlich endlich ist, und seinen Inhalten, die, einmal geschaffen, unbeweglich, aber zeitlos gültig sind.

Mitten in diesem Dualismus wohnt die Idee der Kultur. Ihr liegt eine innere Tatsache zugrunde, die man als ganze nur gleichnisweise und etwas verschwimmend ausdrücken kann: als den Weg der Seele zu sich selbst; denn keine solche ist jemals nur das, was sie in diesem Augenblick ist, sondern ein Mehr, es ist ein Höheres und Vollendeteres ihrer selbst in ihr |

präformiert, unreal, aber doch irgendwie vorhanden. Nicht ein benennbares, an irgendeiner Stelle der geistigen Welt fixiertes Ideal ist hier gemeint; sondern das Freiwerden der in ihr selbst ruhenden Spannkräfte, die Entwicklung ihres eigensten, einem inneren Formtrieb gehorsamen Keimes. Wie das Leben – und zuhöchst seine Steigerung im Bewusstsein – seine Vergangenheit in einer unmittelbareren Form in sich enthält als irgendein Stück des Unorganischen, wie dies Vergangene nach seinem ursprünglichen Inhalt und nicht nur als mechanische Ursache späterer Umsetzungen im Bewusstsein weiterlebt, so umschließt es auch seine Zukunft in einer Weise, zu der das Unlebendige keine Analogie besitzt. In jedem Daseinsmoment eines Organismus, der wachsen und sich fortpflanzen kann, wohnt die spätere Form mit einer so innerlichen Notwendigkeit und Vorgebildetheit, die etwa derjenigen gar nicht zu koordinieren ist, mit der die gespannte Feder ihre Gelöstheit enthält. Während alles Unlebendige schlechthin nur den Augenblick der Gegenwart besitzt, streckt sich das Lebendige in einer unvergleichlichen Art über Vergangenheit und Zukunft. All die seelischen Bewegtheiten vom Typus des Wollens, der Pflicht, des Berufenseins, des Hoffens – sind die geistigen Fortsetzungen der fundamentalen Bestimmung des Lebens: in seiner Gegenwart seine Zukunft, in einer besonderen, eben nur am Lebensprozess bestehenden Form zu enthalten. Und dies betrifft nicht nur einzelne Entwicklungen und Vollendungen, sondern die Persönlichkeit als ganze und als Einheit trägt ein wie mit unsichtbaren Linien vorgezeichnetes Bild in sich, mit dessen Realisierung sie sozusagen statt ihrer Möglichkeit erst ihre volle Wirklichkeit wäre. Sosehr also auch das Reifen und Sich-Bewähren der seelischen Kräfte sich an einzelnen, sozusagen provinziellen Aufgaben und Interessen vollziehen mag, so steht irgendwie darunter oder darüber die Forderung, dass mit alledem die seelische Totalität als solche ein mit ihr selbst gegebenes Versprechen erfülle, und alle Einzelausbildungen erscheinen damit doch nur als eine Vielheit von Wegen, auf denen die Seele zu sich selbst kommt. Dies ist eine, wenn man will, metaphysische Voraussetzung unseres praktischen und gefühlsmäßigen Wesens – in wie weitem Abstand | von dem realen Verhalten sich auch dieser symbolische Ausdruck halte: dass die Einheit der Seele nicht einfach ein formales Band ist, das die Entfaltungen ihrer Einzelkräfte in immer gleicher Weise umschließt, sondern dass durch diese Einzelkräfte eine Entwicklung ihrer als eines Ganzen getragen wird und dieser Entwicklung des Ganzen das Ziel einer Ausgebildetheit innerlich vorangestellt ist, zu der alle jene einzelnen Vermögen und Vollkommenheiten als Mittel gelten. Und hier zeigt sich die erste und vorläufig nur dem Sprachgefühl folgende Bestimmung des Kulturbegriffs. Wir sind noch nicht kultiviert, wenn wir dieses oder jenes einzelne Wissen oder Können in uns ausgebildet haben; sondern erst dann, wenn all solches der zwar daran gebundenen, aber damit nicht zusammenfallenden Entwicklung jener seelischen Zentralität dient. Unsere bewussten und angebbaren Strebungen gelten zwar den partikularen Interessen und Potenzen, und darum erscheint die Entwicklung jedes Menschen, auf ihre Benennbarkeiten hin angesehen, als ein Bündel von Wachstumslinien, die sich nach recht verschiedenen Richtungen und in recht verschiedene Längen erstrecken. Aber nicht mit diesen in ihren singulären Vollendungen, sondern erst mit ihrer Bedeutung für oder als die Entwicklung der undefinierbaren personalen Einheit kultiviert sich der Mensch. Oder anders ausgedrückt: Kultur ist der Weg von der geschlossenen Einheit durch die entfaltete Vielheit zur entfalteten Einheit. Unter allen Umständen aber kann es sich nur um die Entwicklung zu einer Erscheinung hin handeln, die in den Keimkräften der Persönlichkeit angelegt, als ihr ideeller Plan in ihr selbst gleichsam skizziert ist. Auch hier gewährt der Sprachgebrauch sichere Führung. Ein Gartenobst, das die Arbeit des Gärtners aus einer holzigen und ungenießbaren Baumfrucht gezogen hat, nennen wir kultiviert; oder auch: dieser wilde Baum ist zum Gartenobstbaum kultiviert worden. Wird dagegen vielleicht aus demselben Baum ein Segelmast hergestellt – und damit eine nicht geringere Zweckarbeit auf ihn verwendet –, so sagen wir keineswegs, der Stamm sei zum Maste kultiviert worden. Diese Sprachnuance deutet ersichtlich an, dass die Frucht, sowenig sie ohne die menschliche Bemühung zustande käme, doch schließlich | aus den eigenen Triebkräften des Baumes heraustreibt und nur die in seinen Anlagen selbst vorgezeichnete Möglichkeit erfüllt – während die Mastform seinem Stamme aus einem ihm selbst ganz fremden Zwecksystem und ohne jede Präformation in seinen eigenen Wesenstendenzen hinzugefügt wird. In eben diesem Sinne können alle möglichen Kenntnisse, Virtuositäten, Verfeinerungen eines Menschen uns noch nicht bestimmen, ihm wirkliche Kultiviertheit zuzusprechen, wenn jene sozusagen nur als Hinzufügungen wirken, die seiner Persönlichkeit aus einem ihr äußeren und ihr auch im letzten Grunde äußerlich bleibenden Wertgebiet kommen. In solchem Falle hat der Mensch zwar Kultiviertheiten, aber er ist nicht kultiviert; welches Letztere nur eintritt, wenn die aus dem Überpersönlichen aufgenommenen Inhalte wie durch eine vorbestimmte Harmonie nur das in der Seele zu entfalten scheinen, was in ihr selbst als ihr eigenster Trieb und als innere Vorgezeichnetheit ihrer subjektiven Vollendung besteht.

Und hier tritt nun endlich die Bedingtheit der Kultur hervor, durch die sie eine Lösung der Subjekt-Objekt-Gleichung darstellt. Wir versagen ihren Begriff, wo die Perfektion nicht als Eigenentwicklung des seelischen Zentrums empfunden wird; aber er trifft auch nicht zu, wo sie nur als eine solche Eigenentwicklung auftritt, die keiner objektiven und ihr äußeren Mittel und Stationen bedarf. Vielerlei Bewegungen führen die Seele wirklich, wie jenes Ideal es fordert, zu sich selbst, das heißt zur Verwirklichung des ihr vorgesetzten, aber zuerst nur als Möglichkeit bestehenden, vollen und eigensten Seins. Aber indem oder insoweit sie dies rein von innen her erreicht: in religiösen Aufschwüngen, sittlicher Selbsthingabe, beherrschender Intellektualität, Harmonie des Gesamtlebens –, kann sie doch noch des spezifischen Besitzes der Kultiviertheit entbehren. Nicht nur, dass ihr dabei jenes ganz oder relativ Äußerliche fehlen mag, das der Sprachgebrauch als bloße Zivilisation deklassiert. Darauf käme es durchaus nicht an. Aber Kultiviertheit in ihrem reinsten, tiefsten Sinne ist da nicht gegeben, wo die Seele jenen Weg von sich selbst zu sich selbst, von der Möglichkeit unseres wahrsten Ich zu seiner Wirklichkeit, ausschließlich mit ihren subjektiv personalen Kräften | zurücklegt – wenngleich vielleicht von einem höchsten Blickpunkt aus gerade diese Vollendungen die wertvollsten sind; womit nur bewiesen wäre, dass Kultur nicht das einzige Wertdefinitivum der Seele ist. Ihr spezifischer Sinn indes ist nur da erfüllt, wo der Mensch in jene Entwicklung etwas, das ihm äußerlich ist, einbezieht, wo der Weg der Seele über Werte und Reihen geht, die nicht selbst subjektiv seelisch sind. Jene objektiv geistigen Gebilde, von denen ich im Anfang sprach: Kunst und Sitte, Wissenschaft und zweckgeformte Gegenstände, Religion und Recht, Technik und gesellschaftliche Normen – sind Stationen, über die das Subjekt gehen muss, um den besonderen Eigenwert, der seine Kultur heißt, zu gewinnen. Es muss *diese* in sich einbeziehen, aber es muss sie auch in *sich* einbeziehen, darf sie nicht einfach als objektive Werte bestehen lassen. Es ist das Paradoxon der Kultur, dass das subjektive Leben, das wir in seinem kontinuierlichen Strome fühlen und das von sich aus auf seine innere Vollendung drängt, diese Vollendung, von der Idee der Kultur aus gesehen, gar nicht aus sich heraus erreichen kann, sondern nur über jene ihm jetzt ganz formfremd gewordenen, zu selbstgenugsamer Abgeschlossenheit kristallisierten Gebilde. Kultur entsteht – und das ist das schlechthin Wesentliche für ihr Verständnis –, indem zwei Elemente zusammenkommen, deren keines sie für sich enthält: die subjektive Seele und das objektiv geistige Erzeugnis.

Hier wurzelt die metaphysische Bedeutung dieses historischen Gebildes. Eine Anzahl der entscheidenden menschlichen

Wesensbetätigungen bauen unvollendbare, oder wenn vollendet, immer wieder abgerissene Brücken zwischen dem Subjekt und dem Objekt überhaupt: das Erkennen, vor allem die Arbeit, in manchen ihrer Bedeutungen auch die Kunst und die Religion. Der Geist sieht sich einem Sein gegenüber, auf das ebenso der Zwang wie die Spontaneität seiner Natur ihn hintreibt; aber er bleibt ewig in die Bewegung in sich selbst gebannt, in einem Kreise, der das Sein nur berührt, und in jedem Augenblick, in dem er, in der Tangente seiner Bahn abbiegend, in das Sein eindringen will, reißt ihn die Immanenz seines Gesetzes wieder in seine in sich selbst beschlossene Dre|hung fort. In der Bildung der Begriffe: Subjekt-Objekt als Korrelate, deren jedes nur am anderen seinen Sinn findet, liegt schon die Sehnsucht und Antizipation einer Überwindung dieses starren, letzten Dualismus. Jene erwähnten Betätigungen nun transponieren ihn in besondere Atmosphären, in denen die radikale Fremdheit seiner Seiten herabgesetzt ist und gewisse Verschmelzungen zulässt. Weil diese aber nur unter den Modifikationen stattfinden können, die gleichsam durch die atmosphärischen Bedingungen besonderer Provinzen geschaffen sind, können sie die Fremdheit der Parteien nicht in ihrem tiefsten Grunde überwinden und bleiben endliche Versuche, eine unendliche Aufgabe zu lösen. Unser Verhältnis aber zu denjenigen Objekten, an denen oder die in uns einbeziehend wir uns kultivieren, ist ein anderes, weil diese selbst ja Geist sind, der in jenen ethischen und intellektuellen, sozialen und ästhetischen, religiösen und technischen Formen gegenständlich geworden ist; der Dualismus, mit dem das auf seine eigenen Grenzen angewiesene Subjekt dem für sich seienden Objekt gegenübersteht, erlebt eine unvergleichliche Formung, wenn beide Parteien Geist sind. So muss der subjektive Geist zwar seine Subjektivität, aber nicht seine Geistigkeit verlassen, um das Verhältnis zum Objekt zu erleben, durch das seine Kultivierung sich vollzieht. Dies ist die einzige Art, auf die die dualistische Existenzform, mit dem Bestande des Subjekts unmittelbar gesetzt, sich zu einer innerlich einheitlichen Bezogenheit organisiert. Hier geschieht ein Objektivwerden des Subjekts und Subjektivwerden eines Objektiven, das das Spezifische des Kulturprozesses ausmacht und in dem sich, über dessen einzelne Inhalte hinweg, seine metaphysische Form zeigt. Sein tieferes Verständnis fordert deshalb eine weitergehende Analyse jener Vergegenständlichung des Geistes.

Diese Blätter gingen von der tiefen Fremdheit oder Feindschaft aus, die zwischen dem Lebens- und Schaffensprozess der Seele auf der einen Seite und seinen Inhalten und Erzeugnissen auf der anderen besteht. Dem vibrierenden, rastlosen, ins Grenzenlose hin sich entwickelnden Leben der in irgendeinem Sinne schaffenden Seele steht ihr festes, ideell unverrückbares Produkt gegenüber, mit der unheimlichen Rück|wirkung, jene Lebendigkeit festzulegen, ja erstarren zu machen; es ist oft, als ob die zeugende Bewegtheit der Seele an ihrem eigenen Erzeugnis stürbe. Hier liegt eine Grundform unseres Leidens an der eigenen Vergangenheit, an dem eigenen Dogma, den eigenen Phantasien. Diese Diskrepanz, die gleichsam zwischen dem Aggregatzustand des inneren Lebens und dem seiner Inhalte besteht, wird dadurch in gewissem Maße rationalisiert und weniger scharf fühlbar, dass der Mensch durch sein theoretisches oder praktisches Schaffen jene seelischen Erzeugnisse oder Inhalte als einen in einem bestimmten Sinne selbständigen Kosmos des objektivierten Geistes sich gegenüberstellt und erblickt. Das äußere oder immaterielle Werk, in dem das seelische Leben sich niederschlägt, wird als ein Wert besonderer Art empfunden; sosehr das Leben, darein einströmend, sich in eine Sackgasse verläuft oder seine Fluten weiterrollt, die dieses ausgeworfene Gebilde an seiner Stelle liegen lassen, so ist dies doch eben der spezifisch menschliche Reichtum, dass die Produkte des objektiven Lebens zugleich einer nicht verfließenden, sachlichen Ordnung von Werten angehören, einer logischen oder sittlichen, einer religiösen oder künstlerischen, einer technischen oder rechtlichen. Indem sie sich als Träger solcher Werte, Glieder solcher Reihen offenbaren, sind sie nicht nur durch ihre gegenseitige Verwebung und Systematisierung der starren Isoliertheit enthoben, mit der sie sich der Rhythmik des Lebensprozesses entfremdeten, sondern dieser Prozess selbst hat damit eine Bedeutsamkeit erhalten, die aus der Unaufhaltsamkeit seines bloßen Verlaufes nicht zu gewinnen ist. Es fällt auf die Vergegenständlichungen des Geistes ein Wertakzent, der zwar im subjektiven Bewusstsein entspringt, mit dem dieses Bewusstsein aber etwas meint, was jenseits seiner liegt. Der Wert braucht hierbei keineswegs immer ein positiver, im Sinne des Guten zu sein; vielmehr die bloße formale Tatsache, dass das Subjekt ein Objektives hingestellt hat, dass sein Leben sich aus sich heraus verkörpert hat, wird als etwas Bedeutsames empfunden, weil gerade nur die Selbständigkeit des so vom Geiste geformten Objekts die Grundspannung zwischen Prozess und Inhalt des Bewusstseins lösen kann. Denn wie räumlich naturhafte Vorstellungen die | Unheimlichkeit, innerhalb des fließenden Bewusstseinsprozesses als etwas völlig Formfestes zu beharren, dadurch beruhigen, dass sie diese Stabilität an ihrer Beziehung zu einer objektiv äußerlichen Welt legitimieren – so leistet die Objektivität der geistigen Welt den entsprechenden Dienst. Wir fühlen die ganze Lebendigkeit unseres Denkens an die Unverrückbarkeit logischer Normen, die ganze Spontaneität unseres Handelns an moralische geknüpft, unser ganzer Bewusstseinsverlauf ist mit Erkenntnissen, Überliefertheiten, Eindrücken einer irgendwie vom Geiste geformten Umgebung angefüllt; die Festigkeit und gleichsam chemische Unlösbarkeit von all diesem zeigt einen problematischen Dualismus gegen die ruhelose Rhythmik des subjektiv seelischen Prozesses, in dem es sich doch als Vorstellung, als subjektiv seelischer Inhalt erzeugt. Aber indem es einer ideellen Welt oberhalb des individuellen Bewusstseins angehört, wird dieser Gegensatz auf einen Grund und ein Recht gebracht. Gewiss ist es für den kulturellen Sinn des Objekts, auf den es uns hier schließlich ankommt, das Entscheidende, dass in ihm Wille und Intelligenz, Individualität und Gemüt, Kräfte und Stimmung einzelner Seelen (und auch ihrer Kollektivität) gesammelt sind. Allein indem dies geschehen ist, sind jene seelischen Bedeutsamkeiten doch auch an einen Endpunkt ihrer Bestimmung gelangt. In dem Glück des Schaffenden an seinem Werk, so groß oder gering dies sei, liegt neben der Entladung der inneren Spannungen, dem Erweise der subjektiven Kraft, der Genugtuung über die erfüllte Forderung wahrscheinlich immer noch eine sozusagen objektive Befriedigtheit darüber, dass dieses Werk nun dasteht, dass der Kosmos der irgendwie wertvollen Dinge nun um dieses Stück reicher ist. Ja vielleicht gibt es gar keinen sublimeren persönlichen Genuss des eigenen Werkes, als wenn wir es in seiner Unpersönlichkeit und seiner Gelöstheit von all unserem Subjektiven empfinden. Und wie so die Objektivierungen des Geistes wertvoll sind, jenseits der subjektiven Lebensprozesse, die als ihre Ursachen in sie eingegangen sind, so sind sie es auch jenseits der anderen, die als ihre Folgen von ihnen abhängen. Wir mögen die Organisationen der Gesellschaft und die technische Formung der Natur|gegebenheiten, das Kunstwerk und die wissenschaftliche Erkenntnis der Wahrheit, die Sitte und die Sittlichkeit noch so sehr, noch so überwiegend auf ihre Ausstrahlung in das Leben und die Entfaltung von Seelen ansehen – es ist oft und vielleicht immer darein eine Anerkennung dessen verwebt, dass diese Gebilde überhaupt da sind, dass die Welt auch diese Gestaltung des Geistes umfasst; es ist eine Direktive in unseren Wertungsprozessen, die an dem Eigenbestand des Geistig-Objektiven haltmacht, ohne über das Definitive dieser Dinge selbst hinaus nach ihren seelischen Folgen zu fragen. Neben allem subjektiven Genuss, mit dem z.B. das Kunstwerk sozusagen in uns eingeht, wissen wir als einen Wert besonderer Art, dass es überhaupt da ist, dass der Geist sich dieses Gefäß geschaffen hat. Wie mindestens eine Linie innerhalb des künstlerischen Wollens an dem Eigenbestande des Kunstwerks mündet und eine schlechthin objektive Wertung in den Selbstgenuss der sich auslebenden Schöpferkraft verwebt, so verläuft eine gleichgerichtete Linie auch innerhalb der Attitüde des Empfangenden. Und zwar im deutlichen Unterschied gegen die Werte, die das rein sachlich Gegebene, das *naturhaft* Objektive bekleiden. Denn gerade solches: das Meer und die Blumen, die Alpen und der Sternenhimmel – gerade dieses hat, was man seinen Wert nennen kann, nur an seinen Reflexen in subjektiven Seelen. Denn sobald wir von mystischen und phantastischen Vermenschlichungen der Natur absehen, ist sie eben ein kontinuierlich zusammenhängendes Ganzes, dessen indifferente Gesetzmäßigkeit keinem Teile einen in seinem Sachbestande gegründeten Akzent, ja nicht einmal eine objektiv gegen andere abgegrenzte Existenz gönnt. Nur unsere menschlichen Kategorien schneiden aus ihm die einzelnen Stücke heraus, an die wir ästhetische, erhebende, symbolisch bedeutsame Reaktionen knüpfen: dass das Naturschöne »selig an ihm selbst« sei, besteht nur als dichterische Fiktion zu Rechte; für das um Objektivität bemühte Bewusstsein hängt an ihm keine andere Seligkeit, als die es in uns auslöst. Während also das Erzeugnis der schlechthin objektiven Mächte nur subjektiv wertvoll sein kann, ist umgekehrt das Erzeugnis der subjektiven Mächte für uns objektiv wertvoll. Die materiellen | und immateriellen Gebilde, in denen menschliches Wollen und Können, Wissen und Fühlen investiert ist, sind jenes objektiv Dastehende, das wir als Bedeutsamkeit und Bereicherung des Daseins auch dann empfinden, wenn wir von seinem Geschaut-, Genutzt- oder Genossenwerden völlig abstrahieren. Mag Wert und Bedeutung, Sinn und Wichtigkeit sich ausschließlich in der menschlichen Seele erzeugen, so bewahrheitet sich dies zwar dauernd der gegebenen *Natur* gegenüber, aber es hindert nicht den objektiven Wert derjenigen Gebilde, in denen jene – schaffenden und formenden – seelischen Kräfte und Werte gerade schon investiert *sind.* Ein Sonnenaufgang, den kein Menschenauge sieht, macht die Welt durchaus nicht wertvoller oder erhabener, weil ihre objektive Tatsächlichkeit für diese Kategorien überhaupt keinen Platz hat; sobald aber ein Maler in ein Bild dieses Sonnenaufgangs seine Stimmung, seinen Form- und Farbensinn, sein Ausdrucksvermögen hineingelegt hat, so halten wir dieses Werk (auf welche metaphysischen Kategorien hin, bleibe hier unerörtert) für eine Bereicherung, eine Wertsteigerung des Daseins überhaupt; die Welt erscheint uns sozusagen ihrer Existenz würdiger, ihrem Sinne näher, wenn die Quelle alles Wertes, die menschliche Seele, sich in eine solche, nun gleichfalls der objektiven Welt angehörige Tatsache ergossen hat – in dieser eigentümlichen Bedeutung unabhängig davon, ob eine spätere Seele diesen hineingezauberten Wert wieder erlösen und ihn in den Fluss ihres subjektiven Empfindens auflösen wird. Der natürliche Sonnenaufgang und das Gemälde stehen beide als Realitäten da, aber jener findet seinen Wert erst in dem Weiterleben in psychischen Subjekten, an diesem aber, das solches Leben schon in sich eingetrunken und zu einem Objekt gestaltet hat, macht unser Wertempfinden als an einem jeder Subjektivierung unbedürftigen Definitivum halt.

Spannt man diese Momente bis zu parteimäßiger Polarität aus, so steht auf der einen Seite die ausschließliche Schätzung des subjektiv bewegten Lebens, von dem aller Sinn, Wert, Bedeutung nicht nur erzeugt wird, sondern in dem allein all dieses auch wohnen bleibt. Andrerseits aber ist die radikale Akzentuierung des objektivgewordenen Wertes nicht weniger | verständlich. Natürlich sei dieser nicht an die originale Produktion von Kunstwerken und Religionen, Techniken und Erkenntnissen gebunden; aber was ein Mensch auch tue, es müsse einen Beitrag zu dem ideellen, historischen, materialisierten Kosmos des Geistes leisten, damit es als wertvoll gelte. Dies komme nicht der subjektiven Unmittelbarkeit unseres Seins und Handelns zu, sondern dessen objektiv normiertem, objektiv angeordnetem Inhalt, sodass schließlich nur diese Normierungen und Ordnungen die Wertsubstanz enthielten und sie dem verfließenden persönlichen Geschehen mitteilten. Sogar die Autonomie des moralischen Willens bei Kant involviere keinen Wert eben dieses in seiner psychologischen Tatsächlichkeit, sondern knüpfe ihn an die Realisierung einer in objektiver Idealität bestehenden Form. Selbst die Gesinnung und die Persönlichkeit haben ihre Bedeutung, im Guten wie im Bösen, darin, dass sie einem Reiche des Überpersönlichen zugehören. Indem diese Wertungen des subjektiven und des objektiven Geistes einander gegenüberstehen, führt nun die Kultur ihre Einheit durch beide hindurch: denn sie bedeutet diejenige Art der individuellen Vollendung, die sich nur durch Aufnahme oder Benutzung eines überpersönlichen, in irgendeinem Sinne außerhalb des Subjekts gelegenen Gebildes vollziehen kann. Dem Subjekt ist der spezifische Wert der Kultiviertheit unzugängig, wenn es ihn nicht auf dem Wege über objektiv geistige Realitäten erreicht; diese ihrerseits sind *Kulturwerte* nur, insofern sie jenen Weg der Seele von sich selbst zu sich selbst, von dem, was man ihren Naturzustand nennen kann, zu ihrem Kulturzustand, durch sich hindurchleiten.

Man kann also die Struktur des Kulturbegriffs auch so ausdrücken. Es gibt keinen Kulturwert, der nur Kulturwert wäre; jeder vielmehr muss, um diese Bedeutung zu erwerben, auch Wert in einer Sachreihe sein. Wo aber auch ein Wert dieses Sinnes vorliegt und irgendein Interesse oder eine Fähigkeit unseres Wesens durch ihn eine Förderung erfährt, bedeutet er einen Kulturwert nur dann, wenn diese partielle Entwicklung zugleich unser Gesamt-Ich eine Stufe näher an seine Vollendungseinheit heranhebt. So nur werden zwei entsprechende, | negative Erscheinungen der Geistesgeschichte verständlich. Einmal, dass Menschen der tiefsten Kulturinteressiertheit oft gegen die einzelnen Sachgehalte der Kultur eine merkwürdige Gleichgültigkeit, ja, Ablehnung zeigen – insofern es ihnen eben nicht gelingt, deren überspezialistischen Ertrag für die Förderung der Gesamtpersönlichkeiten zu entdecken; und es gibt wohl kein menschliches Erzeugnis, das einen solchen Ertrag notwendig zeigen *müsste,* freilich auch keines, das ihn nicht zeigen *könnte.* Andrerseits aber treten Erscheinungen auf, die *nur* Kulturwerte zu sein scheinen, gewisse Formalien und Verfeinerungen des Lebens, wie sie namentlich in überreife und müde gewordene Epochen gehören. Denn wo das Leben in sich hohl und sinnlos geworden ist, da ist alle willens- und werdensmögliche Entwicklung zu seiner Höhe nur noch eine schematische und nicht mehr imstande, aus dem Sachgehalt von Dingen und Ideen Nahrung und Förderung zu ziehen – wie der erkrankte Körper sich nicht mehr aus den Nahrungsmitteln die Stoffe assimilieren kann, aus denen der gesunde Wachstum und Kräfte gewinnt. Hier kann sich die individuelle Entwicklung aus den sozialen Normen nur noch das gesellschaftlich gute Benehmen, aus den Künsten nur noch den unproduktiven Genuss, aus den technischen Fortschritten nur noch das Negative der Mühelosigkeit und Glätte des Tagesverlaufes herausholen – es entsteht eine Art formal-subjektiver Kultur, ohne jene innere *Verwehung* mit dem Sachelement, durch die der Begriff einer konkreten Kultur sich erst erfüllt. Es gibt also einerseits eine so leidenschaftlich zentralisierte Betonung der Kultur, dass ihr der Sachgehalt ihrer objektiven Faktoren zu viel und zu ablenkend ist, da er *als solcher* freilich nicht in seiner Kulturfunktion aufgeht und aufgehen kann; und andrerseits eine solche Schwäche und Leere der Kultur, dass sie gar nicht imstande ist, die objektiven Faktoren ihrem Sachgehalt nach in sich einzuziehen. Beide Erscheinungen, auf den ersten Blick als Gegeninstanzen gegen die Bindung der persönlichen Kultur an unpersönliche Gegebenheiten auftretend, bestätigen vielmehr der genaueren Betrachtung diese Bindung.

Dass sich in der Kultur so die letzten und entscheidenden | Lebensfaktoren vereinigen, offenbart sich gerade darin, dass die Entwicklung eines jeden von diesen mit einer Selbständigkeit geschehen kann, die der Motivation durch das Kulturideal nicht nur entbehren kann, sondern sie geradezu ablehnt. Denn der Blick in der einen oder in der anderen Richtung fühlt sich von der Einheit seiner Intention abgelenkt, wenn er von einer Synthese zwischen beiden bestimmt werden soll. Gerade die Geister, die bleibende Inhalte, also das objektive Element der Kultur, schaffen – diese Geister würden sich wohl weigern, Motiv und Wert ihrer Leistung unmittelbar von der Kulturidee zu entlehnen. Hier vielmehr besteht die folgende innere Lage. Im Religionsstifter und im Künstler, im Staatsmann und im Erfinder, im Gelehrten und im Gesetzgeber wirkt ein Doppeltes: die Entladung ihrer Wesenskräfte, das Hinaufleben ihrer Natur zu der Höhe, auf der sie die Inhalte des Kulturlebens aus sich entlässt – und die Leidenschaft für die Sache, in deren eigengesetzlicher Vollendetheit das Subjekt sich selbst gleichgültig geworden und ausgelöscht ist; im Genie sind diese beiden Strömungen eine einzige: die Entwicklung des subjektiven Geistes um seiner selbst, seiner drängenden Kräfte willen, ist für das Genie ununterscheidbar Eines mit der völlig selbstvergessenen Hingabe an die objektive Aufgabe. Kultur ist, wie sich zeigte, immer Synthese. Aber Synthese ist nicht die einzige und nicht die unmittelbarste Einheitsform, da sie immer die Zerlegtheit der Elemente als ihr Vorangehendes oder als ihr Korrelat voraussetzt. Nur eine so analytisch gestimmte Zeit wie die moderne konnte in der Synthese das Tiefste, das Ein und Alles des Formverhältnisses vom Geiste zur Welt finden – während es doch eine ursprüngliche, vordifferenzielle Einheit gibt; indem diese die analytischen Elemente erst aus sich hervorgehen lässt, wie der organische Keim sich in die Vielheit gesonderter Glieder auseinanderzweigt, steht sie jenseits von Analyse und Synthese – sei es, dass diese beiden sich aus ihr in Wechselwirkung, eines auf jeder Stufe das andere voraussetzend, entwickeln, sei es, dass die Synthese die analytisch getrennten Elemente nachträglich zu einer Einheit bringt, die aber etwas ganz anderes ist als die vor aller Trennung gelegene. Das schöpferische Genie besitzt jene ursprüng|liche Einheit des Subjektiven und des Objektiven, die sich erst auseinanderlegen muss, um in dem Kultivierungsprozesse der Individuen in ganz anderer, synthetischer Form gewissermaßen wieder zu erstehen. Darum also liegt das Interesse an der Kultur mit jenen beiden: der reinen Selbstentwicklung des subjektiven Geistes und dem reinen Aufgehen in die Sache nicht in einer Ebene, sondern hängt sich gelegentlich als ein Sekundäres, Reflexionsmäßiges an diese, als ein abstrakt Allgemeines, jenseits des innerlich unmittelbaren Wertimpulses der Seele. Die Kultur bleibt aus dem Spiele, solange die Seele ihren Weg sozusagen nur durch eigenes Gebiet nimmt und sich in der reinen Selbstentwicklung des eigenen Wesens – gleichviel, wie dieses sachlich bestimmt sei – vollendet.

Sehen wir den anderen Faktor der Kultur: jene zu einer ideellen Sonderexistenz, unabhängig nun von aller psychischen Bewegtheit, gereiften Erzeugnisse des Geistes – in seiner selbstgenugsamen Isoliertheit an, so fällt auch sein eigenster Sinn und Wert keineswegs mit seinem Kulturwert zusammen, ja er lässt von sich aus seine Kulturdeutung noch völlig dahingestellt. Das Kunstwerk soll nach den Normen der Kunst vollkommen sein, die nach nichts als nach sich selbst fragen und dem Werke seinen Wert geben oder verweigern würden, auch wenn es sozusagen auf der Welt gar nichts weiter als eben dieses Werk gäbe; das Ergebnis der Forschung als solches soll wahr sein und absolut weiter nichts; die Religion schließt mit dem Heil, das sie der Seele bringt, ihren Sinn in sich ab; das wirtschaftliche Produkt will als wirtschaftliches vollkommen sein und erkennt insoweit keinen anderen als den wirtschaftlichen Wertmaßstab für sich an. Alle diese Reihen verlaufen in der Geschlossenheit rein innerer Gesetzgebung, und ob und mit welchem Werte sie sich in jene Entwicklung subjektiver Seelen einsetzen lassen, geht ihre, an rein sachlichen und für sie allein gültigen Normen gemessene Bedeutung durchaus nichts an. Aus dieser Sachlage wird begreiflich, dass wir ebenso an den Menschen, die nur auf das Subjekt gerichtet sind, wie an denen, die nur auf das Objekt gerichtet sind, oft eine scheinbar merkwürdige Gleichgültigkeit, ja, eine Aversion gegen die Kultur antreffen. Wer nur nach dem Heil der Seele oder nach | dem Ideal der persönlichen Kraft oder nach der individuell-innerlichen Entwicklung, in die kein ihr äußeres Moment eingreifen darf, fragt – dessen Wertungen entbehren eben des einen integrierenden Faktors der Kultur, während der andere dem fehlt, der nur nach der reinen Sachvollendung unserer Werke fragt, danach, dass diese *ihre* Idee und keine erst irgendwie damit verbundene erfüllen. Das Extrem des ersten Typus ist der Säulenheilige, des anderen der im Fachfanatismus eingeschlossene Spezialist. Es hat auf den ersten Blick etwas Frappierendes, dass die Träger solcher unzweifelhaften »Kulturwerte«, wie Religiosität, Persönlichkeitsbildung, Techniken jeder Art, den Begriff der Kultur verachten oder bekämpfen sollen. Dies klärt sich aber sogleich durch die Einsicht, dass Kultur eben immer nur die *Synthese* einer subjektiven Entwicklung und eines objektiven geistigen Wertes bedeutet und dass die Vertretung je eines dieser Elemente im Maße ihrer Exklusivität die Verwebung beider ablehnen muss.

Solche Abhängigkeit des Kulturwertes von der Mitwirkung eines zweiten Faktors, der jenseits der sachlich-eigenen Wertreihe des Objektes steht, macht es verständlich, dass eben dieses auf der Skala der Kulturwerte oft einen ganz anderen Teilstrich erreicht als auf der der bloßen Sachbedeutungen. Vielerlei Werke, die als künstlerische, technische, intellektuelle unter der Höhe des sonst schon Erreichten bleiben, haben doch die Fähigkeit, sich in den Entwicklungsweg vieler Menschen aufs wirkungsvollste einzufügen, als Entfalter ihrer latenten Kräfte, als Brücke zu ihrer nächst höheren Station. Wie es unter den Natureindrücken keineswegs nur die dynamisch gewaltigsten oder ästhetisch vollkommensten sind, von denen uns eine ganz tiefe Beseligung und das Gefühl kommt, dass dumpfe und unerlöste Elemente in uns plötzlich licht und harmonisch geworden sind – wie wir dies vielmehr oft einer ganz schlichten Landschaft oder dem Schattenspiele eines Sommermittags verdanken: so ist es auch der Bedeutung des

Geisteswerkes, eine so hohe oder so niedrige sie in ihrer eigenen Reihe sein mag, daraufhin noch nicht anzusehen, was dies Werk uns für den Weg der Kultur leisten kann. Denn hier kommt alles darauf an, dass jene spezielle Bedeutung des Werkes gleichsam | den Nebenertrag hat, der zentralen oder allgemeinen Entwicklung der Persönlichkeiten zu dienen. Und dass dieser Ertrag dem Eigen- oder Binnenwert des Werkes umgekehrt proportional sein kann, hat mancherlei tiefere Ursachen. Es gibt Menschenwerke von einer letzterreichbaren Vollendung, zu denen wir gerade um dieser lückenlosen Gerundetheit willen keinen Zugang oder die deshalb keinen Zugang zu uns haben. Ein solches bleibt sozusagen an seinem Orte, aus dem es nicht auf unsere Straße zu verpflanzen ist, ein einsam Vollendetes, zu dem wir uns vielleicht hinbegeben, das wir aber nicht mitnehmen können, um uns an ihm in die Vollendung unser selbst zu heben. Für das moderne Lebensgefühl hat vielfach die Antike diese selbstgenugsam vollendete Geschlossenheit, die sich der Aufnahme in die Pulsierungen und Rastlosigkeiten unseres Entwicklungstempos versagt; und dies mag heute so manchen bestimmen, gerade für unsere Kultur einen anderen fundamentalen Faktor zu suchen. Ebenso steht es mit gewissen ethischen Idealen. Die so bezeichneten Gebilde des objektiven Geistes sind vielleicht mehr als andere bestimmt, die Entwicklung von der bloßen Möglichkeit zu der höchsten Wirklichkeit unserer Totalität zu tragen und ihr die Richtung zu geben. Allein nun enthalten manche ethische Imperative ein Ideal von so starrer Vollkommenheit, dass sich aus ihm sozusagen keine Energien, die wir in unsere Entwicklung aufnehmen könnten, aktualisieren lassen. Mit all seiner Höhe in der Reihe der ethischen Ideen wird es doch als Kulturelement leicht hinter anderen zurückstehen, die von ihrer tieferen Stelle in jener Reihe aus sich eher der Rhythmik unserer Entwicklung assimilieren und verstärkend einfügen. Ein anderes Motiv solcher Disproportionalität zwischen dem Sachwert und dem Kulturwert eines Gebildes liegt in der Einseitigkeit der

Förderung, die wir durch jenes erfahren. Vielerlei Inhalte des objektiven Geistes machen uns klüger oder besser, glücklicher oder geschickter, entwickeln damit aber nicht eigentlich *uns*, sondern sozusagen eine selbst objektive Seite oder Qualität, die an uns haftet; es handelt sich hier natürlich um gleitende und unendlich zarte, äußerlich gar nicht fassbare Unterschiede, die sich an das geheimnisvolle Verhältnis zwischen unserer einheitlichen | Ganzheit und unseren einzelnen Energien und Perfektionen knüpfen. Bezeichnen freilich können wir die volle, geschlossene Realität, die wir unser Subjekt nennen, nur mit der Summe solcher Einzelheiten, ohne dass sie doch aus diesen zusammensetzbar wäre; und die einzige zur Verfügung stehende Kategorie: der Teile und des Ganzen – erschöpft keineswegs dieses einzigartige Verhältnis. All jenes Singuläre aber hat, für sich betrachtet, einen objektiven Charakter, es könnte in seiner Isoliertheit an beliebig verschiedenen Subjekten bestehen, und gewinnt erst an seiner Binnenseite, mit der es eben jene Einheit unseres Wesens erwachsen lässt, den Charakter unserer Subjektivität. Mit der Ersteren aber schlägt es gewissermaßen die Brücke zu dem Werte der Objektivitäten, es liegt an unserer Peripherie, mit der wir uns der objektiven, äußeren wie geistigen, Welt vermählen. Sobald sich aber diese nach außen gerichtete, von Äußerem genährte Funktion von ihrer nach innen zu gehenden, in unserem Zentrum mündenden Bedeutung abschnürt, entsteht jene Diskrepanz; wir werden belehrt, werden zwecktätiger, reicher an Genuss und Fähigkeiten, vielleicht auch »gebildeter« – aber unsere Kultivierung hält damit nicht Schritt, denn wir kommen so zwar von einem niedrigeren Haben-und-Können zu einem höheren, aber nicht von uns selbst als den Niedrigeren zu uns selbst als den Höheren.

Diese Möglichkeit der Diskrepanz zwischen Sachbedeutung und Kulturbedeutung eines und desselben Objektes habe ich nur hervorgehoben, um die prinzipielle Zweiheit der Elemente, in deren Verwebung allein Kultur besteht, nachdrücklicher zu veranschaulichen. Diese Verwebung ist eine schlechthin einzigartige, indem die kulturbedeutende Entwicklung des personalen Seins ein rein am Subjekt bestehender Zustand ist, aber ein solcher, der absolut nicht anders als durch die Aufnahme und Ausnützung objektiver Inhalte erreicht werden kann. Deshalb ist Kultiviertheit einerseits eine im Unendlichen liegende Aufgabe – da die Verwendung objektiver Momente zur Vollendung des persönlichen Seins niemals als abgeschlossen anzusehen ist –, andrerseits folgt die Nuance des Sprachgebrauchs diesem Sachverhalt sehr genau, indem die | an ein einzelnes Objektives gebundene Kultur: religiöse Kultur, künstlerische Kultur usw. in der Regel nicht zur Bezeichnung des Zustandes von Individuen, sondern nur vom öffentlichen Geiste gebraucht wird; in dem Sinne, dass in einer Epoche besonders viele oder beeindruckende geistige Inhalte einer bestimmten Art vorliegen, durch die hindurch sich die Kultivierung der Individuen vollzieht. Diese können, genau genommen, nur mehr oder weniger, aber nicht spezialistisch so oder so kultiviert sein; eine sachlich besonderte Kultur des Individuums kann nur entweder bedeuten, dass die kulturelle und als solche überspezialistische Vollendung des Individuums sich hauptsächlich vermittels dieses einen einseitigen Inhaltes vollzogen hat oder dass neben seiner eigentlichen Kultiviertheit sich noch ein erhebliches Können oder Wissen in Bezug auf einen Sachgehalt ausgebildet hat. Künstlerische Kultur eines Individuums z. B. – wenn sie noch etwas außer den kunstmäßigen Perfektionen, die sich auch bei sonstiger »Unkultiviertheit« eines Menschen einstellen können, sein soll – kann nur besagen, dass es in diesem Fall gerade *diese* sachlichen Perfektionen sind, die die Vollendung des persönlichen Gesamtseins bewirkt haben.

Nun aber entsteht innerhalb dieses Gefüges der Kultur ein Spalt, der freilich schon in ihrem Fundament angelegt ist und der aus der Subjekt-Objekt-Synthese, der metaphysischen Bedeutung ihres Begriffes, eine Paradoxe, ja, eine Tragödie werden lässt. Der Dualismus von Subjekt und Objekt, den ihre

Synthese voraussetzt, ist doch nicht nur ein sozusagen substantieller, das Sein beider betreffender. Sondern die innere Logik, nach der jedes von beiden sich entfaltet, fällt mit der des anderen keineswegs selbstverständlich zusammen. Wenn gewisse erste Motive des Rechtes, der Kunst, der Sitte geschaffen sind – vielleicht nach unserer eigensten und innerlichsten Spontaneität –, so haben wir es gar nicht mehr in der Hand, zu welchen einzelnen Gebilden sie sich entfalten; diese erzeugend oder rezipierend gehen wir vielmehr am Leitfaden einer ideellen Notwendigkeit entlang, die völlig sachlich und um die Forderungen unserer Individualität, so zentral sie seien, nicht weniger unbekümmert ist, als die physischen Mächte und | ihre Gesetze es sind. Es ist freilich im Allgemeinen richtig, dass die Sprache für uns dichtet und denkt, d. h. dass sie die fragmentarischen oder gebundenen Impulse unseres eigenen Wesens aufnimmt und zu einer Vollkommenheit führt, zu dem diese, auch rein für uns selbst, sonst nicht gelangt wären. Allein dieser Parallelismus der objektiven und der subjektiven Entwicklungen hat dennoch keine prinzipielle Notwendigkeit. Sogar die Sprache empfinden wir gelegentlich wie eine fremde Naturmacht, die nicht nur unsere Äußerungen, sondern auch unsere innersten Gerichtetheiten verbiegt und verstümmelt. Und die Religion, die gewiss aus dem Suchen der Seele nach sich selbst entsprungen ist, der Flügel, den die eigenen Kräfte der Seele hervortreiben, um sie auf ihre eigene Höhe zu tragen – selbst sie hat, einmal aufgekommen, gewisse Bildungsgesetze, die ihre, aber nicht immer unsere Notwendigkeit entfalten. Was der Religion oft als ihr antikultureller Geist vorgeworfen wird, sind nicht nur ihre gelegentlichen Feindseligkeiten gegen intellektuelle, ästhetische, sittliche Werte, sondern auch dieses Tiefere: dass sie ihren eigenen, durch ihre immanente Logik bestimmten Weg geht, in den sie zwar das Leben hineinreißt; aber, welche transzendenten Güter auch immer die Seele auf diesem Wege findet, er führt sie oft genug nicht zu der Vollendung ihrer Totalität, auf die ihre eigenen Möglichkeiten sie weisen und die, die Bedeutsamkeit der objektiven Gebilde in sich aufnehmend, eben Kultur heißt.

Indem die Logik der unpersönlichen Gebilde und Zusammenhänge mit Dynamik geladen ist, entstehen zwischen diesen und den inneren Trieben und Normen der Persönlichkeit harte Reibungen, die in der Form der Kultur als solcher eine einzigartige Zusammendrängung erfahren. Seit der Mensch zu sich Ich sagt, sich zum Objekt, über und gegenüber sich selbst, geworden ist, seit durch solche Form unserer Seele ihre Inhalte in einem Zentrum zusammengehören – seitdem musste ihr aus dieser Form das Ideal wachsen, dass dies so mit dem Mittelpunkt Verbundene auch eine Einheit sei, die in sich geschlossen und deshalb ein selbstgenugsames Ganzes sei. Allein die Inhalte, an denen das Ich diese Organisierung zu einer eigenen, einheitlichen Welt vollziehen soll, gehören nicht ihm | allein an; sie sind ihm *gegeben,* von irgendeinem räumlichen, zeitlichen, ideellen Außerhalb her, sie sind zugleich die Inhalte irgendwelcher anderer Welten, gesellschaftlicher und metaphysischer, begrifflicher und ethischer, und in diesen besitzen sie Formen und Zusammenhänge unter sich, die mit denen des Ich nicht zusammenfallen wollen. An diesen Inhalten, die das Ich in besonderer Weise gestaltet, ergreifen die äußeren Welten das Ich, um es in sich einzuziehen; indem sie die Inhalte nach *ihren* Ansprüchen formen, lassen sie jene nicht zur Zentrierung um das Ich kommen. In dem religiösen Konflikt zwischen der Selbstgenugsamkeit oder Freiheit des Menschen und seiner Einfügung in die göttlichen Ordnungen mag dies seine weiteste und tiefste Offenbarung finden; aber sie ist, nicht anders als der soziale Konflikt zwischen dem Menschen als abgerundeter Individualität und dem bloßen Gliede des gesellschaftlichen Organismus, doch nur *ein* Fall jenes rein formalen Dualismus, in den uns die Zugehörigkeit unserer Lebensinhalte zu noch anderen Kreisen als dem unseres Ich unvermeidlich verstrickt. Der Mensch steht nicht nur unzählige Male im Schnittpunkt je zweier Kreise von objektiven Mächten und Werten, deren jeder ihn mit sich reißen möchte; sondern er fühlt sich selbst als Zentrum, das all seine Lebensinhalte harmonisch und gemäß der Logik der Persönlichkeit um sich herum ordnet – und fühlt sich zugleich mit jedem dieser peripherischen Inhalte solidarisch, der doch auch einem anderen Kreise angehört und hier von einem anderen Bewegungsgesetz beansprucht wird; sodass unser Wesen sozusagen den Schnittpunkt seiner selbst und eines fremden Forderungskreises bildet. Die Kulturtatsache nun drückt die Parteien dieser Kollision aufs engste aneinander, indem sie die Entwicklung der einen geradezu daran bindet (d.h. sie nur so zur Kultiviertheit werden lässt), dass sie die andere in sich einbezieht, also einen Parallelismus oder eine gegenseitige Angepasstheit beider voraussetzt. Der metaphysische Dualismus von Subjekt und Objekt, den dieses Gefüge der Kultur prinzipiell überwunden hatte, lebt als Diskordanz der einzelnen empirischen Inhalte subjektiver und objektiver Entwicklungen wieder auf.

Vielleicht aber noch weiter klafft der Riss, wenn auf seinen | Seiten gar nicht entgegengesetzt gerichtete Inhalte stehen, sondern wenn das Objektive durch seine formalen Bestimmungen: der Selbständigkeit und der Massenhaftigkeit – sich seiner Bedeutung für das Subjekt entzieht. Es war doch die Formel der Kultur, dass subjektiv-seelische Energien eine objektive, von dem schöpferischen Lebensprozess fürderhin unabhängige Gestalt gewinnen und diese ihrerseits wieder in subjektive Lebensprozesse in einer Weise hineingezogen wird, die dessen Träger zur abgerundeten Vollendung seines zentralen Seins bringt. Diese Strömung von Subjekten durch Objekte zu Subjekten, in der ein metaphysisches Verhältnis zwischen Subjekt und Objekt historische Wirklichkeit annimmt, kann nun aber ihre Kontinuität verlieren; das Objekt kann in prinzipiellerer Weise, als es bisher angedeutet war, aus seiner vermittelnden Bedeutung heraustreten und damit die Brücken abbrechen, über die hin sein kultivierender Weg ging. Solche Isolierung und Entfremdung ergreift es zunächst gegenüber den schaffenden Subjekten auf Grund der Arbeitsteilung. Die Gegenstände, die durch die Kooperation vieler Personen hergestellt sind, bilden eine Skala, je nach dem Maße, in dem ihre Einheit auf die einheitliche, gedankenmäßige Intention eines Individuums zurückgeht oder sich ohne solchen bewussten Ursprung von selbst aus den Teilbeiträgen der Kooperierenden hergestellt hat. An dem durch das Letztere bezeichneten Pol steht etwa eine Stadt, die nach keinem zuvor bestehenden Plane, sondern nach den zufälligen Bedürfnissen und Neigungen der Einzelnen gebaut ist und nun doch ein als Ganzes sinnvolles, anschaulich geschlossenes, organisch in sich verbundenes Gebilde ist. Den andern Pol exemplifiziert vielleicht das Produkt einer Fabrik, an dem zwanzig Arbeiter, jeder ohne Kenntnis der andern Teilarbeiten und ihrer Zusammenfügung und ohne Interesse für sie, zusammengewirkt haben – während das Ganze allerdings von einem persönlichen zentralen Willen und Intellekt geleitet ist; oder die Leistung eines Orchesters, in dem der Oboist oder der Paukenschläger keine Ahnung von der Violin- oder Cellostimme haben und die dennoch vom Taktstock des Dirigenten zu einer vollkommenen Wirkungseinheit mit diesen gebracht werden. Zwischen diesen Erschei|nungen mag etwa die Zeitung stehen, deren mindestens äußerliche Einheit in Aspekt und Bedeutung zwar irgendwie auf eine führende Persönlichkeit zurückgeht, aber doch in erheblichem Maße aus gegeneinander zufälligen Beiträgen verschiedenster Art von den verschiedensten, einander ganz fremden Persönlichkeiten erwächst. Der Typus dieser Erscheinungen ist, absolut ausgedrückt, der: durch die Wirksamkeit differenter Personen entsteht ein Kulturobjekt, das als Ganzes, als dastehende und spezifisch wirksame Einheit, *keinen Produzenten hat,* nicht aus einer entsprechenden Einheit eines seelischen Subjektes hervorgegangen ist. Die Elemente haben sich zusammengetan wie nach einer ihnen selbst, als objektiven Wirklichkeiten, innewohnenden Logik und Formungsintention, mit denen ihre Schöpfer sie nicht geladen haben. Die Objektivität des geistigen

Inhaltes, die ihn von allem Aufgenommen- oder Nicht-Aufgenommenwerden unabhängig macht, fällt hier schon auf die Seite seiner Produktion: gleichviel, was die Einzelnen gewollt oder nicht gewollt haben, das fertige Gebilde, rein körperlich realisiert, von keinem Geiste mit seiner jetzt wirksamen Bedeutung gespeist, besitzt sie dennoch und kann sie in den Kulturprozess weitergeben – nur graduell anders, als wenn ein kleines Kind Buchstaben, mit denen es spielt, zufällig zu einem guten Sinn anordnet; dieser Sinn ist in geistiger Objektivität und Konkretheit in ihnen da, aus so völliger Ahnungslosigkeit heraus er auch produziert sei. Genau angesehen aber ist das doch nur ein sehr radikaler Fall eines ganz allgemeinen, auch jene Fälle von Arbeitsteilung übergreifenden menschlich-geistigen Schicksals. Die allermeisten Produkte unseres geistigen Schaffens enthalten innerhalb ihrer Bedeutung eine gewisse Quote, die wir nicht geschaffen haben. Ich meine damit nicht Unoriginalität, vererbte Werte, Abhängigkeit von Vorbildern; denn mit alledem könnte das Werk doch seinem ganzen Inhalt nach aus unserem Bewusstsein geboren sein, wenngleich dies Bewusstsein damit nur weitergäbe, was es *tale quale* empfangen hat. Vielmehr, in den weitaus meisten unserer objektiv sich darbietenden Leistungen ist etwas von Bedeutung enthalten, das von andern Subjekten herausgezogen werden kann, das wir selbst aber nicht hinein|gelegt haben. Nirgends natürlich gilt im absoluten Sinne, überall aber im relativen: Was er webt, das weiß kein Weber. Die fertige Leistung enthält Akzente, Relationen, Werte, rein ihrem Sachbestande nach und gleichgültig dagegen, ob der Schaffende gewusst hat, dass dies der Erfolg seines Schaffens sein wird. Es ist ein ebenso geheimnisvolles wie unbezweifelbares Faktum, dass an ein materielles Gebilde ein geistiger Sinn, objektiv und für jedes Bewusstsein reproduzierbar, gebunden sein kann, den kein Bewusstsein hineingelegt hat, sondern der an der reinen, eigensten Tatsächlichkeit dieser Form haftet. Der Natur gegenüber bietet der analoge Fall kein Problem: kein künstlerischer Wille hat südlichen Gebirgen die Stilreinheit ihres Umrisses oder dem stürmischen Meer seine erschütternde Symbolik verliehen. An allen Geisteswerken aber hat zunächst einmal das rein Naturhafte, insofern es mit solchen Bedeutungsmöglichkeiten ausgestattet ist, dann aber auch der geistige Gehalt seiner Elemente und ihr von selbst sich ergebender Zusammenhang einen Anteil oder kann ihn haben. Die Möglichkeit, einen subjektiven geistigen Inhalt herauszugewinnen, ist als eine nicht weiter beschreibliche objektive Formung, die ihren Ursprung völlig hinter sich gelassen hat, in ihnen investiert. In extremem Beispiel: ein Dichter habe ein Rätsel auf eine bestimmte Lösung hin verfasst; wird ein anderes Lösungswort dafür gefunden, das genauso passend, so sinnvoll, so überraschend ist wie jenes, so ist es eben auch genauso »richtig«, und obgleich es seinem Schöpfungsprozess absolut fernlag, liegt es in dem geschaffenen genauso als ideelle Objektivität wie jenes erste Wort, auf das hin das Rätsel geschaffen wurde. Sobald unser Werk dasteht, hat es nicht nur eine objektive Existenz und ein Eigenleben, die sich von uns gelöst haben, sondern es enthält in diesem Selbst-Sein – wie von Gnaden des objektiven Geistes – Stärken und Schwächen, Bestandteile und Bedeutsamkeiten, an denen wir ganz unschuldig sind und von denen wir selbst oft überrascht werden.

Diese Möglichkeiten und Maße der Selbständigkeit des objektiven Geistes sollen nur deutlich machen, dass er auch da, wo er aus dem Bewusstsein eines subjektiven Geistes erzeugt | ist, nach erfolgter Objektivation eine nun von diesem gelöste Gültigkeit und unabhängige Chance der Re-Subjektivierung besitzt; ebenso wenig freilich braucht diese Chance realisiert zu werden – da ja, in dem obigen Beispiel, das zweite Lösungswort des Rätsels in seiner objektiven Geistigkeit zu Rechte besteht, auch bevor es aufgefunden wurde und auch wenn dies nie geschähe. Diese eigentümliche Beschaffenheit der Kulturinhalte – die bisher für die einzelnen, gleichsam isolierten gilt –, ist das metaphysische Fundament für die verhängnisvolle Selbständigkeit, mit der das Reich der Kulturprodukte wächst und wächst, als triebe eine innere logische Notwendigkeit ein Glied nach dem andern hervor, oft fast beziehungslos zu dem Willen und der Persönlichkeit der Produzenten und wie unberührt von der Frage, von wie vielen Subjekten überhaupt und in welchem Maße von Tiefe und Vollständigkeit es aufgenommen und seiner Kulturbedeutung zugeführt wird. Der »Fetischcharakter«, den Marx den wirtschaftlichen Objekten in der Epoche der Warenproduktion zuspricht, ist nur ein besonders modifizierter Fall dieses allgemeinen Schicksals unserer Kulturinhalte. Diese Inhalte stehen – und mit steigender »Kultur« immer mehr – unter der Paradoxe, dass sie zwar von Subjekten geschaffen und für Subjekte bestimmt sind, aber in der Zwischenform der Objektivität, die sie jenseits und diesseits dieser Instanzen annehmen, einer immanenten Entwicklungslogik folgen und sich damit ihrem Ursprung wie ihrem Zweck entfremden. Es sind nicht etwa physische Notwendigkeiten, die hierbei in Frage kämen, sondern wirklich nur kulturelle, die freilich die physischen Bedingtheiten nicht überspringen können. Aber was die Produkte, als solche des Geistes, hervortreibt, eines scheinbar aus dem andern, ist die kulturelle Logik der Objekte, nicht die naturwissenschaftliche. Hier liegt der verhängnisvolle innere Zwangstrieb aller »Technik«, sobald ihre Ausbildung sie aus der Reichweite des unmittelbaren Verbrauches herausgerückt hat. So kann etwa die industrielle Herstellung mancher Fabrikate die von Nebenprodukten nahelegen, für die eigentlich kein Bedürfnis vorliegt; allein der Zwang, jene einmal geschaffenen Einrichtungen voll auszunutzen, drängt darauf; die technische Reihe | fordert von sich aus, sich durch Glieder zu komplettieren, deren die seelische, eigentlich definitive Reihe nicht bedarf – und so entstehen Angebote von Waren, die erst ihrerseits künstliche und, von der Kultur der Subjekte her gesehen, sinnlose Bedürfnisse wachrufen. In manchen Wissenschaftszweigen ist es nicht anders. Die philologische Technik etwa ist einerseits zu einer unübertrefflichen Feinheit und methodischen Vollkommenheit entwickelt, andrerseits wachsen die Gegenstände, die so zu bearbeiten ein wirkliches Interesse der geistigen Kultur ist, nicht sehr schnell nach, und so wird die philologische Bemühung vielfach zu einer Mikrologie, einem Pedantismus und einer Bearbeitung des Unwesentlichen – gleichsam ein Leergang der Methode, ein Weitergehen der sachlichen Norm, deren selbständiger Weg nicht mehr mit dem der Kultur als einer Lebensvollendung zusammenfällt. In vielen Wissenschaftsbezirken erwächst auf diese Weise das, was man das überflüssige Wissen nennen kann – eine Summe methodisch tadelloser, von dem abstrakten Wissensbegriff her nicht angreifbarer Erkenntnisse, die dennoch dem eigentlichen Zwecksinn aller Forschung entfremdet sind; womit ich selbstverständlich keinen äußerlichen Zweck, sondern den idealen und kulturellen meine. Das ungeheure, auch durch ökonomische Gunst getragene Angebot von Kräften, die zu geistiger Produktion gewillt, oft auch begabt sind, hat zu einer Eigenwertung *jeglicher* wissenschaftlicher Arbeit geführt, deren Wert eben vielfach nur eine Konvention, beinahe eine Verschwörung der Gelehrtenkaste ist, zu einer unheimlich fruchtbaren Inzucht des wissenschaftlichen Geistes, deren Erzeugnisse dennoch im innerlichen Sinne, wie in dem des Weiterwirkens, unfruchtbar sind. Hier gründet sich der Fetischdienst, der seit längerer Zeit mit der »Methode« getrieben wird – als sei eine Leistung schon allein durch die Korrektheit ihrer Methode wertvoll; dies ist das sehr kluge Mittel für Legitimation und Schätzung unbegrenzt vieler Arbeiten, die von dem noch so weitherzig gefassten Sinn und Zusammenhang der Erkenntnisentwicklung abgeschnürt sind. Natürlich liegt der Einwand nahe, dass auch durch die scheinbar unwesentlichsten Untersuchungen jene Entwicklung manchmal aufs überra|schendste gefördert worden ist. Das sind Zufallschancen, wie sie auf jedem Gebiet vorkommen, die uns aber nicht verhindern können, einem Tun sein Recht und seinen Wert nach unserer zurzeit bestehenden – wenngleich eben nicht allwissenden – Vernünftigkeit zu- oder abzusprechen. Niemand würde es für sinnvoll halten, irgendwo in der Welt aufs Geratewohl nach Kohlen oder Petroleum zu bohren, so unleugbar die Möglichkeit ist, dass er dabei wirklich etwas findet. Es gibt eben eine gewisse Wahrscheinlichkeitsschwelle für die Nützlichkeit wissenschaftlicher Arbeiten, die in einem unter tausend Fällen sich freilich als irrig gesetzt zeigen mag, daraufhin aber noch lange nicht den Aufwand für die 999 ins Leere fallenden Bemühungen rechtfertigt. Dies ist kulturgeschichtlich betrachtet auch nur eine Partikularerscheinung jenes Hinüberwachsens der Kulturinhalte in einen Boden, in dem andere Kräfte und Zwecke als die kulturell sinnvollen sie treiben und aufnehmen und in dem sie unvermeidlich oft taube Blüten erzeugen. Es ist das gleiche letzte Formmotiv, wenn in der Kunstentwicklung das technische Können groß genug wird, um sich von dem Dienst an dem kulturellen Gesamtzweck der Kunst zu emanzipieren. Jetzt nur noch der eigenen Sachlogik gehorsam, entfaltet die Technik Verfeinerung auf Verfeinerung, die indes nur noch *ihre* Vervollkommnungen sind, aber nicht mehr solche des kulturellen Sinnes der Kunst. Die ganze übermäßige Spezialisierung, die heute auf allen Arbeitsgebieten beklagt wird und doch deren Fortentwicklung wie mit dämonischer Unerbittlichkeit unter ihr Gesetz zwingt, ist nur eine Sondergestaltung jenes allgemeinen Verhängnisses der Kulturelemente: dass die Objekte eine eigene Logik ihrer Entwicklung haben – keine begriffliche, keine naturhafte, sondern nur ihrer Entwicklung als kultureller Menschenwerke – und in deren Konsequenz von der Richtung abbiegen, mit der sie sich der personalen Entwicklung menschlicher Seelen einfügen könnten. Darum ist diese Diskrepanz keineswegs mit der oft hervorgehobenen identisch: mit dem Auswachsen der Mittel zu dem Wert von Endzwecken, wie vorgeschrittene Kulturen es auf Schritt und Tritt zeigen. Denn dies ist etwas rein Psychologisches, eine Akzentuierung aus seelischen Zufälligkei|ten oder Notwendigkeiten heraus und ohne jede feste Beziehung zu dem sachlichen Zusammenhang der Dinge. Hier aber handelt es sich gerade um diesen, um die immanente Logik der Kulturformungen der Dinge; der Mensch wird jetzt der bloße Träger des Zwanges, mit dem diese Logik die Entwicklungen beherrscht und sie wie in der *Tangente* der Bahn weiterführt, in der sie wieder in die Kulturentwicklung des lebendigen Menschen zurückkehren würden. Dies ist die eigentliche Tragödie der Kultur. Denn als ein tragisches Verhängnis – im Unterschied gegen ein trauriges oder von außen her zerstörendes – bezeichnen wir doch wohl dies: dass die gegen ein Wesen gerichteten vernichtenden Kräfte aus den tiefsten Schichten eben dieses Wesens selbst entspringen; dass sich mit seiner Zerstörung ein Schicksal vollzieht, das in ihm selbst angelegt und sozusagen die logische Entwicklung eben der Struktur ist, mit der das Wesen seine eigene Positivität aufgebaut hat. Es ist der Begriff aller Kultur, dass der Geist ein selbständig Objektives schaffe, durch das hin die Entwicklung des Subjektes von sich selbst zu sich selbst ihren Weg nehme; aber eben damit ist jenes integrierende, kulturbedingende Element zu einer Eigenentwicklung prädeterminiert, die noch immer Kräfte der Subjekte verbraucht, noch immer Subjekte in ihre Bahn reißt, ohne doch diese damit zu der Höhe ihrer selbst zu führen: die Entwicklung der Subjekte kann jetzt nicht mehr den Weg gehen, den die der Objekte nimmt; diesem Letzteren dennoch folgend, verläuft sie sich in einer Sackgasse oder in einer Entleertheit von innerstem und eigenstem Leben.

In noch positiverer Weise aber setzt die Kulturentwicklung das Subjekt außerhalb ihrer selbst durch die schon angedeutete Form- und Grenzenlosigkeit, die dem objektiven Geist durch die numerische Unbeschränktheit seiner Produzenten kommt. Zu dem Vorrat der objektivierten Kulturinhalte kann ein jeder ohne irgendwelche Rücksicht auf die anderen Kontribuenten beisteuern; dieser Vorrat hat in den einzelnen Kulturepochen wohl eine bestimmte Färbung, also von innen her eine Qualitätsgrenze, aber nicht ebenso eine Quantitätsgrenze, er hat gar keinen Grund, sich nicht ins Unendliche zu vermehren, nicht Buch an Buch, Kunstwerk an Kunstwerk, Erfindung an Erfin|dung zu reihen: die Form der Objektivität als solcher besitzt eine schrankenlose Erfüllungskapazität. Mit dieser sozusagen unorganischen Anhäufbarkeit aber wird sie der Form des persönlichen Lebens im Tiefsten inkommensurabel. Denn dessen Aufnahmefähigkeit ist nicht nur nach Kraft und Lebensdauer begrenzt, sondern durch eine gewisse Einheit und relative Geschlossenheit seiner Form, und es trifft deshalb eine Auswahl mit determiniertem Spielraum unter den Inhalten, die sich ihm als Mittel seiner individuellen Entwicklung anbieten. Nun brauchte scheinbar für das Individuum diese Inkommensurabilität nicht praktisch zu werden, indem es beiseiteliegen lässt, was seine Eigenentwicklung sich nicht assimilieren kann. Allein so einfach gelingt das nicht. Der ins Unabsehbare wachsende Vorrat des objektivierten Geistes stellt Ansprüche an das Subjekt, weckt Velleitäten in ihm, schlägt es mit Gefühlen von eigener Unzulänglichkeit und Hilflosigkeit, spinnt es in Gesamtverhältnisse, deren Ganzheit es sich nicht entziehen kann, ohne doch ihre Einzelinhalte bewältigen zu können. So entsteht die typische problematische Lage des modernen Menschen: das Gefühl, von einer Unzahl von Kulturelementen umgeben zu sein, die für ihn nicht bedeutungslos sind, aber im tiefsten Grunde auch nicht bedeutungsvoll; die als Masse etwas Erdrückendes haben, weil er nicht alles Einzelne innerlich assimilieren, es aber auch nicht einfach ablehnen kann, da es sozusagen potentiell in die Sphäre seiner kulturellen Entwicklung gehört. Man könnte dies mit der genauen Umkehrung des Wortes charakterisieren, das die ersten Franziskaner in ihrer seligen Armut bezeichnete, in ihrer absoluten Befreitheit von allen Dingen, die irgendwie noch den Weg der Seele durch sich hindurchleiten und zu einem indirekten machen wollten: *Nihil habentes, omnia possidentes* – stattdessen sind die Menschen sehr reicher und überladener Kulturen *omnia habentes, nihil possidentes.*

Diese Erfahrungen mögen schon in vielerlei Formen ausgesprochen sein[1]; worauf es hier ankommt, ist ihre tiefe Ver|wurzeltheit in dem Zentrum des Kulturbegriffes. Der ganze Reichtum, den dieser Begriff realisiert, beruht darin: dass objektive Gebilde, ohne ihre Objektivität zu verlieren, in den Vollendungsprozess von Subjekten als dessen Weg oder Mittel einbezogen werden. Ob, vom Subjekt aus gesehen, die höchste Art seiner Vollendung so erreicht wird, bleibe dahingestellt; für die metaphysische Absicht aber, die das Prinzip des Subjekts und das des Objekts als solches in eines zu bringen sucht, liegt hier eine der äußersten Garantien dagegen, sich nicht selbst als Illusion erkennen zu müssen. Die metaphysische Frage findet damit eine historische Antwort. In den Kulturgebilden hat der Geist eine Objektivität erlangt, die ihn von allem Zufall subjektiver Reproduktion unabhängig und zugleich dem zentralen Zweck subjektiver Vollendung dienstbar macht. Während die metaphysischen Antworten auf jene Frage sie eigentlich abzuschneiden pflegen, indem sie den Subjekt-Objekt-Gegensatz irgendwie als nichtig zeigen, hält die Kultur gerade an dem vollen Gegenüber der Parteien fest, an der übersubjektiven Logik der geistgeformten Dinge, an der entlang das Subjekt sich über sich selbst zu sich selbst erhebt. Die Grundfähigkeit des Geistes: sich von sich selbst lösen zu können, sich gegenüberzutreten wie einem Dritten, gestaltend, erkennend, wertend, und erst in dieser Form das Bewusstsein seiner selbst zu gewinnen – hat mit der Tatsache der Kultur gleichsam ihren weitesten Radius erreicht, hat das Objekt am energischsten gegen das Subjekt gespannt, um es wieder in dieses zurückzuführen. Aber eben an dieser eigenen Logik des Objektes, von der das Subjekt sich als ein in sich selbst und sich selbst gemäß vollkommeneres zurückgewinnt, bricht dieses Ineinander der Parteien entzwei. Was diese Blätter schon früh hervorhoben:

[1] Ich habe sie in meiner »Philosophie des Geldes« für eine größere Anzahl historisch konkreter Gebiete ausgeführt.

dass der Schaffende nicht an den Kulturwert, sondern nur an die Sachbedeutung des Werkes, die von dessen eigener Idee umschrieben ist, zu denken pflege – dies gleitet mit den unmerklichen Übergängen einer rein sachlichen Entwicklungslogik in die Karikatur: in ein vom Leben abgeschnürtes Spezialistentum über, in den Selbstgenuss einer Technik, die den Weg zu den Subjekten nicht mehr zurückfindet. Eben diese Objektivität ermöglicht die Arbeitstei|lung, die in dem einzelnen Produkte die Energien eines ganzen Komplexes von Persönlichkeiten sammelt, unbekümmert darum, ob ein Subjekt das darin investierte Quantum von Geist und Leben zu seiner eigenen Förderung wieder herausentwickeln kann oder ob nur ein äußerlich peripherisches Bedürfnis damit befriedigt wird. Hier liegt der tiefe Grund des Ruskinschen Ideales, alle Fabrikarbeit durch kunstmäßige Arbeit der Individuen zu ersetzen. Die Arbeitsteilung löst das Produkt als solches von jedem Einzelnen der Kontribuenten los, es steht in einer selbständigen Objektivität da, die es zwar geeignet macht, sich einer Ordnung der Sachen einzufügen oder einem sachlich bestimmten Einzelzweck zu dienen; aber damit entgeht ihm jene innere Durchseeltheit, die nur der ganze Mensch dem ganzen Werk geben kann und die seine Einfügung in die seelische Zentralität anderer Subjekte trägt. Deshalb ist das Kunstwerk ein so unermesslicher Kulturwert, weil es aller Arbeitsteilung unzugängig ist, d.h. weil hier (mindestens in dem jetzt wesentlichen Sinne und von metaästhetischen Deutungen abgesehen) das Geschaffene den Schöpfer aufs innigste bewahrt. Was bei Ruskin als Kulturhass erscheinen könnte, ist in Wirklichkeit Kulturleidenschaft: sie geht auf Rückgängigmachung der Arbeitsteilung, die den Kulturinhalt subjektlos macht, ihm eine entseelte Objektivität gibt, mit der er sich aus dem eigentlichen Kulturprozess herausreißt. Und dann offenbarte sich die tragische Entwicklung, die die Kultur an die Objektivität von Inhalten bindet, die Inhalte aber gerade durch ihre Objektivität schließlich einer Eigenlogik überantwortet und der kulturellen

Assimilation durch Subjekte entzieht – diese offenbarte sich endlich an der beliebigen Vermehrbarkeit der Inhalte des objektiven Geistes. Da die Kultur für ihre Inhalte keine konkrete Formeinheit besitzt, jeder Schaffende vielmehr sein Produkt neben das des andern wie in den grenzenlosen Raum stellt, so erwächst jene Massenhaftigkeit von Dingen, deren jedes mit einem gewissen Recht Anspruch auf Kulturwert macht und auch einen Wunsch, es so zu verwerten, in uns anklingen lässt. Die Formlosigkeit des objektivierten Geistes als Ganzheit gestattet ihm ein Entwicklungstempo, hinter dem das des subjektiven Geistes in | einem rapid wachsenden Abstand zurückbleiben muss. Aber der subjektive Geist weiß eben die Geschlossenheit seiner Form nicht völlig gegen die Berührungen, Versuchungen, Verbiegungen durch all jene »Dinge« zu bewahren; die Übermacht des Objekts über das Subjekt, im Allgemeinen durch den Weltlauf realisiert, in der Kultur zu glücklichem Gleichgewicht aufgehoben, wird nun innerhalb ihrer durch die Grenzenlosigkeit des objektiven Geistes wieder spürbar. Was man als die Behangenheit und Überladung unseres Lebens mit tausend Überflüssigkeiten beklagt, von denen wir uns doch nicht befreien können, als das fortwährende »Angeregtsein« des Kulturmenschen, den all dies doch nicht zu eigenem Schöpfertum anregt, als das bloße Kennen oder Genießen von tausend Dingen, die unsere Entwicklung nicht in sich einbeziehen kann und die als Ballast in ihr liegen bleiben – all diese oft formulierten spezifischen Kulturleiden sind nichts anderes als die Phänomene jener Emanzipation des objektivierten Geistes. Dass diese besteht, bedeutet eben, dass die Kulturinhalte schließlich einer von ihrem *Kulturzweck* unabhängigen und von ihm immer weiter abführenden Logik folgen, ohne dass doch der Weg des Subjektes von all diesem, qualitativ und quantitativ unangemessen Gewordenen, entlastet wäre. Vielmehr, da dieser Weg, als kultureller, durch das Selbständig- und Objektivwerden der seelischen Inhalte bedingt ist, so entsteht die tragische Situation, dass die Kultur eigentlich schon in ihrem ersten Daseinsmomente diejenige Form ihrer Inhalte in sich birgt, die ihr inneres Wesen: den Weg der Seele von sich als der unvollendeten zu sich selbst als der vollendeten – wie durch eine immanente Unvermeidlichkeit abzulenken, zu belasten, ratlos und zwiespältig zu machen bestimmt ist.

Das große Unternehmen des Geistes, das Objekt als solches dadurch zu überwinden, dass er sich selbst als Objekt schafft, um mit der Bereicherung durch diese Schöpfung zu sich selbst zurückzukehren, gelingt unzählige Male; aber er muss diese Selbstvollendung mit der tragischen Chance bezahlen, in der sie bedingenden Eigengesetzlichkeit der von ihm selbst geschaffenen Welt eine Logik und Dynamik sich erzeugen zu | sehen, die die Inhalte der Kultur mit immer gesteigerter Beschleunigung und immer weiterem Abstand von dem Zwecke der Kultur abführt.

Weibliche Kultur

Man kann Kultur als die Vervollkommnung von Individuen ansehen, die vermöge des in der geschichtlichen Gattungsarbeit objektivierten Geistes gewonnen wird. Dadurch, dass die Einheit und Ganzheit des subjektiven Wesens sich durch die Aneignung jener objektiven Werte vollendet: der Sitte und der Erkenntnis, der Kunst und der Religion, der sozialen Gestaltungen und der Ausdrucksformen des Inneren – erscheint es als kultiviert. So ist Kultur eine einzigartige Synthese des subjektiven und des objektiven Geistes, deren letzter Sinn freilich nur in der Vervollkommnung der Individuen liegen kann. Allein, da diesem Vervollkommnungsprozess die Inhalte des objektiven Geistes erst als selbständige, von dem Schaffenden wie von dem Aufnehmenden gelöste, gegenüberstehen müssen, um dann als seine Mittel oder Stationen in ihn einbezogen zu werden, so mag man diese Inhalte: all das Ausgesprochene und Geformte, das ideell Bestehende und real Wirksame, dessen Komplex den Kulturbesitz einer Zeit ausmacht, als deren »objektive Kultur« bezeichnen. Von ihrer Feststellung unterscheiden wir das Problem: in welchem Maße, nach Ausdehnung und Intensität, die Individuen an jenen Inhalten teilhaben – als das Problem der »subjektiven Kultur«. Vom Standpunkt der Wirklichkeit wie von dem des Wertes aus sind beide Begriffe gegeneinander sehr selbständig. Von einer hochentwickelten objektiven Kultur ist vielleicht die große Masse der in Frage kommenden Persönlichkeiten ausgeschlossen; während umgekehrt an einer relativ primitiven Kultur eben diese Masse so teilhaben kann, dass die subjektive Kultur eine relativ außerordentliche Höhe gewinnt. Und entsprechend variiert das Werturteil: der rein individualistisch und vor allem der rein sozial Gesonnene wird alle Bedeutung der Kultur daran knüpfen, wie viele Menschen und in welchem Umfang sie an ihr teilhaben, wie viel Ausbildung und Glück, wie viel Schönheit und Sittlichkeit das im Individuum realisierte Leben aus ihr zieht. Andre aber, denen nicht nur der Nutzen der Dinge, sondern | die Dinge selbst, nicht nur der unruhige Strom des Tuns und Genießens und Leidens, sondern der zeitlose Sinn geistgeprägter Formen am Herzen liegt, werden gerade nur nach der Ausbildung der objektiven Kultur fragen und sich darauf berufen, dass der sachliche Wert eines Kunstwerkes, einer Erkenntnis, einer religiösen Idee, ja sogar der eines Rechtssatzes oder einer sittlichen Norm ganz unberührt davon ist, wie oft oder wie selten die zufälligen Wege der Lebenswirklichkeit all dieses in sich aufnehmen.

An dem Scheideweg dieser beiden Linien trennen sich auch die beiden Wertfragen, die die moderne Frauenbewegung aufwirft. Ihre Entstehung schien sie ganz in die Richtung der subjektiven Kultur zu bannen. Indem die Frauen zu den Lebens- und Leistungsformen der Männer übergehen wollten, handelte es sich für sie um den persönlichen Anteil an schon bestehenden, ihnen nur bisher versagten Kulturgütern – mochten diese ihnen nun neues Glück, neue Pflichten oder neue Persönlichkeitsbildung gewähren sollen; immer nur für einzelne Menschen, und mochten es noch so viele Millionen der Gegenwart wie der Zukunft sein, wird hier gerungen, nicht um etwas, das an sich über alles Einzelne und Persönliche hinausginge. Ein Wievielmal der Werte steht in Frage, nicht das Schaffen von objektiv neuen. Auf dieser Richtung ruhen vielleicht alle eudämonistischen, ethischen, sozialen Akzente der Frauenbewegung. Aber doch verschwindet vor ihr nicht die andre, viel abstraktere, von viel weniger dringender Not erzeugte: ob sich aus dieser Bewegung qualitativ neue Gebilde, eine Vermehrung des sachlichen Kulturgehalts erheben werde? Nicht nur Multiplikationen des Bestehenden, nicht nur ein Nachschaffen, sondern ein Schaffen? Mag die Frauenbewegung, gemäß der

Meinung ihrer Anhänger, die subjektive Kultur unabsehbar steigern, oder mag sie diese, wie ihre Gegner prophezeien, mit Herabsetzung bedrohen: von dem einen wie von dem anderen Fall wäre der Gewinn an Inhalten objektiver Kultur durch die Frauenbewegung unabhängig, nach dessen Chancen hier gefragt werden soll; oder, genauer, nach der *Basis* dieser Chancen, den prinzipiellen Verhältnissen des weiblichen Wesens zu der objektiven Kultur. |

Hier gilt es nun zunächst die Tatsache festzustellen, dass die Kultur der Menschheit auch ihren reinen Sachgehalten nach sozusagen nichts Geschlechtsloses ist und durch ihre Objektivität keineswegs in ein Jenseits von Mann und Weib gestellt wird. Vielmehr, unsre objektive Kultur ist, mit Ausnahme ganz weniger Gebiete, durchaus männlich. Männer haben die Kunst und die Industrie, die Wissenschaft und den Handel, den Staat und die Religion geschaffen. Dass man an eine nicht nach Mann und Weib fragende, rein »menschliche« Kultur glaubt, entstammt demselben Grunde, aus dem eben sie nicht besteht: der sozusagen naiven Identifizierung von »Mensch« und »Mann«, die auch in vielen Sprachen für beide Begriffe das gleiche Wort setzen lässt. Ich lasse für jetzt dahingestellt, ob dieser maskuline Charakter der Sachelemente unserer Kultur aus dem inneren Wesen der Geschlechter hervorgegangen ist oder nur einem mit der Kulturfrage eigentlich nicht verbundenen Kraft-Übergewicht der Männer. Jedenfalls ist er die Veranlassung, weshalb unzulängliche Leistungen der verschiedensten Gebiete als »feminin« deklassiert und hervorragende weibliche Leistungen als »ganz männlich« gerühmt werden. Darum wendet sich die Art, nicht nur das Maß, unserer Kulturarbeit an spezifisch männliche Energien, männliche Gefühle, männliche Intellektualität – was für die ganze Breite der Kultur, namentlich in jenen Schichten wichtig wird, die man als die der Halb-Produktivität bezeichnen kann; wo nicht ein Neues wie an einem ersten Tage aus dem geistigen Schöpfungsgrunde heraufgeholt wird, aber auch keine mechanische

Wiederholung genau vorgezeichneter Muster geschieht, sondern ein gewisses Mittleres. Die kulturgeschichtliche Betrachtung hat diese für den feineren Bau der Gesellschaft unendlich wichtige Besonderheit noch nicht hinreichend untersucht. In weiten Bezirken von Technik und Handel, von Wissenschaft und Kriegswesen, von Schriftstellertum und Kunst werden unzählige Leistungen von sozusagen sekundärer Originalität gefordert, Leistungen, die innerhalb gegebener Formen und Voraussetzungen nun doch wieder Initiative, Eigenart, Schaffenskraft enthalten. Und gerade hier ist die Beanspruchung spezifisch männlicher Kräfte evident, da jene Formen und | Voraussetzungen aus männlichem Geiste stammen und dessen Charakter auch jenen gleichsam epigonalen Leistungen vererben.

Ich greife nur ein Beispiel dieses maskulinen Wesens scheinbar völlig neutraler Kulturinhalte heraus. Man betont häufig die »Rechtsfremdheit« der Frauen, ihre Opposition gegen juristische Normen und Urteile. Allein dies braucht keineswegs eine Fremdheit gegen das Recht überhaupt zu bedeuten, sondern nur gegen das *männliche* Recht, das wir allein haben und das uns deshalb als das Recht schlechthin erscheint – wie uns die historisch bestimmte, durch Zeit und Ort individualisierte Moral, die wir haben, den Begriff der Moral überhaupt zu erfüllen scheint. Das vielfach vom männlichen abweichende »Gerechtigkeitsgefühl« der Frauen würde auch ein anderes Recht schaffen. Denn alle logische Problematik jenes Gefühls darf nicht verbergen, dass Gesetzgebung wie Rechtsprechung letzten Endes auf einer nur so zu bezeichnenden Basis ruhen. Bestände ein objektiv festgestellter Endzweck alles Rechtes, so wäre freilich auf ihn hin jede einzelne Rechtsbestimmung prinzipiell auf rein rationalem Wege konstruierbar; allein auch er wäre seinerseits nur durch eine überlogische Tat zu setzen, die nichts als eine andre Form des »Gerechtigkeitsgefühles«, seine Kristallisierung zu einem festen, logischen Sondergebilde wäre. Da es aber zu diesem nicht gekommen ist, so bleibt das

Gerechtigkeitsgefühl in seinem gleichsam flüssigen Zustand, in dem es sich jeder einzelnen Bestimmung und Entscheidung wirksam und lenkend beimischt, wie in fast allen Zellen auch des völlig gegliederten Tierkörpers sich noch irgendein Quantum des undifferenzierten Protoplasmas findet. Jedes in sich bestimmte, durchgehende Rechtsgefühl würde also ein Recht ergeben und ein auf diese Weise aus dem spezifisch weiblichen Rechtsgefühl entsprungenes würde nur deshalb nicht als sachlich gültiges »Recht« anerkannt werden können, weil das Sachliche a priori mit dem Männlichen identifiziert wird. Dass aber die Sachgehalte unserer Kultur statt ihres anscheinend neutralen Charakters in Wirklichkeit einen männlichen tragen, gründet sich in einer vielgliedrigen Verwebung historischer und psychologischer Motive. Die Kultur, letzten Endes ein | Zustand von Subjekten, nimmt nicht nur ihren Weg durch die Objektivationen des Geistes, sondern, mit dem Vorrücken jeder ihrer großen Perioden, verbreitert sich dieser Umkreis des Sachlichen immer mehr, die Individuen verweilen mit ihren Interessen, ihrer Entwicklung, ihrer Produktivität immer länger auf diesem Durchgangsgebiet; die objektive Kultur erscheint schließlich als die Kultur überhaupt und ihre Ausmündung in Subjekten nicht mehr als ihr Ziel und Sinn, sondern als deren eigentlich irrelevante Privatangelegenheit. Die Entwicklungsbeschleunigung ergreift mehr die Dinge als die Menschen und die »Trennung des Arbeiters von seinen Arbeitsmitteln« erscheint nur als ein sehr spezieller ökonomischer Fall der allgemeinen Tendenz, den Aktions- und Wertakzent der Kultur vom Menschen weg auf die Vervollkommnung und selbstgenugsame Entwicklung des Objektiven zu rücken. Diese keines Beweises bedürftige Versachlichung unserer Kultur steht nun in engster Wechselwirkung mit ihrem anderen hervorstechendsten Zuge: mit ihrer Spezialisierung. Je mehr der Mensch statt eines Ganzen nur ein unselbständiges, für sich bedeutungsloses Stück eines solchen herstellt, desto weniger kann er das einheitliche Ganze seiner Persönlichkeit in sein

Werk übertragen oder es in diesem erblicken: zwischen der Geschlossenheit der Leistung und der des Leistenden besteht ein durchgängiger Zusammenhang, wie er sich am bedeutsamsten am Kunstwerk zeigt, dessen eigne, selbstgenugsame Einheit einen einheitlichen Schöpfer fordert und sich unbedingt gegen jede Zusammensetzung aus differentiellen Spezialleistungen sträubt. Wo diese Letzteren vorliegen, ist das Subjekt als solches aus ihnen gelöst, das Arbeitsergebnis wird einem unpersönlichen Zusammenhang eingeordnet, dessen objektiven Forderungen es sich zu fügen hat und das jedem der Beitragenden als ein von ihm nicht umfasstes, ihn selbst nicht widerspiegelndes Ganzes gegenübersteht. Hätte in unserer Kultur nicht das Sachelement eine so entschiedene Prärogative vor dem Personalelement, so wäre die moderne Arbeitsteilung gar nicht durchzuführen, und umgekehrt, bestände diese Arbeitsteilung nicht, so könnte es nicht zu jenem objektivischen Charakter unserer Kulturinhalte kommen. Arbeitsteilung aber | ist, wie die ganze Geschichte der Arbeit zeigt, offenbar dem männlichen Wesen unvergleichlich viel adäquater als dem weiblichen. Noch heute, wo gerade sie dem Haushalt eine große Anzahl differenter Aufgaben, die früher in seiner Einheit erfüllt wurden, entzogen hat, ist die Tätigkeit der Hausfrau eine mannigfaltigere, weniger spezialistisch festgelegte als irgendein männlicher Beruf. Es scheint, als könne der Mann seine Kraft eher in eine einseitig festgelegte Richtung fließen lassen, ohne seine Persönlichkeit dadurch zu gefährden, und sogar gerade, weil er diese differenzierte Tätigkeit unter rein objektivem Aspekt empfindet, als ein von seinem subjektiven Leben Gelöstes, das sich von dessen gleichsam privater Existenz reinlich differenziert, und zwar eigentümlicher- und begrifflich schlecht ausdrückbarerweise auch dann, wenn er dieser objektiven und spezialistischen Aufgabe mit ganzer Intensität hingegeben ist. Diese männliche Fähigkeit, sich durch eine arbeitsteilige, keine seelische Einheit in sich tragende Leistung gerade deshalb sein persönliches Sein nicht zerreißen zu lassen, weil er die Leistung in die Distanz der Objektivität stellt – gerade diese scheint der weiblichen Natur zu mangeln; nicht im Sinn einer Lücke, sondern so, dass dieses hier als Manko Ausgedrückte durchaus dem Positiven dieser Natur entspringt. Denn wenn deren seelische Besonderheit überhaupt mit einem Symbol auszusprechen ist, so ist es dieses: dass ihre Peripherie enger mit ihrem Zentrum verbunden ist, die Teile mehr mit dem Ganzen solidarisch sind als in der männlichen Natur. Hier findet die Einzelbewährung nicht die Sonderentwicklung und Sonderung von dem Ich mit seinen Gefühls- und Gemütszentren, die die Leistung in das Objektive rückt und dadurch ihre entseelte Spezialistik mit einer vollen, beseelt persönlichen Existenz verträglich macht (ohne dass es freilich an männlichen Erscheinungen fehlte, in denen die Letztere zugunsten der Ersteren verkümmert).

Hier tritt die große und differenzierte Bedeutung des Entwicklungsbegriffs für die ganze männlich-weibliche Kulturfrage hervor. Das unruhig aktive, zur Bewährung in und an einem Außer-Sich drängende Wesen des Mannes gibt dem Entwicklungsprinzip für ihn eine von vornherein entschei|dende Macht. Sowenig dies Prinzip sich etwa nur als Entfaltung ins Extensive verwirklicht, so wird es doch für ein in sich weniger differenziertes, in seiner Geschlossenheit befriedigteres Wesen von geringerer Bedeutung sein als für das männliche. Tatsächlich scheint nach allgemeiner Meinung den Frauen eine gewisse »Unentwickeltheit« anzuhaften, auf die hin Schopenhauer sie »zeitlebens große Kinder« nannte. Während dies für die Antifeministen aller Schattierungen eine Unabänderlichkeit ist, die das weibliche Geschlecht von dem höheren und ganzen Menschentum ausschlösse, stützt sich die Frauenbewegung darauf, dass hier wirklich eine bloße Unentwickeltheit vorläge, eine Latenz von Kräften und Möglichkeiten, die sich, wenn ihnen nur Spielraum und Anregung gegeben würde, in volle Aktualität umsetzen könnten und also auch sollten. In die Tiefe des Problems scheinen mir beide Parteien damit nicht einzudringen; trotz ihrer Entgegengesetztheit sind beide Schlussweisen falsch, weil sie auf einem ganz unvollkommenen Begriff des Entwicklungswertes ruhen. Sie fassen ihn beide im Sinne organischer Naturhaftigkeit. Aber sie können ihm ihre Konsequenzen nur dadurch entlocken, dass sie in ihn hineintragen, was er gerade im reinen Natursinne nicht besitzt: den höheren Rang, das wertmäßig Fortgeschrittene der späteren und differenzierteren Stufe gegenüber der früheren und die Setzung eines mehr oder weniger genau fixierten Stadiums als Entwicklungshöhe, dessen Erreichtheit oder Entferntheit den andern Stadien ihren Wert bestimmt. Populärerweise freilich erscheint die Frucht als das wertmäßig Höhere, irgendwie Abschließende gegenüber der Blüte, gewissermaßen als ihr Endzweck, sosehr jede Besinnung auf den objektiven Naturlauf sie natürlich als ein Durchgangsstadium der Entwicklung zeigt; nur durch die sehr menschliche Betonung daraufhin, dass man sie essen kann, die Blüte aber nicht, vor dieser einen teleologischen Vorrang behauptend. Nehme man also wirklich an, die Entwicklung der Menschheit sei mit ihrem weiblichen Zweige auf einer früheren Stufe stehen geblieben als mit ihrem männlichen, so ist es eine völlig willkürliche Behauptung: sie erreiche ihre Vollendung erst mit dem Vorschreiten zum männlichen Stadium. | Vielmehr, ein jedes Entwicklungsstadium hat in sich, als dieses bestimmte, seine Norm, an der sich der Grad seiner Vollendung misst, und rangiert diese Norm nicht ihrerseits wieder unter ein anderes Stadium, bloß weil dieses ein späteres und irgendwie verändertes ist. Nun steht es natürlich jedem frei, das eine Stadium höher zu schätzen als das andere – obgleich ein Wertvergleich zwischen Wesensarten, deren jede nach ihrem ihr allein eigenen Ideal beurteilt sein will und die keinen irgendwie sicheren Generalnenner besitzen, immer etwas Missliches hat. Immerhin, macht man von jener Freiheit des Wertens Gebrauch, so geschehe es mit dem Bewusstsein seiner vollen Subjektivität und der Unmöglichkeit, es aus einer angeblichen Logik des Entwicklungsbegriffes zu rechtfertigen, dessen Objektivität überhaupt keine Wertunterschiede seiner Stadien kennt.

Diese irrige Teleologie wird durch gewisse Ausdrücke begünstigt, deren Kritik die Problemlage noch in ihren tieferen Schichten durchleuchtet. Man hat nicht nur sehr früh, aus einem metaphysischen Entwicklungsbegriff heraus, die Frau als die »Möglichkeit« bezeichnet, zu der erst der Mann die »Wirklichkeit« sei; sondern, in der psychologischen Linie der Frau selbst verbleibend, scheint ihr Wesen so viel unverwirklichte Möglichkeiten, uneingelöste Versprechungen, gebundene Spannkräfte zu enthalten, dass mit deren Entwicklung zur Aktivität erst dies Wesen zu seiner Bestimmung käme, seine Werte und Leistungen erst ganz offenbaren würde. War der obige Gedankengang mehr Sache der Antifeministen, so weist dieser auf die Emanzipation hin, ohne indes einen jenem ersteren verwandten Fehlschluss zu vermeiden. Denn keinerlei Logik oder Empirie verbietet es, dass vielleicht das Optimum des weiblichen Wesens gerade an den Latenzzustand gewisser Kräfte geknüpft ist. Auch in diesem sind sie ja nicht gleich Null, und es ist ein naiver Dogmatismus, dass alle Kräfte, alle Potentialitäten erst dann ihren wertvollsten Beitrag zu der subjektiven und objektiven Existenz gäben, wenn sie sich in dem Stadium, das wir volle Entwicklung nennen, befinden. Die »Möglichkeiten« eines Wesens sind doch keine ungreifbar über ihm schwebenden Prophezeiungen einer einmal eintre|tenden Aktualität, sondern schon jetzt etwas durchaus Positives, eine charakteristische Gegenwart, die keineswegs nur in der Anwartschaft auf eine andere, zukünftige Formung besteht. Und nun könnte es durchaus sein, dass der Zustand eines Wesens, der von einem vorwegnehmenden Standpunkt aus Potentialität heißt, tatsächlich aber doch schon selbst ein Wirkliches ist, für dieses Wesen der Höhepunkt und der denkbar vollkommenste Ausdruck seines Seins überhaupt ist. Unplausibel erscheint dies nur von der schlechten Gewohnheit her, die Fähigkeiten eines Menschen, intellektuelle oder nur dynamische, schöpferische oder gefühlshafte oder welche immer, wie isolierte Selbständigkeiten anzusehen, zwischen ihrem Anfang und ihrem Ende für sich verlaufende, für sich zu wertende Entwicklungsreihen. So betrachtet, mag freilich die einzelne erst mit ihrer maximalen Entwickeltheit ein befriedigendes Bild ergeben. Erfasst man sie aber als Glieder oder als Äußerungen eines individuellen Gesamtlebens, das sich in all unsern einzelnen Fähigkeiten gleichsam kanalisiert, so leuchtet sofort die Möglichkeit, sogar die Wahrscheinlichkeit auf, dass die werthöchste Entwicklung der ganzen und einheitlichen Persönlichkeit sich über sehr verschiedene Längen jener Einzelreihen erheben wird, dass die Lösung der Potentialitäten jetzt nicht mehr für sich gelten, sondern, der darüberstehenden Ganzheit des Menschen dienend, in sehr ungleichen Maßen erfordert sein wird, um die Vollendung dieser Ganzheit organisch zu tragen.

Und wie verhält sich denn jede menschliche, auch die männliche Existenz, zu diesem Problem der Möglichkeiten und ihrer Aktualisierungen? In jedem von uns ruhen unbegrenzte Möglichkeiten zu Betätigungen und unzählige Male belehren uns erst von außen herantretende Anreize oder Nöte über das, was wir eigentlich können. Dies sind natürlich durchaus reale, psychisch positive Elemente, die als Möglichkeiten nur insoweit gelten, als sie antizipatorisch auf das hin, was sich aus ihnen eventuell entfalten wird, angesehen werden; genau genommen könnte man deshalb jegliche Aktualität unseres Lebens als Möglichkeit ansprechen, da eine jede sich zu weiteren tatsächlichen Gestaltungen entfaltet oder entfalten kann. Allein im | engeren Wortsinn gliedern wir nur solche inneren Reihen in Möglichkeit und Wirklichkeit, deren letztes Glied in besonderem Maße auf jene vorbereitenden Zustände zurückweist, die entweder nur nach Entfaltung ihrer Folgen konstruiert werden können oder als dumpfe Gefühle und mehr oder weniger unsichere Versprechungen in uns leben. So verstanden, ist der Umkreis unserer Existenz in seinem extensiven

Hauptteil von Möglichkeiten besetzt; was wir als Wirklichkeit voll entwickelten Bewusstseins sind, ist immer nur der Kern jenes Kreises und ein auf diesen Kern, diese Wirklichkeit, beschränktes Leben wäre in ganz unausdenkbarer Weise verändert und verarmt. Denn diese Potentialitäten sind wir doch gleichfalls, sie sind auch nichts bloß Gebundenes oder Scheintotes, sondern etwas fortwährend Wirksames – nur nicht gerade immer in der durch unsere Reflexion ihnen insinuierten Richtung von Möglichkeit zu einer ganz bestimmten Wirklichkeit, vielleicht überhaupt nicht zu einer ihnen zuzuordnenden weiteren Wirklichkeit. So mag manches vom männlichen Standpunkt aus Potentialität sein, Unentwickeltheit von Endwerten, deren Verwirklichung erst ihrer Möglichkeit Sinn gibt – während eben dies in der weiblichen Psyche ein sinnvoll Wirkliches ist, ein in dem Zusammenhange gerade solchen Gesamtlebens Vollendetes oder dessen Vollendung Tragendes.

Wo diese differentielle Struktur vorliegt, wird sie zugleich als relativ einheitliche, in sich eng geschlossene erscheinen; so dass man beides vielleicht als – selbstverständlich symbolische – Ausdrücke für eine und dieselbe seelische Geformtheit ansehen kann. Wo die einzelnen Reihen ihre Bedeutung für Wesensart und Bewusstsein, Willen und Wertung erst an dem Punkt, den wir ihre volle Entwickeltheit nennen, gewinnen, wird sich das Bild einer zentrifugalen, an manchen Stellen weit ausladenden, die einzelne Entwicklungslinie stark betonenden Existenz einstellen; das Entwicklungsprinzip und das der Differenzierung gehen zusammen. Umgekehrt, wo sich Wert und innere Wirksamkeit der Reihe dann verknüpfen, wenn diese in dem Stadium der Potentialität und der Unentwickeltheit stehen – zwei völlig schiefe Ausdrücke, weil sie ein gegenwärtig Bedeutsames durch Rückdatierung aus einer Zukunft, ein po|sitiv Wirksames durch eine bloße Negation charakterisieren – da wird der Umfang des Wesens enger an seinem Zentrum, an dem Quellpunkt des persönlichen Lebens überhaupt verbleiben. Je mehr Potentialitäten, immer in dem Sinn wesensbestimmender Wirklichkeit, diesen Umfang besetzen, als[1] desto einheitlicher, desto weniger in weit ausgreifende Singularitäten gespalten werden wir ihn empfinden.

Ich führe nur zwei spezielle und voneinander sehr abgelegene Züge dieser Einheitlichkeit des weiblichen Wesens an, die wir vielleicht nur deshalb mit so negativen Begriffen, wie Undifferenziertheit, Mangel an Objektivität usw., ausdrücken, weil die Sprache und Begriffsbildung in der Hauptsache auf männliches Wesen eingestellt ist. Erfahrene Praktiker des Gefängniswesens haben gelegentlich der Einführung weiblicher Gefängnisaufseherinnen hervorgehoben, man dürfe dazu nur durchaus gebildete Frauen nehmen. Der männliche Sträfling nämlich füge sich in der Regel willig seinem Wärter, auch wenn dieser an Bildung tief unter ihm stände, während weibliche Gefangene einer ihnen an Bildung untergeordneten Wärterin fast immer Schwierigkeiten machten. Das heißt also: der Mann sondert seine Gesamtpersönlichkeit von dem jeweiligen einzelnen Verhältnis ab und erlebt dieses in der reinen, kein außerhalb gelegenes Moment hineinziehenden Sachlichkeit. Die Frau umgekehrt kann dieses momentane Verhältnis sich nicht als ein unpersönliches abspielen lassen, sondern erlebt es in Ungetrenntheit von ihrem einheitlichen Gesamtsein und zieht deshalb die Vergleichungen und Konsequenzen, die die Relation ihrer ganzen Persönlichkeit zu der ganzen Persönlichkeit ihrer Wärterin mit sich bringt. Aber auf dieser Verfassung dürfte nun auch, zweitens, die größere Empfindlichkeit, die Leichtverletzlichkeit der Frauen beruhen – viel eher als auf einer zarteren oder schwächeren Struktur der einzelnen seelischen Elemente. Die mangelnde Differenziertheit, die geschlossene Einheitlichkeit des seelischen Wesens lässt sozusagen keinen Angriff lokalisiert bleiben, jeder setzt sich von seinem Ansatzpunkt aus gleich auf die ganze Persönlichkeit fort, wobei er dann leicht auf alle möglichen, überhaupt

[1] als] also

leicht verwundbaren oder wunden Punkte trifft. Man sagt den | Frauen nach, dass sie leichter beleidigt wären, als Männer es unter den gleichen Umständen sind; aber dies bedeutet eben, dass sie einen singulären, auf irgendeinen Einzelpunkt gerichteten Angriff häufig als einen ihre ganze Person treffenden empfinden – weil sie die einheitlicheren Naturen sind, in denen der Teil sich nicht aus dem Ganzen zu selbständigem Leben herausgeschieden hat.

Man kann diese Grundstruktur des weiblichen Wesens, die in dessen Fremdheit gegen die spezialistisch-objektive Kultur nur ihren historischen Ausdruck gewinnt, in einen psychologischen Zug zusammenfassen: in die Treue. Denn Treue bedeutet doch, dass das Ganze und Einheitliche der Seele sich mit einem einzelnen ihrer Inhalte unablöslich verbindet. Über die Beobachtungstatsache, dass die Frauen, mit den Männern verglichen, die treueren Wesen sind, besteht wohl Einstimmigkeit – anhebend von ihrer Anhänglichkeit an alte Besitzstücke, eigene wie die geliebter Menschen, an »Erinnerungen« greifbarer wie innerlichster Art. Die ungespaltene Einheit ihrer Natur hält zusammen, was sich je in ihr getroffen hat, lässt an jedem Ding die einst damit verbundenen, in das gleiche Zentrum einbezogenen Werte und Gefühle schwerer trennbar haften. Der Mann ist pietätloser, weil er kraft seiner Differenziertheit die Dinge mehr in ihrer herausgelösten Sachlichkeit ansieht. Das Vermögen, sich in eine Mehrheit gesonderter Wesensrichtungen zu zerlegen, die Peripherie von dem Zentrum unabhängig zu machen, Interessen und Betätigungen von ihrer einheitlichen Verknüpftheit fort zu verselbständigen – dies disponiert zur Treulosigkeit. Denn nun kann die Entwicklung bald das eine, bald das andere Interesse ergreifen, den Menschen in wechselnde Formen bringen, jeder Gegenwart die volle Freiheit geben, sich aus sich selbst und rein sachlich zu entscheiden; damit aber ist ihr eine Fülle und Unpräjudiziertheit von Betätigungsrichtungen gegeben, wie sie der Treue versagt sind. Differenziertheit und Sachlichkeit sind, nach der

Logik der Psychologie, die Gegensätze der Treue. Denn sie, die das Ganze der Persönlichkeit vorbehaltlos mit einem einzelnen Interesse, Gefühl, Erlebnis verschmilzt und bloß, weil diese einmal da waren, mit ihnen verschmolzen bleibt, hindert jenes | Zurücktreten des Ich von seinen einzelnen Erfüllungen. Die Scheidung der Sache von der Person hat etwas Treuloses, und damit widerstrebt sie der treueren Wesensart der Frauen und trennt damit diese freilich innerlich von einer produktiven Kultur, die auf Grund ihrer Spezialisierung versachlicht und auf Grund ihrer Sachlichkeit spezialisiert ist. Die laxere sexuelle Treue der Männer – eine nur von dogmatischer Misogynie, banalem Nachsprechertum oder bloßer Frivolität geleugnete Tatsache – hängt eben damit zusammen, dass ihnen die Frau vielfach als »Sache« gilt; mag auch der begriffliche Ausdruck krass und paradox erscheinen, hierin zentriert tatsächlich der ganze Unterschied zwischen dem Verhältnis des Mannes zur Frau und dem der Frau zum Manne; in den Fällen, wo jene Kategorie nicht in Wirksamkeit tritt, vermindert sich der Unterschied der beiden Relationsrichtungen in überraschender Weise.

Insoweit also die Frauen an der objektiven Kulturleistung versagen, braucht dies kein dynamisches Manko gegenüber einer allgemeinen menschlichen Forderung zu bedeuten, sondern nur die Inadäquatheit zwischen einer Wesensart, in der alle Lebensinhalte nur aus der Kraft eines unteilbaren subjektiven Zentrums heraus und unmittelbar mit diesem verschmolzen existieren – und der Bewährung in einer Sachenwelt, wie sie durch die differentielle Natur des Mannes aufgebaut ist. Gewiss sind die Männer sachlicher als die Frauen. Aber dies ganz selbstverständlich als das Vollkommenere anzusehen und das Leben in der Ungeschiedenheit des Einzelnen vom Ganzen als das Schwächere und »Unentwickeltere« – das ist nur durch einen circulus vitiosus möglich, indem man von vornherein nicht eine neutrale, sondern die männliche Wertidee über den Wert von Männlichem und Weiblichem entscheiden lässt. Freilich kann hier konsequenterweise nur ein ganz radikaler Dualismus helfen: nur wenn man der weiblichen Existenz als solcher eine prinzipiell andere Basis, eine prinzipiell anders gerichtete Lebensströmung als der männlichen zuerkennt, zwei Lebenstotalitäten, jede nach einer völlig autonomen Formel erbaut – kann jene naive Verwechslung der männlichen Werte mit den Werten überhaupt weichen. Sie ist | von historischen Machtverhältnissen getragen, die sich logisch in dem verhängnisvollen Doppelsinn des Begriffes vom »Sachlichen« ausdrücken: das Sachliche erscheint als die rein neutrale Idee, in gleichmäßiger Höhe über den männlich-weiblichen Einseitigkeiten; aber nun ist das »Sachliche« doch auch die Sonderform der Leistung, die der spezifisch männlichen Wesensart entspricht. Das Eine eine Idee von übergeschichtlicher, überpsychologischer Abstraktheit, das Andere ein historisches, der differentiellen Männlichkeit entspringendes Gebilde – sodass die von dem letzteren ausgehenden Kriterien, durch das gleiche Wort getragen, sich mit der ganzen Idealität des Ersteren decken und dass die Wesen, deren Natur sie von der Bewährung an der spezifisch männlichen Sachlichkeit ausschließt, von dem Standpunkt der übergeschichtlichen, der schlechthin menschlichen Sachlichkeit aus (den unsere Kultur überhaupt nicht oder nur sehr sporadisch realisiert) deklassiert erscheinen.

Da sich der hier wirksame Gegensatz zwischen dem ganz allgemeinen Wesen der Frauen und der ganz allgemeinen Form unserer Kultur spannt, so wird innerhalb dieser Kultur die weibliche Leistung umso gehemmter sein, je unmittelbarer gerade dieses Allgemeinste und Formale ihr als *Forderung* gegenübersteht: dies ist am entschiedensten bei originellem Schöpfertum der Fall. Wo schon geformte Inhalte aufgenommen und kombinatorisch weiter verarbeitet werden, ergibt sich leichter eine Anpassung an den Gesamtcharakter des Kulturbezirks; wo aber eine spontane Schöpfung aus dem Eigensten des Subjekts hervordrängt, wird eine ganz und gar aktive, totale Formung, vom Elementarsten her, verlangt. Dies Tun hat hier, im extremen Fall, nicht von seinem Material her schon etwas von der allgemeinen Form in sich, sondern die Distanz zu dieser hin muss von der schaffenden Seele Schritt für Schritt und ohne Nachlass überwunden werden. Damit ergibt sich die Reihenfolge, in der weibliche Betätigungen innerhalb der objektiven, männlich bestimmten Kultur gelingen. Unter den Künsten sind die reproduktiven ihre eigentliche Domäne: Schauspielkunst (worüber von einem anderen Aspekt her noch nachher zu reden ist) und ausübende Musik | bis zu dem höchst bezeichnenden Typus der Stickerin, deren unvergleichliche Geschicklichkeit und Fleiß eben ein »gegebenes« Muster wiederholt; in den Wissenschaften fällt ihre Sammler- und »Kärrner«fähigkeit auf und dieses Arbeiten mit Aufgenommenem steigert sich zu ihren großen Leistungen als Lehrerinnen, die, bei aller funktionellen Selbständigkeit, ein Gegebenes überliefern usw. Kurz, im Rahmen der bisher vorliegenden Kultur bewähren sie sich in dem Maße mehr, in dem der Gegenstand ihrer Arbeit schon den Geist dieser Kultur, d.h. den männlichen, in sich aufgenommen hat, und versagen in dem Maße, in dem Urproduktion verlangt wird, d.h. in dem sie ihre von vornherein anders disponierte *originale* Energie erst in die Formen gießen müssten, die die objektive, also die männliche Kultur verlangt.

Nun aber ist diese Kultur sozusagen in doppelter Art männlich. Nicht nur weil sie in objektiver und arbeitsteiliger Form verläuft, sondern auch weil die Erfüllungen dieser Form, die einzelnen Leistungen in einer Weise vorgezeichnet, die Leistungselemente in einer Weise zu besonderen Berufen zusammengefasst sind, wie es eben der männlichen Fähigkeit, ihrer besonderen Rhythmik und Intention angemessen ist. Von jener grundsätzlichen Formschwierigkeit also abgesehen wäre es noch einmal eine Inadäquatheit, noch einmal ein Verzicht auf Schaffung neuer Intensitäten und Qualitäten der Kultur, wollten die Frauen in demselben Sinne Naturforscher oder Techniker, Ärzte oder Künstler werden, wie die Männer es sind. Gewiss wird dies oft genug geschehen und das Quantum subjektiver Kultur reichlich vermehren. Allein wenn nun schon objektive Kultur sein soll und die Frauen sich ihrer Form fügen, so sind neue kulturelle Nuancen und Grenzerweiterungen nur dann von den Frauen zu erwarten, wenn sie etwas leisten, *was die Männer nicht können.* Das ist der Kern der ganzen Frage, der Drehpunkt des Verhältnisses zwischen der Frauenbewegung und der objektiven Kultur. Auf gewissen Gebieten wird eine Zerlegung der Tätigkeit, die man jetzt als eine sachliche Einheit ansieht (während in Wirklichkeit diese Synthese von Teilfunktionen der männlichen Arbeitsweise adäquat war), spezifisch weibliche Tätigkeitssphären schaffen. | In einem engen und materiellen Bezirk haben englische Arbeiter dies Prinzip durchgeführt. Frauen haben vielfach ihre niedrigere und billigere Lebenshaltung benutzt, um die Männer zu unterbieten, und damit eine Verschlechterung des Standardlohnes herbeigeführt, so dass im allgemeinen die Gewerkvereine die Verwendung der weiblichen Arbeitskraft in der Industrie aufs bitterste bekämpfen. Einige Gewerkvereine nun, z.B. Baumwollweber und Strumpfwirker, haben einen Ausweg gefunden, durch Einführung einer Standardlohnliste für sämtliche, auch die kleinsten Teilfunktionen der Fabrikarbeit. Diese werden ganz gleichmäßig bezahlt, mögen sie von Männern oder von Frauen ausgeführt werden. Wie von selbst nun hat sich durch diesen zunächst nur zur Beseitigung der Konkurrenz zwischen Männern und Frauen erdachten Modus eine Arbeitsteilung herausgebildet, derart, dass die Frauen die ihren Körperkräften und ihrer Geschicklichkeit adäquaten Funktionen für sich gleichsam monopolisiert haben, den Männern die *ihren* Kräften zusagenden überlassend. Der beste Kenner der Verhältnisse englischer Industriearbeiter urteilt: »Soweit es sich um Handarbeit handelt, bilden die Frauen eine besondere Klasse von Arbeitern, die andere Fähigkeiten und andere Bedürfnisse als die Männer haben. Um beide Geschlechter in demselben Zustande von Gesundheit und Leistungsfähigkeit zu halten, ist oft eine *Differenzierung der Aufgabe* nötig.« Hier ist also sozusagen naiv das große Problem der weiblichen Kulturarbeit schon gelöst, die neue Linie ist durch den Aufgabenkomplex gelegt, die die für das spezifisch weibliche Können prädestinierten Punkte verbindet und zu besonderen Berufen zusammenschließt. Schon hier gilt, dass die Frauen etwas tun, was die Männer nicht können. Denn obgleich diese es bisher getan haben, so werden die Aufgaben, die den weiblichen Kräften zusagen, durch die spezifische Arbeit dieser sicher besser gelöst werden.

Ich gehe auf diese Möglichkeit, die auch für die *Erkenntnis* nur innerhalb der Praxis sichtbar werden dürfte, nicht näher ein und wende mich zu der anderen: dass eine in höherem Maße originelle und spezifisch weibliche Leistung gleichsam in den Lücken, die die männliche lässt, erwachse. Auch für den | Bezirk der Wissenschaft sind hier nur ganz sporadische Anmerkungen möglich, zunächst etwa für die Medizin. Nach dem – sicherlich sehr großen – praktischen und sozialen Wert des weiblichen Arztes, der eben dasselbe kann und tut wie der männliche, steht hier nicht die Frage, sondern ob von ihm eine solche qualitative Mehrung der medizinischen Kultur, wie sie durch männliche Mittel nicht erreichbar ist, zu erwarten ist. Und das scheint mir daraufhin zu bejahen, dass sowohl Diagnose wie Therapie zu einem nicht kleinen Teile von dem Nachfühlen des Zustandes des Patienten abhängt. Die objektiv-klinischen Untersuchungsmethoden kommen oft an ein frühes Ende, wenn sie nicht ergänzt werden durch ein entweder unmittelbar-instinktives oder durch Äußerungen vermitteltes, subjektives Wissen um den Zustand und die Gefühle des Kranken. Ich halte dieses Mitwissen für ein ausnahmslos wirksames Apriori der ärztlichen Kunst, das nur wegen seiner Selbstverständlichkeit nicht bewusst zu werden pflegt; weshalb denn freilich auch seine Abstufungen, mit ihren sehr nuancierten Bedingungen und Folgen noch keine Untersuchung gefunden haben. Zu diesen Bedingungen aber, die in *irgendeinem* Grade immer vorhanden sein müssen und dann mit ihrem Maße eben das Maß des ärztlichen Verständnisses entscheiden, gehört eine gewisse Konstitutionsanalogie zwischen dem Arzte und dem Kranken; die eigentümlich dunkle und vieldeutige, aber darum nicht weniger wirksame Tatsache der inneren Nachbildung des Zustandes des Patienten ist zweifellos davon getragen und in ihrem Maße bestimmt, dass der Arzt eben ein Wesen derselben Art ist. In diesem Sinne hat ein sehr erfahrener Nervenarzt einmal gesagt, dass man gewisse nervöse Zustände erst dann ärztlich ganz durchschauen könnte, wenn man selbst einmal ähnliche erlebt habe. Es drängt sich also die Konsequenz auf, dass Frauen gegenüber der weibliche Arzt nicht nur oft die genauere Diagnose und das feinere Vorgefühl für die richtige Behandlung des einzelnen Falles haben wird, sondern auch rein wissenschaftlich typische Zusammenhänge entdecken könne, die dem Mann unauffindbar sind, und so zu der *objektiven* Kultur spezifische Beiträge leisten würde; denn die Frau hat eben an der gleichen Konstitution ein Werkzeug | der Erkenntnis, das dem Mann versagt ist. Und ich möchte glauben, dass die größere Ungeniertheit der Frauen gegenüber der Ärztin – neben der freilich, aus hier nicht anführungsbedürftigen Motiven, die Praxis vielleicht überwiegend das Umgekehrte zeigt – auch aus dem Gefühl stammt, in vielem von der Frau als solcher besser verstanden zu werden als vom Manne; weshalb jene Tatsache auch besonders für die Frauen der unteren Stände gilt, deren Ausdrucksmittel unvollkommen sind und die sich deshalb mehr auf das instinktmäßige Verstandenwerden verlassen müssen. Hier könnten also vielleicht auch in rein theoretischem Sinne die Frauen *vermöge ihres Geschlechtes* etwas leisten, was dem Manne versagt ist. – Von derselben Voraussetzung aus, dass von einem verschiedenen Sein auch ein verschiedenes Erkennen getragen wird, könnte die weibliche Psyche der historischen Wissenschaft mit spezifischen Leistungen dienstbar werden. Die Erkenntniskritik hat die Falschheit und Oberflächlichkeit jenes Realismus herausgestellt, für den die wissenschaftliche Geschichte eine möglichst photographische Wiedergabe des Geschehens ist, »wie es wirklich war«, ein Hineinschütten der unmittelbaren Realität in das wissenschaftliche Bewusstsein. Wir wissen jetzt vielmehr, dass aus dem »Geschehen«, das überhaupt als solches nicht gewusst, sondern nur gelebt werden kann, »Geschichte« nur durch die Wirksamkeit von Funktionen wird, die durch die Struktur und die Intentionen des erkennenden Geistes bestimmt sind; aus der Besonderheit dieser Bestimmung folgt die Besonderheit des resultierenden Gebildes, der Geschichte. Darum wird diese keineswegs etwas »Subjektives«, dem Unterschied von Wahrheit und Irrtum Unzugängiges; nur dass Wahrheit nicht auf dem Spiegelcharakter des Geistes gegenüber den Ereignissen beruht, sondern auf einem gewissen funktionellen Verhältnis zu diesen und darauf, dass die Vorstellungen, ihren eigenen Notwendigkeiten folgend, damit zugleich einer Forderung der Dinge gehorchen – die, was sie sonst auch sei, jedenfalls nicht die Forderung ist, von jenen photographiert zu werden. Ich gehe hier nur auf eines der Probleme ein, in denen diese unvermeidliche Abhängigkeit des geschichtlichen Bildes von der geistigen Struktur des Histori|kers und ihrer Besonderheit ihren Sitz hat. Beschränkte sich die Geschichtskenntnis auf das, was im genauen Sinne festgestellt und »erfahren« ist, so hätten wir einen Haufen zusammenhangsloser Bruchstücke; erst durch fortwährendes Interpolieren, Ergänzung aus Analogien, Anordnung nach Entwicklungsbegriffen werden daraus die einheitlichen Reihen der »Geschichte« – wie bekanntlich nicht einmal die Schilderung eines Straßenauflaufs durch Augenzeugen auf andere Weise zustande kommt. Allein unterhalb dieser Schicht, in der sogar die Reihen der unmittelbaren Tatsachen nur durch geistige Spontaneität zu zusammenhängenden und sinnvollen werden, liegt eine andere, geschichtsbildende, die sich ganz und gar durch diese Spontaneität gestaltet. Wenn selbst alles sinnlich feststellbare Geschehen in der Menschenwelt lückenlos bekannt wäre, so wäre all dies Sicht-, Tast-

und Hörbare etwas so Gleichgültiges und Sinnloses wie das Ziehen der Wolken oder ein Rascheln in Zweigen, wenn es nicht zugleich als seelische Manifestation verstanden würde. Das metaphysische und erkenntnistheoretische Problem: wie denn der ganze Mensch, in dem die sinnliche Existenz und alles Denken, Fühlen, Wollen eine Einheit ist, durch die geringen Teilstücke seines historischen Überliefertseins uns zugängig werden könnte (ein Problem, in dem sich nur das Gleiche des täglichen Lebens in besonderer Formung und Erschwerung wiederholt), steht hier nicht zur Diskussion. Nur dies muss festgestellt werden, dass das Begreifen von historischen Persönlichkeiten keine einfache »Nachbildung« ihres inneren Seins und Geschehens im Geiste des Begreifenden ist und ebenso wenig ein »Einfühlen« von des Letzteren eigener Seelenhaftigkeit in jene; von beidem ist weder die Möglichkeit einzusehen noch die Erklärung des rätselhaften Vorgangs zu erwarten. Vielmehr scheint, was wir Verstehen eines Menschen oder einer Menschengruppe seitens eines anderen nennen, ein Urphänomen zu sein, von dem keine einfachereren oder kausalen Elemente, sondern nur einige gewissermaßen äußere Bedingungen und Folgen seines Eintretens anzugeben sind. Zu den Ersteren gehört das eigentümliche Gleichheits- und Ungleichheitsverhältnis zwischen dem historisch erkennenden Subjekt und seinen | Objekten. Eine gewisse fundamentale Gleichheit muss vorhanden sein: ein Erdbewohner würde vielleicht den Bewohner eines anderen Sternes überhaupt nicht »verstehen«, auch wenn ihm dessen ganzes äußeres Verhalten bekannt wäre; und im Allgemeinen verstehen wir die Volksgenossen besser als andere Völker, die Familienangehörigen besser als Fremde, die Menschen gleichen Temperamentes besser als die des entgegengesetzten. Wir begreifen einen Geist keineswegs schon deshalb, weil wir ihm gleichen; allein in irgendeinem Maß (so wenig der Quantitätsbegriff Maß hier recht zutreffen mag) erscheint jenes durch dieses bedingt. Nur verstehe man dies nicht als einen mechanisch nachzeichnenden Parallelismus: man braucht kein Cäsar zu sein, um Cäsar zu verstehen, und kein Augustin, um Augustin zu verstehen; ja eine gewisse Unterschiedlichkeit schafft oft eine günstigere Distanz für die psychologische Erkenntnis eines andern als das Befangensein in der genau gleichen seelischen Konstellation. Das psychologische und also auch historische Verständnis bestimmt sich ersichtlich nach einer sehr variabeln und noch gar nicht analysierten Relation zwischen seinem Subjekt und seinem Objekt, die sicher nicht mit dem abstrakten Ausdruck einer einfach quantitativen Mischung von Gleichheit und Ungleichheit zu erledigen ist. Aber auf der Basis des bisher Angedeuteten scheint nun das Weitere festzustehen: dass unbezweifelte äußere Tatsachen eine prinzipiell überhaupt nicht begrenzte Zahl psychologischer Unterbauten zulassen; innerhalb eines Spielraums, den freilich phantastische und in sich brüchige Konstruktionen umgeben, wird das gleiche äußere Bild in verschiedenen Seelen verschiedene innere, d.h. jenes Äußere vom Seelischen her deutende Bilder hervorrufen können, die alle gleich berechtigt sind. Es sind keineswegs nur verschiedene Hypothesen über einen und denselben Sachverhalt, von denen nur eine richtig sein kann (obgleich natürlich auch dies oft genug vorkommt); sondern sie verhalten sich etwa wie die Porträts verschiedener, gleich qualifizierter Maler von dem gleichen Modell, deren keines »das richtige« ist – jedes vielmehr eine geschlossene, sich in sich selbst und durch ihr besonderes Verhältnis zu dem Objekt rechtfertigende Totali|tät, jedes von diesem etwas aussagend, was in der Aussage des andern gar keinen Platz hat, aber diese doch nicht dementiert. So ist etwa die psychologische Deutung, die Männer durch die Frauen finden, vielfach eine fundamental andere, als Frauen sie sich untereinander zuteilwerden lassen – und ebenso umgekehrt. Die hiermit angedeuteten Zusammenhänge scheinen mir zu ergeben, dass, soweit die Geschichte angewandte Psychologie ist, das weibliche Naturell die Basis ganz origineller Leistungen in ihr sein könnte. Die Frauen als solche haben nicht nur eine andere Mischung jener Gleichheit und Ungleichheit mit den historischen Objekten als die Männer und dadurch die Möglichkeit, anderes zu sehen als diese; sondern durch ihre besondere seelische Struktur auch die Möglichkeit, anders zu sehen. Wie sie das Dasein überhaupt von ihrem Wesensapriori aus anders deuten als die Männer, ohne dass diese beiden Deutungen der einfachen Alternative: wahr oder falsch – unterliegen, so könnte auch die geschichtliche Welt durch das Medium ihrer psychologischen Interpretation einen anderen Aspekt der Teile und des Ganzen bieten. So problematisch und vorläufig nur um der prinzipiellen Zusammenhänge willen wichtig solche Möglichkeiten erscheinen – so meine ich, dass es spezifisch weibliche Funktionen in der Geschichtswissenschaft geben könnte, Leistungen aus den besonderen Wahrnehmungs-, Nachfühlungs- und Konstruktionsorganen der weiblichen Seele heraus, von dem Verständnis dumpfer Volksbewegungen und den uneingestandenen Motivierungen in Persönlichkeiten an bis zur Entzifferung von Inschriften.

Am annehmbarsten wird die Objektivierung des weiblichen Wesens in Kulturproduktionen auf dem Gebiet der Kunst erscheinen, wo schon gewisse Ansätze dazu bestehen. Immerhin gibt es in der Literatur schon eine Reihe von Frauen, die nicht den sklavenhaften Ehrgeiz haben, zu schreiben »wie ein Mann« und die nicht durch männliche Pseudonyme zu erkennen geben, dass sie von dem eigentlich Originellen und spezifisch Bedeutsamen, das sie als Frauen leisten könnten, keine Ahnung haben. Gewiss ist das Herausbringen der weiblichen Nuance auch in der literarischen Kultur sehr schwierig, weil | die allgemeinen Formen der Dichtung männliche Produkte sind und daraufhin wahrscheinlich einen leisen inneren Widerspruch gegen die Erfüllung mit einem spezifisch weiblichen Inhalt zeigen. Sogar an weiblicher Lyrik, und zwar gerade an sehr gelungener, empfinde ich oft zwischen dem personalen Inhalt und der künstlerischen Form eine gewisse Zweiheit, als hätte die schaffende Seele und ihr Ausdruck nicht ganz denselben Stil. Das innere Leben, das zu seiner Objektivierung in ästhetischer Gestalt drängt, füllt einerseits die gegebenen Umrisse dieser nicht ganz aus, so dass, da ihren Forderungen doch einmal genügt werden muss, dies nur mit Hilfe einer gewissen Banalität und Konventionalität geschehen kann; während andrerseits auf der Seite der Innerlichkeit ein Rest von Gefühl und Lebendigkeit ungestaltet und unerlöst bleibt. Vielleicht macht sich hierin geltend, dass »Dichten selbst schon Verrat« ist. Denn es scheint, dass die beiden Bedürfnisse des Menschen: sich zu enthüllen und sich zu verhüllen – in der weiblichen Psyche anders gemischt wären als in der männlichen. Nun aber sind die überlieferten inneren Formen der Lyrik: ihr Wortschatz, der Gefühlsbezirk, in dem sie sich hält, die Relation zwischen Erlebnis und Ausdruckssymbol – diese sind, bei allem Spielraum im Einzelnen, auf ein gewisses generelles Maß der Offenbarung des Seelischen, nämlich auf das männliche, eingestellt. Will sich nun die in dieser Hinsicht anders temperierte weibliche Seele in den gleichen Formen ausdrücken, so entsteht begreiflicherweise auf der einen Seite leicht eine Fadheit (die freilich vieler männlichen Lyrik ebenso eigen ist, ohne dass dafür ein so *genereller* Zusammenhang haftbar wäre); auf der anderen die verletzende Schamlosigkeit, die bei mancher modernen weiblichen Lyrikerin aus der Diskrepanz ihres Wesens und dem tradierten Stil der lyrischen Äußerung sozusagen von selbst entsteht, bei mancher ihre Freiheit von der inneren Form der Weiblichkeit dokumentieren soll. Immerhin scheint mir in einigen Veröffentlichungen der letzten Jahre die Bildung eines lyrischen Stiles als einer spezifisch weiblichen Wesensdokumentation wenigstens von fern angebahnt. Es ist übrigens interessant, dass auf der Stufe des Volksgesangs die Frauen bei vielen Völkern mindestens ebenso und in gleich | originalem Sinne produktiv sind wie die Männer. Dies bedeutet eben, dass bei noch unentwickelterer Kultur, bei noch fehlender Objektivation des Geistes keine

Gelegenheit zu der hier fraglichen Diskrepanz ist. Insoweit die kulturellen Formen noch nicht speziell und fest geprägt sind, können sie auch nicht entschieden männlich sein; solange sie sich noch in dem Indifferenzzustande befinden (entsprechend der anthropologisch festgestellten größeren Gleichheit der männlichen und weiblichen Physis bei den Primitiven), sind die weiblichen Energien nicht in der Zwangslage, sich in einer ihnen nicht adäquaten Art zu äußern, sondern gestalten sich frei und den eignen – aber hier von den männlichen noch nicht wie jetzt differenzierten – Normen folgend aus. Hier wie in vielen Entwicklungen wiederholt die höchste Stufe die Form der niedrigsten: das sublimierteste Gebilde der Geisteskultur, die Mathematik, steht vielleicht mehr als irgendein anderes Geistesprodukt jenseits von Männlich und Weiblich, ihre Gegenstände geben nicht den geringsten Anlass zu differentiellen Reaktionen des Intellekts. Und daraus erklärt sich, dass gerade in ihr mehr als in allen anderen Wissenschaften die Frauen ein tiefes Eindringen und bedeutende Leistungen gezeigt haben. Die Abstraktheit der Mathematik steht sozusagen ebenso *hinter* der psychologischen Unterschiedlichkeit der Geschlechter, wie jene Stufe der Volksliederproduktion *vor* ihr steht. – Geringere Schwierigkeiten als die sonstigen Literaturformen scheint dem weiblichen Schaffen der Roman zu bieten; und zwar weil er seinem Problem und seiner künstlerischen Struktur nach die wenigst strenge und festgelegte Form hat. Seine Umrisslinie ist nicht sicher geschlossen, er kann nicht alle in ihm angesponnenen Fäden wieder in seine Einheit zurückknüpfen, sondern viele verlaufen sozusagen außerhalb seiner Grenze ins Unbestimmte, sein unvermeidbarer Realismus lässt nicht zu, dass er sich mit so unnachlasslicher Rhythmik, so anschaulich gesetzmäßigem Aufbau dem Chaos der Wirklichkeit enthebe, wie Lyrik und Drama es tun. Mit den strengen Formen dieser Letzteren ist ihnen ein männliches Apriori gegeben, von dem die Lässlichkeit und beliebigere Ausgestaltbarkeit des Romans frei ist, so dass der Instinkt der literarischen | Frauen sie von vornherein auf den Roman als auf ihre eigentliche Domäne geführt hat. Seine Form ist, gerade weil sie nicht in sehr rigorosem Sinne »Form« ist, hinreichend biegsam, um einige moderne Romane zu spezifisch weiblichen Schöpfungen werden zu lassen.

In den Anschauungskünsten nun, in denen die Bindung an das fest tradierte Wort sich erübrigt, liegt vielleicht die Ausprägung des weiblichen Seins in charakteristisch weiblichen Werken prinzipiell am nächsten. Wir zweifeln nicht mehr daran, dass alle bildende Kunst von den psychisch-physischen Verhältnissen abhängt, von der Umsetzungsart der seelischen Bewegungen in körperliche, von den Innervationsempfindungen, von dem Rhythmus des Blickens und Tastens. Die teils unmittelbarere, teils reserviertere Art, mit der das Innenleben der Frauen in die Sichtbarkeit tritt, ihre besondere, anatomisch und physiologisch bestimmte Art sich zu bewegen, das Verhältnis zum Raum, das aus dem eigentümlichen Tempo, Weite und Formung ihrer Gesten hervorgehen muss – dies alles müsste von ihnen in den Künsten der Räumlichkeit eine besondere Deutung und Gestaltung der Erscheinungen erwarten lassen. Wenn es für die theoretische Erkenntnis richtig ist, dass der Raum in der Seele ist, so zeigt die Geste, dass die Seele im Raum ist. Die Gebärde ist nicht die Bewegung des Körpers schlechthin, sondern die daraufhin angesehene, dass sie der Ausdruck eines Seelischen ist. Darum ist sie eine der wesentlichsten Brücken und Voraussetzungen der Kunst, deren Wesen doch ist, dass das Anschauliche der Träger und die Offenbarung eines Seelischen, Geistigen, wenn auch nicht immer im Sinne der Psychologie, sei. Mit der Gebärde nimmt der Mensch einen durch sie designierten Teil des Raumes gleichsam in geistigen Besitz. Wir würden die Räumlichkeit ganz anders oder gar nicht verstehen, wenn wir uns nicht in ihr bewegten, und die Art dieser Bewegungen trägt die Art dieses Verständnisses. Natürlich überträgt der Künstler nicht seine Gebärde mechanisch in sein Bild, aber durch vielerlei Umsetzungen und Vermittlungen hindurch bestimmt doch die Art, wie er im Raum sich bewegt, seine anschauliche Deutung der Raumerscheinungen. Am deutlichsten wird dies vielleicht an | dem kalligraphischen Charakter, der für die ostasiatische Malerei bestimmend war: hier stellt der Pinselzug unmittelbar den physiologischen Zug der Hand dar und sein Reiz liegt in der durch optische Vermittlung nachgefühlten Leichtigkeit, Rhythmik und Natürlichkeit der Handbewegung. Mit der besonderen Geste der Frauen offenbart sich das Besondere ihrer seelischen Artung am direktesten in einem feststellbaren Äußeren. So hat sich ihre innere Rhythmik von jeher besonders in der Tanzkunst objektiviert, indem in ihr die Schematik überlieferter Formen der individuellen Impulsivität, Anmut, Gebärdungsart einen unvergleichlich weiten Spielraum lässt. Ich bin überzeugt: wenn man die Bewegungen der wirklichen Künstlerinnen des Tanzes als ornamentale Linien fixieren würde, so wären es solche, wie ein Mann sie durch keinerlei Innervationen (außer in bewusster Nachahmung) zustande brächte. Es lässt sich – bis Psychophysik und Ästhetik sehr viel weiter fortgeschritten sind – nur tastend und beweislos darauf hinweisen, dass die Frau wohl ein anderes Verhältnis zum Raum hat als der Mann – was ebenso aus ihrer überhistorischen physisch-psychischen Eigenart wie aus der historischen Beschränkung ihrer Tätigkeitssphäre auf das Haus hervorgehen mag. Die Gesten eines Menschen sind davon abhängig, in welchen Räumen er sich zu bewegen pflegt. Man vergleiche die Gesten auf deutschen Bildern des 15. Jahrhunderts mit denen auf gleichzeitigen italienischen und sehe sich dann Nürnberger Patrizierhäuser neben italienischen Palästen an. All das etwas Schüchterne, Geknitterte, Verlegene der Gebärden – dass die Gewänder über diesen Gebärden aussehen, als hätten sie zu lange in denselben Falten im Schrank gelegen – ist die Art von Menschen, die sich nur in engen Räumen zu bewegen gewohnt sind. Die Umgrenztheit der weiblichen Bewegungen durch die »vier Wände« scheint mir aber ihre Folgen keineswegs nur an deren

Enge zu knüpfen, sondern vielmehr an die dauernde Gleichheit und Gewohntheit dieses Milieus. Dadurch, dass sich der Mann als »außerhalb« Tätiger in wechselnden, unübersichtlicheren, weniger von ihm beherrschten Räumen bewegt, fehlt ihm oft das Geschlossene, reibungslos Gleitende, ruhig Ausgeglichene, das die spezifisch weibliche Anmut aus|macht; dies hingegen mag durch dauernde Bewegung in Räumen entstehen, in denen man sozusagen nichts mehr zu erobern hat, sondern die nur zum erweiterten Leibe der Persönlichkeit geworden sind. Eben deshalb bedeutet dies auch nichts rein Ästhetisches, sondern wahrscheinlich eine besondere Art, den Raum zu fühlen, eine besondere Relation zwischen dem unräumlich Innerlichen und dem räumlich Anschaulichen der Bewegung; wie gesagt: ohne einen jetzt schon möglichen Beweis erscheint plausibel, dass in den Künsten, für die die Raumgestaltung wesentlich ist, das in den Gesten der Frauen angedeutete, spezifische Verhältnis zum Raum eine Objektivierung in spezifisch weiblichen Werken zulassen müsste – gerade wie die besonderen Arten, auf die der ostasiatische, der griechische, der Renaissancemensch den Raum empfunden hat, sich in ihren Kunststilen niedergeschlagen haben.

Ganz unzweideutig aber offenbart sich das Spezifische der weiblichen Leistung in der Schauspielkunst, und zwar keineswegs nur weil die Rolle hier schon ihrem Inhalt nach eine weibliche Aufgabe ist, sondern aus dem tieferen Wesen der Schauspielkunst überhaupt heraus. Es gibt keine Kunst, in der die Leistung und die Totalität der Persönlichkeit zu so enger Einheit verbunden sind. Malerei, Poesie, Musik haben gewiss ihr Fundament in dem ganzen geistig-körperlichen Menschen; allein sie leiten dessen Kräfte in einseitiger fließende Kanäle, an deren Ende erst die Leistung heraustritt und vieles von jenen Kräften unsichtbar werden lässt – selbst die Tanzkunst tut dies, indem sie die Rede unterdrückt, und die reproduzierende Musik, indem hier die Anschaulichkeit irrelevant wird. Den zeitlichen Ausdruck dafür bildet in jenen Künsten die

Trennung des aktuellen Schöpfungsmomentes von dem selbständig weiterexistierenden Produkt, während die Schauspielkunst kein mögliches Intervall zwischen dem Prozess und dem Ergebnis der Leistung lassen kann; ihre subjektive und ihre objektive Seite fallen hier unbedingt in einen Lebensmoment zusammen und bieten damit das Korrelat oder die vorgebildete Form für jenes vorbehaltlose Eingehen der gesamten Persönlichkeit in die künstlerische Erscheinung. Wenn es aber überhaupt etwas | wie eine Formel des weiblichen Wesens gibt, so deckt sie sich mit diesem Wesen der Schauspielkunst. Denn – ich muss das oben Gesagte hier wiederholen – die unzähligen Beobachtungen über das Differentielle der weiblichen Psyche lassen sich doch wohl so zusammenfassen: dass für sie das Ich und sein Tun, das Zentrum der Persönlichkeit und seine Peripherie enger verschmolzen sind als beim Manne, dass sie den inneren Vorgang – soweit er nicht durch Sitte oder Interesse Verhüllung fordert – unmittelbarer in seine Äußerung umsetzt, bis zu der eigentümlichen Verbundenheit, die bei den Frauen seelische Alterationen so viel leichter als bei Männern in körperliche übergehen lässt. Dies ist eben doch der tiefste Grund – er wird uns noch später beschäftigen – aus dem die Frauen an der Schöpfung objektiver Kultur zu versagen pflegen: dass sie ihr Tun nicht zu einem jenseits des Tuns weiterexistierenden Objektiven führen, dass der Strom ihrer inneren Lebendigkeit seine Mündung unmittelbar aus seiner Quelle speist. Dieses, das so leicht, wenn auch irrigerweise als ein Manko erscheint – da es doch eine eigene positive, zu der männlichen polare Wesensart ist –, ist in der Schauspielkunst die innerste Struktur der Leistung; hier, wo eben diese nur über einen einzigen Moment verfügt, ist in ihm das Innere und das Äußere, das Aufspringen des zentralen Impulses und seine dargebotene Erscheinung nicht auseinanderzuziehen, das Resultat des Tuns ist nicht dem Tun gegenüber objektivierbar. Den engen Zusammenhang aller Wesensteile, der die Frau nicht, wie man so oft hört, zu einem subjektiven Wesen, sondern zu einem solchen macht, für das die Scheidung des Subjektiven und Objektiven eigentlich nicht besteht – eben diesen zeichnet gleichsam die ästhetische, durchaus übersubjektive »Idee« der Schauspielkunst, in der, durch keinen zeitlichen, räumlichen oder sachlichen Hiatus getrennt, das innere Leben seine Versichtbarung und Verlautbarung an sich selber trägt. Es wird kein Zufall sein, dass die romanischen Völker, denen ein freilich schwer substanziierbarer Instinkt von je einen irgendwie weiblichen Charakter zugesprochen hat, die eigentlichen Schauspielervölker sind.

Nun enthält die Schauspielkunst eine Verwebung von letzten Elementen, die sie noch in eine andere und sehr fundamen|tale Beziehung zum weiblichen Wesen setzt. Das dramatische Gedicht stellt die Kontinuität abrollender, von ihrer inneren Logik pausenlos bewegter Schicksale dar. Indem der Schauspieler diese nun versinnlicht, die von ihm gebotene Anschaulichkeit aber keine einfache Überführung der Dichterworte in volle natürliche Konkretheit, sondern selbst ein Kunstwerk ist, von eignen Wertnormen gelenkt –, zerlegt es jenes absatzlos gleitende, gleichsam innere Geschehen des Dramas in eine Reihe von mehr oder weniger beharrenden Anschauungsbildern, denen ein Schönheitsgesetz auferlegt ist. In einer besonderen Art sind hier die Kategorien des Werdens und des Seins zur Harmonie gebracht, ist die ewige Unruhe des Schicksals in die zeitlose Stille der Schönheit gefasst, sowohl im Bühnenbild als Ganzem wie in der Erscheinung des einzelnen Schauspielers. Jene Harmonie aber kann verschieden abgestimmt sein, es kann mehr das Werden, also das Schicksal und die Aktivität, oder mehr das Sein, hier also sozusagen der anschauliche Querschnitt durch das stetig sich vollziehende Schicksal, zur Betonung gelangen. Je mehr das Letztere geschieht, desto adäquater wird die Leistung dem weiblichen Wesen, desto mehr erfüllt sich an ihr jene objektive Kulturforderung an die Frau: zu leisten, was der Mann nicht kann. Darum hat einer unserer kenntnisreichsten Theatertheoretiker hervorgehoben, dass, wo die Frauen im Drama wirklich aktive, das Schicksal in Bewegung setzende Rollen spielen, sie stets mit männlichen Zügen ausgestattet sind.

Und hier bedarf, scheinbar in Abbiegung von unserem Gegenstand, aber tatsächlich in engem Zusammenhang mit der tiefsten Kulturbedeutung der Frau – die Frage der »Schönheit« einer besonderen Reflexionsreihe. Die widerwärtige Banalität, die die Frauen als »das schöne Geschlecht« bezeichnet, enthält dennoch einen bedeutsamen Hinweis. Gibt es eine Polarität von Wesenswerten, derart, dass der eine die machtwillige und Form gebende Beziehung auf ein reales oder ideelles Äußeres darstellt, der andere die Vollkommenheit der in sich geschlossenen, alle ihre Seinselemente nach ihrer eignen inneren Harmonie abstimmenden Existenz – so wird man den ersteren Wert als »Bedeutendheit«, den letzteren als »Schönheit« be|zeichnen dürfen. Was bedeutend ist, bedeutet »etwas«, Bedeutendheit ist freilich ein Sein, aber ein transitives, das als Leistung, Gewinn, Erkenntnis, Wirksamkeit den eigenen Umriss durchbricht und, so selbstherrlich es im Übrigen sei, aus dieser Relation sein Wertmaß gewinnt. Wenn wir die Unzähligkeiten des Sollens, die historisch als die »männlichen« gelten, auf einen abstrakten Ausdruck bringen – also absehend von dem menschlich-allgemein Ethischen –, so wird es dieser sein: dass der Mann »bedeutend« sein soll; wobei das Wort natürlich alle zufälligen Abbiegungen des Sprachgebrauches abtun muss. Fasst man entsprechend das historische »weibliche« Sollen dahin zusammen: die Frau soll schön sein – so gilt auch dies in dem weiten und abstrakten Sinn, der jede Verengerung der Schönheit, etwa auf ein hübsches Gesicht, natürlich ablehnt. Es ist durchaus keine Vergewaltigung des Begriffes, zu sagen, dass eine verkrümmte Greisin »schön« sein kann. Denn in seinem vollen Sinn bedeutet er die Geschlossenheit des Gesamtseins in sich selbst, die dem Kunstwerk, dem geschlossensten Menschenwerk, seine freilich oft missdeutete Beziehung zur »Schönheit« verschafft hat, die Einheit des Inneren und des Äußeren mit ihrer vielfach sehr umwegreichen Symbolik, die Fähigkeit, mit allem Für-den-andern-Dasein dennoch immer selbstgenugsam in sich zu ruhen. Während der Mann aus sich herausgeht, seine Kraft in seine Leistung entlässt und damit etwas »bedeutet«, was in irgendeinem Sinne außer ihm liegt, dynamisch oder ideell, schaffend oder darstellend ist die Wesensidee der Frau jene Undurchbrochenheit der Peripherie, jenes organische Beschlossensein in der Harmonie der Wesensteile unter sich und in ihrer gleichmäßigen Beziehung zu ihrem Zentrum – wie es eben die Formel des Schönen ist. Denn sie ist, in der Symbolik der metaphysischen Begriffe, die Seiende und der Mann der Werdende; darum muss er an einer Sache oder einer Idee, einer historischen oder Erkenntniswelt seine Bedeutung gewinnen, während die Frau in dem Sinne schön sein soll, in dem dieses »selig an ihm selbst« ist. Diese Beziehung zwischen dem weiblichen Prinzip und dem Schönheitsprinzip (wobei das letztere sozusagen nicht als Wert, sondern einfach als eine Existenzformung gedacht ist) | offenbart sich allerdings auch an der körperlichen Erscheinung für sich selbst. Schopenhauers Gründe für das höhere Schönheitsmaß des männlichen Körpers scheinen mir nicht zulänglich. Auch hier kann das Männliche mehr als *bedeutend* gelten. Die stärkere Ausprägung der für die Arbeit wirksamen Muskeln, die entschiedener sichtbare Zweckmäßigkeit des anatomischen Aufbaus, der Ausdruck der Kraft samt der gleichsam aggressiven Eckigkeit der Formen – alles dies ist weniger der Ausdruck der Schönheit als der Bedeutung, d.h. der Möglichkeit des Aus-sich-Heraustretens, der wirkungsvollen Berührung mit einem Draußen. Denn die »Zweckmäßigkeit« des *weiblichen* Körpers geht nicht auf eine derartige Berührung, sondern mehr auf eine passive oder jenseits von Aktivität und Passivität verlaufende Funktion. Die Bartlosigkeit, der Mangel des kleinlichen und den Fluss der Linien unterbrechenden Sexualorgans, die gleichmäßiger gerundeten Fettpolster – weisen den weiblichen Körper viel mehr auf das Stilideal der »Schönheit« als auf das

Aktivitätsideal der »Bedeutung« hin. Zu jenem sind runde Formen mehr disponiert als eckige, weil sie die Beziehung auf ein überall gleichmäßig zusammenhaltendes Zentrum und eben damit die Geschlossenheit in sich, mit der das weibliche Wesen seinen symbolischen Ausdruck findet, anschaulich machen. So wird also die Schönheitsqualität der weiblichen Erscheinung näher liegen als der männlichen – wenn auch nur in dem Sinne, dass sie eine größere natürliche Disposition für die Schönheit mitbringt; wie entsprechend im Seelischen zwar keineswegs alle Frauen »schöne Seelen« sind, aber dennoch in ihrer psychischen Struktur die Intention auf diese konfliktlose, die Gegensätze des männlichen Lebens wie von selbst in ihre Einheit aufhebende, in ihrer Wirklichkeit die Idee einschließende Daseinsform tragen; so dass diese sich empirisch fast nur an Frauen verwirklicht findet. Wie nun das Kunstwerk überhaupt den Zauber besitzt, Wertreihen, die in der empirischen Wirklichkeit unabhängig und beziehungslos gegeneinander verlaufen, in selbstverständlicher Einheit zusammenzubinden, und in dieser Fähigkeit vielleicht sein tiefstes Wesen hat – so verknüpft der Schauspieler das dramatische Geschehen mit der anschaulichen Schönheit – zwei von sich | aus füreinander völlig gleichgültige Reihen – zu einer künstlerischen Einheit. Es gibt, abgesehen von dem damit verwandten Tanze, keine Kunst, in der die Schönheit so unmittelbar von der persönlichen Leistung – nicht von dem Resultat der Leistung – gefordert würde, sei es von der Statik des Momentes, sei es von dem Gleiten der Gebärde; denn indem über die Unaufhaltsamkeit des Geschehens und Sich-Bewegens die Ruhe der bildhaften Schönheit kommt, entsteht das spezifische Phänomen der »Anmut«. Der männliche Schauspieler transponiert jene Forderung mehr in das Wertgebiet der Bedeutendheit hinüber, die Schauspielerin aber (gleichviel, wie weit auch an sie diese letztere Forderung ergeht) ist schon durch die Formel ihres Wesens dazu disponiert, durch Aufnahme des dramatischen Inhalts in diese Formel, die schauspielerische Synthese, zu realisieren. –

Ich verfolge die Möglichkeiten nicht weiter, innerhalb der allgemeinen Kulturgebiete Provinzen für weibliche, den Männern versagte Schöpfungen, also für Steigerung der objektiven Kultur durch die Frauen, abzugrenzen, sondern weise jetzt auf die beiden Gebiete weiblicher Leistungen hin, die im großen Stile kulturschöpferisch sind oder dafür gelten: das Haus und der Einfluss der Frauen auf die Männer. Man hat auch da, wo die höchsten Wertungen an das »Haus« gewandt worden sind, diese doch eigentlich immer an seine einzelnen Leistungen geknüpft, nicht aber an die Kategorie des Lebens überhaupt, die es darstellt. Eine Reihe der allerwichtigsten kulturellen Gebilde zeigt das eigentümliche Schema: dass ein solches einerseits ein Teil des Gesamtlebens ist, andern, gleichfalls durch ihre Wesensform abgegrenzten Gebieten koordiniert, mit diesen zusammen und in Wechselwirkung mit ihnen die Gesamtheit unseres individuellen, gesellschaftlichen, geistigen Daseins ausmachend. Andrerseits aber bildet ein jedes von ihnen eine *ganze* Welt, d.h. eine Form, in die die Lebensinhalte überhaupt aufgenommen und nach einem besonderen Gesetz angeordnet, behandelt, erlebt werden. Die Struktur unseres Daseins erscheint in ersterer Hinsicht als eine Summe ineinander verwebter, geformter Inhalte, in der anderen sozusagen als eine Summe von Welten, deren jede den gleichen Daseinsinhalt | in je eine spezifische oder eine Totalität darstellende Form fasst. So die Religion, die Kunst, die praktische Lebendigkeit, die Erkenntnis. Jedes dieser ist ein Teil des Lebens, in wechselnden Kombinationen als Haupt- und Nebensachen bilden sie zusammen die Einheit eines ganzen individuellen wie öffentlichen Daseins. Nun aber ist auch jedes von ihnen eine *ganze* Welt, d.h. alle Erlebnisinhalte können unter dem Aspekte ihrer religiösen Bedeutung erlebt werden, die Gesamtheit der Dinge untersteht prinzipiell künstlerischen Formungsmöglichkeiten, alles, was die Welt uns bietet, kann Gegenstand ethisch-praktischer Attitüde werden, der Umkreis des Gegebenen überhaupt bildet zugleich Erfüllung oder Aufgabe des Erkennens.

Die empirische Verwirklichung dieser durch je ein apriorisches Formgesetz gestalteten Welten ist natürlich fragmentarisch genug. Die Herrschaft eines solchen Formgesetzes ist jeweils durch die gegebene historische Lage beengt, die Hineinnahme der Inhalte durch Kraft und Lebensdauer der Individuen verendlicht. Prinzipiell aber bestehen so viele Welttotalitäten, wie Formen dieser Art bestehen, und in je eine von ihnen muss jeglicher Inhalt eingehen, um erlebt zu werden – jenseits ihrer ist er nur als abstrakte Idee ausdrückbar. In der Art dieser Formen wirken, in gewissen Einschränkungen, auch konkretere Gebilde. So der Staat. Innerhalb der Ganzheit eines Lebens, auch des für den Staat engagiertesten, ist er doch immer nur ein Element neben anderen, die anderen Formungskreisen unserer Interessen angehören. Andrerseits aber kann der Staat als eine allumfassende Form gelten, in deren Organisation und Einflusssphäre alle möglichen Lebensinhalte irgendwie hineingezogen werden können – in so wechselnden Maßen auch die historischen Staaten diese prinzipielle Möglichkeit verwirklichen. Und nun endlich: auch das »Haus« spielt diese kategoriale Doppelrolle. Es ist einmal ein Lebensmoment seiner Teilnehmer, die mit personalen und religiösen, geschäftlichen und geistigen Interessen, wie erheblich oder minim diese auch sonst seien, doch über das »Haus« hinüberreichen und aus ihm und jenen ihr Leben zusammenbauen; dann aber ist das Haus doch eine besondere Art, in der die *gesamten* Lebensinhalte gestaltet werden, es gibt – wenig|stens innerhalb der entwickelteren europäischen Kultur – kein Interesse, keinen Gewinn oder Verlust äußerer und innerer Art, kein von den Individuen irgend berührtes Gebiet, das nicht, mit allen anderen zusammen, in die einzigartige Synthese des Hauses einströmte, keines, das nicht irgendwie in ihm abgelagert wäre. Es ist ein Teil des Lebens und zugleich eine besondere Art, das ganze Leben zusammenzubringen, abzuspiegeln, zu formen. Dies nun zustande gebracht zu haben, ist die große Kulturleistung der Frau. Hier ist ein objektives Gebilde, dessen

Eigenart mit nichts anderem verglichen werden kann, durch die besonderen Fähigkeiten und Interessen, Gefühlsweise und Intellektualität der Frau, durch die ganze Rhythmik ihres Wesens geprägt worden. Jene beiden Bedeutungen des Hauses: als ein Teil und als ein Ganzes – gelten freilich für beide Geschlechter, verteilen aber ihre Maße doch so, dass für den Mann das Haus mehr einen Teil des Lebens überhaupt, für die Frau mehr dessen besonders gestaltete Ganzheit bedeutet. Darum ist der Sinn des Hauses, weder objektiv noch für die Frau, mit irgendeiner einzelnen seiner Aufgaben erschöpft, auch nicht mit der auf die Kinder bezüglichen; sondern es ist ein selbstgenugsamer Wert und Zweck, insoweit dem Kunstwerk analog, das zwar an seinem Erfolge für die Aufnehmenden seine ganze subjektive Kulturbedeutung findet, dem aber doch noch außerhalb dieser eine nur nach seiner Vollkommenheit, gemäß eignen Gesetzen, objektive Bedeutung zukommt. Dass man sich die so angedeutete kulturelle Formation des Hauses nicht oft klar gemacht hat, liegt an den flüssigen, labilen, dem Tage und den Personen dienenden Einzelheiten seiner Erscheinung – worüber man die objektive Kulturbedeutung der *Form*, in der das Haus die Synthese dieser fließenden, verfließenden Leistungen vollzieht, übersehen hat. Immerhin ist das, was das »Haus« über die Summe seiner momentanen Leistungen hinaus und als deren eigenartige Formung an Dauerwerten von Einwirkungen, Erinnerungen, Lebensorganisation besitzt, in einer radikaleren Weise mit dem variablen und persönlichen Leben von Stunde und Jahr verknüpft, als es bei objektiven Kulturleistungen männlicher Herkunft der Fall ist. Man könnte hier, freilich mit | einer weiteren Abstraktion, auf eine allgemein menschliche Korrelation hinweisen. Das dualistische, unruhige, der Unbestimmtheit des Werdens hingegebene Wesen des Mannes (denn so lässt es sich, jenseits individueller Modifikationen, in seinem Gegensatz zum Weiblichen bezeichnen) fordert seine Erlösung in dem objektivierten Tun. All die fluktuierenden Differenziertheiten des Kulturprozesses, mit denen der Mann sich, wie man es wohl symbolisch ausdrücken muss, von dem Boden des naturhaften Seins hinwegentwickelt hat, erzeugen sozusagen ihr Gegengewicht in dem bleibenden, objektiven, überindividuellen Werke, zu dem die Kulturarbeit des Mannes als solchen, des Königs oder des Kärrners, hin tendiert. Man könnte schließen, dass der Mensch überhaupt eine gewisse Mischung oder Proportion dieser beiden Grundtendenzen brauche: des Werdens und des Seins, der Differenziertheit und der Gesammeltheit, der Hingebung an den Zeitverlauf und der Enthobenheit über ihn in ein Ideelles oder Substanzielles. Diese Gegensätze sind selbst mit derartigen Abstraktionen nicht in ihrer Reinheit auszudrücken, es sind die formalen Wesenselemente des Menschlichen, die dem Bewusstsein immer nur an irgendeinem einzelnen Material ihrer Funktionierung ergreifbar werden. Die Art ihrer Kombination im Typus Frau ist der eben angedeuteten im Typus Mann genau entgegengesetzt. Wir empfinden die Frau nicht so sehr unter der Idee des Werdens als der des Seins – so unbestimmt und nur von fernher andeutend dieser Begriff auch sei. Aber das Einheitliche, Naturhafte, In-sich-Gesammelte, wodurch das weibliche Wesen sich vom männlichen abhebt, findet wohl so seine abstrakteste Kategorie. Seinen »Gegenwurf« aber, und damit jene Balance der allgemein menschlichen Existenz, findet es in dem Charakter der weiblichen Tätigkeitsinhalte: die ein Verfließendes und dem Einzelnen Hingegebenes sind, ein mit der Forderung des Augenblicks Werdendes und Vergehendes, nicht ein Bauen an einer in irgendeinem Sinn bleibenden, überpersonalen Kulturwelt, sondern ein Dienen an den Tagen und an den Personen, die diesen Bau sich erheben lassen. Daher ist es die gleiche, nur etwas speziellere Korrelation, dass die Frau zwar dem Manne, der sozusagen der geborene Grenzen-Durchbre-|cher ist, gegenüber als das geschlossene, von strenger Grenze umzirkte Wesen erscheint – aber mit ihren künstlerischen Leistungen gerade da versagt, wo die strenge Geschlossenheit der Form prävaliert: im Drama, in der musikalischen Komposition, in der Architektur. Unter dem Vorbehalt, dass solche Begriffs-Symmetrien keine starren Konstruktionen sind, sondern nur einen schmalen, von tausend Veränderlichkeiten umspielten Kern darstellen – scheinen das Wesen und die Bewährung bei den Geschlechtern die Rollen getauscht zu haben: das eine in seinem tiefsten Wesen unaufhörlich werdend, expansiv wirkend, in das zeitliche Spiel eines innerlichsten Dualismus verflochten – in seiner Bewährung aber an dem Objektiven, Beharrenden, Substanziellen wirkend; das andere in sich selbst konzentrisch, in seinem Sinn ruhend, seiner Bewährung nach aber dem fließenden Leben gewidmet und auf kein Resultat gerichtet, das nicht wieder in dieses πάντα ῥεῖ aktueller Interessen und Ansprüche hineingezogen würde.

Indem das Haus nun diese eigenartige Struktur besitzt: in seiner ruhigen Geschlossenheit (wie sie wenigstens in seiner Idee liegt) doch alle Linien des kulturellen Kosmos irgendwie in sich zusammenzuführen und das Tun und Schaffen in ihm doch in einer anschaulich-beharrenden, inneren Einheit ablaufen zu lassen, eignet ihm jene reale und symbolische Beziehung zum Wesen der Frau, durch die es deren große Kulturtat werden konnte. – Nach einer ganz anderen Formel ist die andere kulturelle Bedeutung gebaut, die man der Frau ungefähr in folgender Weise zugeschrieben hat. Die originale und objektive Kulturleistung der Frauen bestünde darin, dass die männliche Seele zum großen Teil von ihnen gestaltet wird. So gut, wie etwa die Tatsache der Pädagogik oder die rechtliche Einwirkung der Menschen aufeinander oder auch: die Bearbeitung eines Materiales durch einen Künstler zur objektiven Kultur gehören, so gut täten es die Einflüsse, Bildungen und Umbildungen seitens der Frauen, dank deren die männliche Seele eben so ist, wie sie ist. In der Formung dieser drückten die Frauen sich selbst aus, sie schüfen hier ein objektives und nur durch sie mögliches Gebilde, in dem Sinne, in dem man überhaupt von menschlichem Schaffen reden kann, das immer | nur eine Resultante der schöpferischen Einwirkung und der eigenen Kräfte und Bestimmtheiten ihres Gegenstandes bedeutet. Das Werk der Frau, so könnte man in diesem Zusammenhang sagen, ist der Mann, da in der Tat die Männer anders wären, als sie sind, wenn nicht Einwirkungen der Frauen auf sie stattfänden; und dies geht ersichtlich dahin weiter, dass das Verhalten und die Tätigkeit der Männer, kurz die ganze männliche Kultur zu irgendeinem Teil auf die Einwirkung oder, wie man es ausdrückt, auf die »Anregung« der Frauen begründet ist. Allein hier liegt doch wohl eine Unklarheit vor. Jene »Einwirkung« mag noch so stark sein – eine Bedeutung für die objektive Kultur gewinnt sie erst, indem sie sich in den Männern in diejenigen Erfolge umsetzt, die der *männlichen* Wesensart entsprechen und eben nur in *dieser* hervorgerufen werden können. Dies ist radikal von jeder wirklichen Kulturproduktion unterschieden, deren Inhalte auf andere übergehen und dann erst eventuell in diesen mannigfaltige Wirkungen provozieren mögen. Unsere Kultur ist eben nicht nur ihren zufälligen Inhalten, sondern ihrer Form als objektive Kultur nach männlich, und dadurch, dass ihre aktiven Träger Einwirkungen, wie tiefe auch immer, von Frauen erfahren, wird diese Kultur als solche so wenig in irgendeinem Sinne »weiblich«, wie eine Kultur südlicher Länder, deren Träger durch das warme Klima aufs erheblichste in ihren Betätigungen, Tendenzen, Lebensinhalten beeinflusst sind, darum eine »warme Kultur« ist. Jene Lehre von der »indirekten« Kulturbedeutung der Frau begeht eine tiefe kategoriale Verwechslung: zwischen dem Übergeben eines substanziell-geistigen Inhalts (der dann in dem Lebensprozess des Empfangenden weiterwirken mag) und einer unmittelbaren Einwirkung auf dieses Leben selbst, die nicht durch einen irgendwie zeitlosen und von seinem Träger ideell lösbaren Inhalt vermittelt wird. In allen Beziehungen der Menschen zueinander, von den flüchtigsten bis zu den historisch wesentlichsten, besteht diese Unterschiedenheit, mit ihren freilich unzähligen praktischen Vermischungen – ob ein Subjekt auf das andere wirkt, wie entfaltender Sonnenschein oder entwurzelnder Sturm auf die Pflanze, also einen Erfolg hervorrufend, der in dem Bewirkenden selbst in keiner | Weise vorgebildet ist, Ursache und Wirkung durch keinerlei *Inhaltsgleichheit* verbunden; oder ob diese Letztere zwischen ihnen besteht, ein Geschaffenes, in seiner Identität beharrend; wie ein Geschenk, das aber, als ein geistiges, nicht dem Besitz des einen verloren geht, weil es in den des andern übergeht. Dort überträgt sich eine Wirkung des Lebens, hier ein Inhalt des Lebens. Jene mag oft die tiefere sein, mag die Geheimnisse der letzten Erschütterungen und Lebensumbildungen zwischen Mensch und Mensch tragen; aber die eigentlich kulturelle ist die andere, sie macht den Menschen zum historischen Wesen, zum Erben der Schöpfungen seines Geschlechtes, sie offenbart es, dass der Mensch das objektive Wesen ist. In diesem Falle erst empfängt der Mensch, was der andere besessen hat oder besitzt, in jenem aber etwas, was der Gebende selbst nicht hat, etwas, was in dem Empfangenden selbst, durch sein Wesen und seine Energien allein bestimmt, zu einem neuen Gebilde wird. Erst dass im Geiste der Lebensprozess sich von seinem Inhalt gesondert hat – worin die erste und letzte Möglichkeit der Kultur sich gründet –, enthebt die Einwirkung der Menschen aufeinander der einfachen Kausalität, in der die Wirkung sozusagen gegen die Ursache morphologisch gleichgültig ist, und lässt den Empfangenden eben das haben, was der Gebende gibt, und nicht nur dessen Wirkung. Diese beiden Bedeutungen der »Einwirkung« verwechselt jene Theorie von der Kulturleistung der Frauen in ihrer Einwirkung auf die Männer. Was sie nur meinen kann, ist nicht das Übergehen eines Inhaltes, den jene geschaffen hätten, auf diese Letzteren. Selbst die »Milderung der Sitten«, die man allenfalls hier anführen könnte, ist viel weniger von den Frauen ausgegangen, als es die banale Tradition will. Weder die Aufhebung der Sklaverei zu Beginn des Mittelalters noch die spätere der Leibeigenschaft, weder die Humanisierung der Kriegsgebräuche und der Behandlung der Besiegten noch die Abschaffung der Tortur, weder die Einführung der Armenpflege im großen und wirksamen Stil noch die Beseitigung des Faustrechts gehen, soviel wir wissen, auf weibliche Einflüsse zurück. Vielmehr ist die Beseitigung sinnloser Grausamkeiten gerade einer Objektivierung des Lebens zu danken, einer Versachlichung, die das | Zweckmäßige von allen Impulsivitäten, Unenthaltsamkeiten, Kurzsichtigkeiten der Subjekte entlastet. Gewiss bringt die reine Sachlichkeit (z.B. innerhalb der Geldwirtschaft) Härten und Rücksichtslosigkeiten mit sich, die bei personalerem, also gefühlsmäßigerem Verfahren vielleicht nicht aufkommen. Dennoch ist die »Milderung der Sitten« nicht von diesem, sondern von den rein objektiven Entwicklungen des Geistes ausgegangen, die gerade das spezifisch Männliche der Kultur darstellen. Der Typus: dass ein Mensch einem andern gibt, was er selbst nicht hat, ist nirgends stärker als im Verhältnis der Frauen zu den Männern realisiert. Das Leben, ja die Geistigkeit unzähliger Männer wäre anders und ärmer, wenn sie nicht etwas von Frauen empfingen. Aber was sie empfangen, ist nicht ein Inhalt, der so schon in den Frauen bestünde – während das, was die Männer dem geistigen Leben der Frauen geben, ein bereits formfest Gewordenes zu sein pflegt. Was die Frauen geben, ist, paradox gesagt, ein Unmitteilbares, ein in ihnen verbleibendes Sein, das, indem es den Mann berührt, in ihm etwas auslöst, was phänomenologisch mit jenem gar keine Ähnlichkeit hat; erst in ihm wird es »Kultur«. In dieser Modifikation allein kann es verstanden werden, dass die Frauen die »Anregerinnen« der männlichen Kulturleistungen sind. In einem unmittelbareren, den Inhalt selbst einschließenden Sinne aber nicht: man kann unmöglich Rahel die »Anregerin« der Arbeit Jakobs nennen, so wenig wie in einem solchen Sinne Dulcinea von Toboso die Taten Don Quixotes oder Ulrike von Levetzow die Marienbader Elegie »angeregt« hat. –

Im Großen und Ganzen bleibt also das Haus die große Kulturleistung der Frauen, weil die angedeutete, einzigartige Struktur des Hauses als einer Lebenskategorie es ermöglicht hat, dass Wesen, die im Allgemeinen der Objektivierung ihres

Lebens so fern stehen, diese doch gerade an ihm im breitesten Maße vollziehen konnten. Die Hausführung gehört in eminentem Maße in jene am Anfang dieser Seiten hervorgehobene Kulturkategorie der »sekundären Originalität«. Hier sind typische Zwecke und allgemeine Verwirklichungsformen vorgezeichnet, beide aber doch in jedem Falle auf individuelle Variabilität angewiesen, auf spontane Entschlüsse, Verantwor|tung in unwiederholten Situationen. Der Hausfrauenberuf, in all seiner Mannigfaltigkeit von einem durchaus einheitlichen Sinn gelenkt, ist so ein mittleres Gebilde zwischen der Produktion aus dem urschöpferischen Ich heraus und der bloßen Wiederholung vorgezeichneter Betätigungsformen; und dies begründet seine Stellung in der sozialen Wertungsreihe. Es gibt eine Reihe männlicher Berufe, zu denen es keiner spezifischen Begabung bedarf und die dennoch nicht inferior sind, nicht notwendig schöpferisch und individuell und doch das Individuum von keinem sozialen Range ausschließend: so der juristische und viele kaufmännische Berufe. Diese soziale Formung besitzt auch der Hausfrauenberuf: er kann von jeder bloß durchschnittlichen Begabung erfüllt werden und ist doch nicht subaltern, braucht es wenigstens nicht zu sein. Eine längst trivial gewordene Beobachtung muss hier wiederholt werden. Indem die moderne Entwicklung für eine steigende Zahl von Frauen den Hausfrauenberuf ausschließt, ihn für andere innerlich entleert: durch Ehescheu der Männer, durch die Schwierigkeit der Ehe bei gewachsener Individualisierung, durch die Beschränkung der Kinderzahl, durch Expatriierung unzähliger Herstellungen aus dem Hause heraus – wird die Betätigungsschicht der sekundären Originalität den Frauen mehr und mehr verschlossen und sie werden in die Alternative der ganz hohen und der ganz tiefen Berufe gedrängt: in die höchsten, geistig produktiven, für die die Begabung immer nur ganz exzeptionell ist, und in die inferioren, die unter ihren sozialen und personalen Ansprüchen bleiben. Als Pendant zu der juristischen Laufbahn, die unspezifisch und doch nicht subaltern ist, besitzen sie, von ganz engen Bezirken abgesehen, nur den Hausfrauenberuf; denn dass der Lehrerinnenberuf als ein solcher gilt, ist ein verhängnisvolles Missverständnis, das nur aus der drängenden Not um einen derartigen Zwischenberuf erklärlich ist; in Wirklichkeit fordert die pädagogische Tätigkeit genauso spezifische Beanlagtheit wie irgendeine wissenschaftliche oder künstlerische.

Ist dies der Aspekt von der geschichtlichen Gegebenheit her, so ist es naturgemäß viel schwieriger, in der Richtung der obigen Andeutungen die Zukunftsmöglichkeiten zu ermessen, | die für eine objektiv weibliche Kultur bestehen, für die Produktion solcher Inhalte, die die Männer als solche prinzipiell nicht leisten können. Führte die neu erstrebte Bewegungsfreiheit der Frau zu einer *Objektivation des weiblichen Wesens,* wie die bisherige Kultur eine solche des männlichen Wesens ist, und nicht zu inhaltsgleichen Wiederholungen der Letzteren durch die Frauen (den spezifischen Wert hiervon diskutiere ich nicht) – so wäre damit freilich ein neuer Weltteil der Kultur entdeckt. Nicht ein »selbständiges Menschentum«, das man von einem andern Standpunkt aus als das Ideal der Frauenbewegung bezeichnet hat, sondern ein »selbständiges Weibtum« kann uns hier als solches Ideal gelten; schon weil angesichts der historischen Identifizierung von Männlich und Menschlich jenes Menschentum sich, auf seine Inhalte hin genau angesehen, als Männertum herausstellen würde. Alle derartigen Zielsetzungen gehen schließlich dahin, dass die Frauen werden und haben wollen, was die Männer sind und haben. Den Wert davon stelle ich hier nicht in Abrede, aber vom Standpunkt der objektiven Kultur aus ist nicht er zu erwägen, sondern nur das selbständige *Weibtum,* d. h. die Herauslösung des spezifisch Weiblichen aus der Unmittelbarkeit des verfließenden Lebensprozesses zu der Selbständigkeit realer und ideeller Gebilde. Man könnte um dieses Ideales willen freilich so weit gehen, in sein völliges Gegenteil als in seine *nächste* Bedingung zu willigen: in die mechanische Gleichmacherei von Erziehung,

Rechten, Berufen, Verhalten; man könnte meinen, dass, nachdem die Leistung und die Position der Frauen so lange in einer übertriebenen Ungleichheit mit den Männern verharrten, die das Herausarbeiten einer spezifisch weiblichen Objektivität hintangehalten hat, nun zunächst einmal das entgegengesetzte Extrem, die übertriebene Gleichheit, passiert werden müsste – ehe sich, über diese hinweg, die neue Synthese: eine objektive Kultur, die mit der Nuance des Weiblichen bereichert ist, erheben könne – wie es heute extreme Individualisten gibt, die Sozialisten sind, weil sie allein von dem Durchgang durch einen nivellierenden Sozialismus eine wahrhaft naturgemäße Rangierung und eine neue Aristokratie, die wirklich die Herrschaft der *Besten* wäre, erwarten. |

Ich diskutiere hier indes weder die Wege zu einer objektiven weiblichen Kultur noch das Quantum ihrer Inhalte, zu dessen Realisierung eine Chance bestehen möchte. Aber unüberhörbar bleibt in der Schicht der Prinzipien ein formales Problem, auf das als auf das tiefste und letztentscheidende die bisherigen Überlegungen allenthalben hingedrängt wurden: ob nicht überhaupt dem spezifisch weiblichen Sein in seinem Innersten die Objektivation seiner Inhalte widerspricht; ob nicht etwa schon mit dieser Frage und Forderung der hier gerade so oft gerügte Denkfehler begangen wird: an das weibliche Wesen ein Leistungskriterium heranzubringen, das gerade aus dem differenziell männlichen Wesen hervorgegangen ist. Der Begriff der objektiven Kultur erschien als ein so abstrakter, dass, wenn er auch geschichtlich nur mit männlichem Inhalt gefüllt wäre, doch die Idee einer zukünftigen weiblichen Konkretisierung seiner aufkommen konnte. Vielleicht aber ist doch die objektive Kultur nicht nur als ihr bisheriger Inhalt, sondern rein als solche, als Bewährungsform überhaupt dem weiblichen Wesen derartig heterogen, dass objektive weibliche Kultur eine *contradictio in adiecto* ist.

Niemand wird leugnen, dass einzelnen Frauen objektive Kulturschöpfungen gelingen oder gelingen können; aber damit ist noch nicht entschieden, ob in dieser Schöpfung das Weibliche als solches, das, was kein Mann kann, objektiviert ist. Es gilt nur unter sehr starken Modifikationen, dass man den Menschen an seinen Werken erkennt: wir sind manchmal mehr als unser Werk, manchmal – so paradox es klingt – ist unser Werk mehr als wir, manchmal ist beides wie fremd gegeneinander oder deckt sich nur mit zufälligen Abschnitten. Ob in irgendeinem Kulturgebilde – von dem »Hause« mit seiner einzigartigen Struktur abgesehen – die Wesenseinheit der Frau wirklich »objektiver Geist« geworden ist, können wir mit vollkommener Sicherheit nicht sagen; wodurch denn freilich umso wahrscheinlicher wird, dass nicht der Zufall der einzelnen Kulturinhalte und ihrer geschichtlichen Entwicklung die spezifisch weibliche Kultur hintangehalten hat, sondern eine prinzipielle Diskrepanz zwischen der Form des weiblichen Wesens und der der objektiven Kultur überhaupt. Je radikaler | auf diese Weise männliches und weibliches Wesen auseinandertreten, desto weniger folgt aus dieser Spaltung die – gewöhnlich von ihr abgeleitete – Deklassierung der Frauen, desto autonomer erhebt sich ihre Welt auf einem völlig eignen, mit der männlichen Welt nicht geteilten und von ihr nicht entlehnten Baugrund – wobei natürlich unzählige Gemeinsamkeiten dadurch entstehen können, dass keineswegs alles, was der Mensch tut und lebt, sich aus jenem letzten Grund seines Weibtums oder Manntums entwickelt. Der äußerste Punkt, zu dem sich das Selbständigkeits- und Äquivalenzideal der Frauen innerhalb der kulturgeschichtlichen Betrachtung schien erheben zu können: eine objektive weibliche Kultur, der männlichen parallel und damit deren historisch gewalttätige Idealisierung aufhebend – auch dieser Punkt ist hier noch, in der gleichen Richtung, überschritten. Jene männliche Monopolisierung der objektiven Kultur würde nun wieder zu Rechte bestehen, weil sie schon als formales Prinzip ein einseitig-männliches wäre, neben dem, an seinem Maßstab nicht zu messen und seinen Inhalten keine gleichgeformten zur Seite stellend, die weibliche Existenzform als eine andere und von dem letzten Wesen her selbständige sich darböte. Der Sinn dieser ginge nun nicht mehr auf eine Äquivalenz *innerhalb* der allgemeinen Form objektiver Kultur, sondern auf eine solche zweier ganz verschieden rhythmisierter Existenzarten, deren eine die dualistische, auf Werden, Wissen und Wollen gerichtete ist und damit ihre Lebensinhalte aus dem Lebensprozess heraus in eine Kulturwelt objektiviert; während die andere jenseits der so subjektiv angelegten und der so objektiv entwickelten Zweiheit steht und deshalb ihre Lebensinhalte nicht in eine gleichsam ihr äußere Form hineinleben, sondern für sie eine nach innen gewandte Perfektion suchen müsste. Und daraufhin könnte man nun noch den vorherigen Ausdruck widerrufen: dass die Frauen eine eigne, von den Fundamenten her mit der männlichen unvergleichbare *Welt* besäßen. Denn wird das weibliche Wesen in dem radikalen Sinne gefasst, der nicht eine einzelne Frau, sondern das Prinzip ihrer Eigenart beschreiben will; der nun zwar die Gleichung: objektiv = männlich anerkennt, um die andere männlich = menschlich umso | fundamentaler aufzuheben – so gestaltet sich das weibliche Bewusstsein vielleicht gar nicht zu einer »Welt« aus. Denn »Welt« ist eine Form von Bewusstseinsinhalten, gewonnen durch die Zugehörigkeit eines jeden von ihnen zu einem Ganzen, in dem jeder Teil außerhalb jedes andern und ihre Summe irgendwie außerhalb des Ich ist. Sie ist also das – niemals ganz realisierbare – Ideal eines Ich, dessen transzendentale Funktion das Herausgehen aus sich selbst und das Bilden außerhalb seiner ist. Sie würde also als transzendentale Kategorie nicht in Frage kommen, wo das metaphysische Wesen von Seelen sich nicht in der dualistisch-objektivistischen Richtung orientiert, sondern sich in einer Vollkommenheit des Seins und des Lebens selbst abschließt.

Der Konflikt der modernen Kultur

Ein Vortrag

Hugo und Agathe Liepmann in Freundschaft zugeeignet

Sobald das Leben über das bloß Animalische hinaus zur Stufe des Geistes vorgeschritten ist und der Geist seinerseits zur Stufe der Kultur, wird in ihm ein innerer Gegensatz offenbar, dessen Entwicklung, Austrag, Neuentstehung den ganzen Weg der Kultur ausmacht. Offenbar nämlich sprechen wir von Kultur, wenn die schöpferische Bewegung des Lebens gewisse Gebilde hervorgebracht hat, an denen sie ihre Äußerung, die Formen ihrer Verwirklichung findet, und die ihrerseits die Flutungen des nachkommenden Lebens in sich aufnehmen und ihnen Inhalt und Form, Spielraum und Ordnung geben: so die sozialen Verfassungen und die Kunstwerke, die Religionen und die wissenschaftlichen Erkenntnisse, die Techniken und die bürgerlichen Gesetze und unzähliges andere. Aber diese Erzeugnisse von Lebensprozessen haben das Eigentümliche, dass sie im Augenblick ihres Entstehens schon einen eigenen festen Bestand haben, der mit dem ruhelosen Rhythmus des Lebens selbst, seinem Auf- und Niedergang, seiner steten Erneuerung, seinen unaufhörlichen Spaltungen und Wiedervereinigungen nichts mehr zu tun hat. Sie sind Gehäuse des schöpferischen Lebens, das sie aber wieder verlässt, und des nachströmenden, das aber schließlich in ihnen nicht mehr unterkommt. Sie zeigen eine eigene Logik und Gesetzlichkeit, einen eigenen Sinn und Widerstandskraft, in einer gewissen Abgelöstheit und Selbständigkeit gegenüber der seelischen Dynamik, die sie schuf; im Augenblick dieses Schaffens entsprechen sie vielleicht dem Leben, aber im Maße seiner Weiterentfaltung pflegen sie in starre Fremdheit, ja Gegensätzlichkeit zu ihm zu geraten.

Hier nun liegt der letzte Grund davon, dass die Kultur eine *Geschichte* hat. Wenn das geistgewordene Leben fortwährend solche Gebilde schafft, die eine Geschlossenheit in sich selbst und einen Anspruch auf Dauer, ja auf Zeitlosigkeit tragen, so mag man sie als die *Formen* bezeichnen, in die dieses Leben sich kleidet, als die notwendige Art, ohne die es nicht in die | Erscheinung treten, ohne die es nicht geistiges Leben sein kann. Es selbst aber strömt unablässig weiter, seine ruhelose Rhythmik tritt an jedem neuen Gehalt, in dem es sich eine neue Daseinsform schafft, in Widerspruch gegen dessen feste Dauer oder zeitlose Gültigkeit. In rascherem oder langsamerem Tempo nagen die Kräfte des Lebens an jedem einmal entstandenen Kulturgebilde; sowie es zu seiner vollen Ausbildung gelangt ist, beginnt darunter schon das nächste sich zu formen, das es nach kürzerem oder längerem Kampfe zu ersetzen bestimmt ist.

Als Gegenstand der Geschichte in ihrem größten Sinn erscheint der Wandel der Kulturformen. Dies ist die äußere Erscheinung, mit der die Geschichte als empirische Wissenschaft sich begnügt, indem sie in jedem einzelnen Fall die konkreten Träger und Ursachen jenes Wandels herausstellt. Der Tiefenvorgang dürfte aber der sein, dass das Leben vermöge seines Wesens als Unruhe, Entwicklung, Weiterströmen, gegen seine eigenen festgewordenen Erzeugnisse, die mit ihm nicht mitkommen, dauernd ankämpft; da es aber seine eigene Außenexistenz nicht anders finden kann als eben in irgendwelchen Formen, so stellt sich dieser Prozess sichtbar und benennbar als Verdrängung der alten Form durch eine neue dar. Der fortwährende Wandel der Kulturinhalte, schließlich der ganzen Kulturstile, ist das Zeichen oder vielmehr der Erfolg der unendlichen Fruchtbarkeit des Lebens, aber auch des tiefen Widerspruchs, in dem sein ewiges Werden und Sich-Wandeln gegen die objektive Gültigkeit und Selbstbehauptung seiner

Darbietungen und Formen steht, an denen oder in denen es lebt. Es bewegt sich zwischen Stirb und Werde – Werde und Stirb.

Dieser Charakter des geschichtlichen Kulturprozesses ist zuerst an wirtschaftlichen Entwicklungen festgestellt worden. Die wirtschaftlichen Kräfte jeder Epoche erzeugen eine ihnen gemäße Produktionsform. Sklavenwirtschaft und Zunftverfassung, bäuerliche Schollenpflichtigkeit und freies Lohnarbeitertum oder welche Arbeitsorganisationen immer – als sie sich bildeten, waren sie der adäquate Ausdruck dessen, was die Zeit konnte und wollte. Aber innerhalb ihrer Normierungen und | Schranken wuchsen jeweils wirtschaftliche Kräfte auf, deren Maß und Art sich in ihnen nicht ausleben konnten und die den immer drückenderen Zwang der jeweiligen Form in langsameren oder akuteren Revolutionen sprengten, um eine andere, diesen jetzigen Kräften angemessene Produktionsart an ihre Stelle zu setzen. Aber diese Letztere hat doch in sich, als Form, keine Energie, die eine andere verdrängen könnte. Es ist das Leben selbst – hier in seiner wirtschaftlichen Auszweigung – mit seinem Drängen und Überholen-Wollen, seinem Sich-Wandeln und Differenzieren, das die Dynamik zu der ganzen Bewegung hergibt, das aber, an sich formlos, doch nur als Geformtes zum Phänomen werden kann. Dennoch beansprucht diese Form, ihrem Wesen als Form nach, und auf rein geistigen Gebieten noch sichtbarer als auf wirtschaftlichem, im Augenblick ihres Aufkommens eine übermomentane, von der Pulsierung des Lebens selbst emanzipierte Gültigkeit; und darum setzt sich gegen diese das Leben eigentlich von vornherein in latente Opposition, die bald in dieser, bald in jener Provinz unseres Seins und Tuns zum Ausbruch kommt. Und dies kann sich schließlich zu einer Gesamtnot der Kultur akkumulieren, in der das Leben *die Form als solche* wie etwas ihm Aufgedrungenes empfindet, die Form überhaupt, nicht nur diese und jene durchbrechen und in seine Unmittelbarkeit aufsaugen will, um sich selbst an ihre Stelle zu setzen, seine eigene Kraft und Fülle so und nur so strömen zu lassen, wie sie eben aus seiner Quelle bricht, bis alle Erkenntnisse, Werte und Gebilde nur noch als seine umweglosen Offenbarungen gelten können. Jetzt erleben wir diese neue Phase des alten Kampfes, der nicht mehr Kampf der heute vom Leben gefüllten Form gegen die alte, leblos gewordene ist, sondern Kampf des Lebens gegen die Form überhaupt, gegen das Prinzip der Form. Der Tatsache nach haben die Moralisten, die Lobredner der alten Zeit, die Menschen des strengen Stilgefühles recht, wenn sie über die allenthalben sich steigernde »Formlosigkeit« des modernen Lebens klagen. Nur pflegen sie zu übersehen, dass nicht nur etwas Negatives, das Absterben der überlieferten Formen, geschieht, sondern ein durchaus positiver Lebensdrang diese Formen abstößt. Weil aber die Breite dieses Geschehens ihn zu | der Konzentrierung zu neuem Formschaffen noch nicht kommen lässt, macht er sozusagen aus dieser Not ein Prinzip und glaubt gegen die Form, bloß weil sie Form ist, kämpfen zu sollen. Vielleicht ist dies nur in einer Epoche möglich, in der die Kulturformen überhaupt als erschöpfter Boden empfunden werden, der hergegeben hat, was er hergeben konnte, während er doch noch ganz und gar von den Erzeugnissen seiner früheren Fruchtbarkeit bedeckt ist. Gewiss, im 18. Jahrhundert geschah Ähnliches, aber einmal geschah es durch einen viel längeren Zeitraum hindurch, von der englischen Aufklärung des 17. Jahrhunderts bis zur Französischen Revolution, und dann stand hinter jedem Umsturz das ganz feste neue Ideal: die Befreiung des Individuums, das Vernünftigwerden des Lebens, der sichere Fortschritt der Menschheit zu Glück und Vollkommenheit. Und aus ihm stieg, die Menschen innerlich sichernd, das Bild neuer, irgendwie schon vorbereiteter Kulturformen auf. So kam es nicht zu der Kulturnot, die wir kennen, die wir Älteren allmählich wachsen sahen, bis zu dem Grade, dass überhaupt nicht mehr eine neue Form den Kampf gegen eine alte aufnahm, sondern auf allen möglichen Gebieten das Leben sich dagegen empört, in irgendwie festen Formen verlaufen zu sollen.

Es ist wie ein Vorstadium dieser nun deutlich gewordenen Lage, dass in der philosophischen Deutung der Welt schon vor Jahrzehnten der Begriff des Lebens herrschend zu werden begonnen hat. Um dieser Erscheinung ihren richtigen Platz innerhalb des geistesgeschichtlichen Gesamtraumes anzuweisen, muss ich ein wenig weiter ausholen. In jeder großen, entschieden charakterisierten Kulturepoche kann man je einen Zentralbegriff wahrnehmen, aus dem die geistigen Bewegungen hervorgehen und auf den sie zugleich hinzugehen scheinen; mag nun die Zeit selbst über ihn ein abstraktes Bewusstsein haben oder mag er nur der ideelle Brennpunkt für jene Bewegungen sein, den erst der spätere Beobachter in seinem Sinn und seiner Bedeutung für sie erkennt. Jeder solche Zentralbegriff findet natürlich unzählige Abwandlungen, Verhüllungen, Gegnerschaften, aber mit alledem bleibt er der »heimliche König« der Geistesepoche. Für jede solche liegt er da – | und das macht seinen Ort auffindbar –, wo das höchste Sein, das Absolute und Metaphysische der Wirklichkeit mit dem höchsten Wert, mit der absoluten Forderung an uns selbst und an die Welt zusammentrifft. Gewiss liegt hierin ein logischer Widerspruch: was unbedingteste Realität ist, braucht nicht erst realisiert zu werden, von dem unbezweifeltsten Sein kann man ersichtlich nicht sagen, dass es erst sein soll. Aber um diese begriffliche Schwierigkeit kümmern sich die Weltanschauungen in ihren letzten Aufgipfelungen nicht, und gerade wo sie ihn begehen, wo die sonst gegeneinander fremden Reihen des Seins und des Sollens sich begegnen, kann man sicher sein, an einem wirklichen Zentralpunkt des jeweiligen Weltbildes zu stehen. Nur in größter Kürze deute ich hier an, was mir für weite Epochen als ein solcher Zentralbegriff erscheint. In der griechischen Klassik war es die Idee des *Seins,* des einheitlichen, substantiellen, göttlichen, das aber nicht pantheistisch gestaltlos war, sondern in sinnvollen plastischen Formen gegeben und zu ihnen zu gestalten. An seine Stelle setzte das christliche Mittelalter den Gottesbegriff, Quell zugleich und Ziel aller Wirklichkeit, unbedingter Herr unserer Existenz und doch von ihr freien Gehorsam und Hingabe erst fordernd. Diesen obersten Platz nahm seit der Renaissance allmählich der Begriff der Natur ein. Sie erschien als das Unbedingte, das allein Seiende und Wahre, zugleich aber als das Ideal, als ein erst Darzustellendes und Durchzusetzendes; zuerst im Künstlertum, für das ja von vornherein die Einheit des letzten Kernes der Wirklichkeit und des wertmäßig Höchsten unerlässliche Lebensbedingung ist. Dann hat das 17. Jahrhundert die Weltanschauung um den Begriff des Naturgesetzes als des allein wesenhaft Gültigen zentriert, und das Jahrhundert Rousseaus hat die »Natur« als Ideal, als den absoluten Wert, Sehnsucht und Forderung darüber gebaut. Daneben arbeitet sich am Ende der Epoche das *Ich,* die seelische Persönlichkeit, als Zentralbegriff auf, indem einerseits das ganze Dasein als schöpferische Vorstellung des bewussten Ich auftritt, andrerseits die Persönlichkeit doch erst zur Aufgabe wird, das Durchsetzen des reinen Ich oder auch der Individualität als der absolute sittliche Anspruch, ja als das metaphysische Weltziel erscheint. | Das 19. Jahrhundert hat in der bunten Vielheit seiner geistigen Bewegungen keinen gleich umfassenden Leitgedanken aufgebracht. In der Beschränkung auf das Menschliche könnte man hier an den Begriff der Gesellschaft denken, die im 19. Jahrhundert zuerst als unsere eigentliche Lebensrealität verkündet wurde, das Individuum ein bloßer Kreuzungspunkt sozialer Reihen oder gar eine Fiktion wie das Atom; andrerseits aber wird doch gerade ein Aufgehen in der Gesellschaft erst *gefordert,* die absolute Hingabe an sie sei das absolute Sollen, das das sittliche und jegliches andere in sich schlösse. Erst um die Wende des 20. Jahrhunderts schienen weitere Schichten des geistigen Europa gleichsam die Hand nach einem neuen Grundmotiv für den Aufbau einer Weltanschauung auszustrecken: der Begriff des *Lebens* strebt zu der zentralen Stelle auf, in der Wirklichkeit und Werte – metaphysische wie psychologische, sittliche wie künstlerische – ihren Ausgangspunkt und ihren Treffpunkt haben.

Welche Einzelerscheinungen nun, die zuvor geschilderte Allgemeintendenz der jüngsten Kultur tragend, in der vielgestaltigen »Metaphysik des Lebens« den Boden für ihr Wachstum, die Rechtfertigung für ihre Richtungen und ihre Konflikte und Tragödien finden – wird nachher zu verfolgen sein. Aber es muss noch gesagt werden, wie merkwürdig die aufkommende weltanschauliche Bedeutung des Lebensbegriffes sich vorwegnehmend damit bestätigt hat, dass die großen Antagonisten der modernen Wertgefühle, Schopenhauer und Nietzsche, sich gerade in ihr zusammenfinden. Schopenhauer ist der erste neuzeitliche Philosoph, der innerhalb der tiefsten und entscheidenden Schicht nicht nach irgendwelchen *Inhalten* des Lebens, nach Ideen oder Seinsbeständen fragt, sondern ausschließlich: Was ist das Leben, was ist seine Bedeutung rein als Leben? Dass er den Ausdruck nicht braucht, sondern nur vom Willen zum Leben oder vom Willen überhaupt spricht, darf an dieser Grundeinstellung nicht irre machen. Jenseits all seines spekulativen Hinausgreifens über das Leben ist »Wille« eben seine Antwort auf die Frage nach der Bedeutung des Lebens als solchen. Und diese besagt, dass das Leben keinen Sinn und Zweck außerhalb seiner selbst erreichen kann, weil es immer | seinen eigenen, in tausend Formen verkleideten Willen ergreift; gerade indem es seiner metaphysischen Wirklichkeit nach nur in sich selbst bleiben kann, kann es an jedem scheinbaren Ziel nur Enttäuschung und endlos weitertreibende Illusionen finden. Nietzsche aber, ganz ebenso von dem Leben als der alleinigen Bestimmung seiner selbst als der alleinigen Substanz aller seiner Inhalte ausgehend, hat den dem Leben von außen versagten sinngebenden Zweck im Leben selbst gefunden, das seinem Wesen nach Steigerung, Mehrwerden, Entwicklung zu Fülle und Macht, zu Kraft und Schönheit aus sich selbst heraus ist – nicht an einem angebbaren Ziele, sondern an der Entwicklung seiner selbst, dadurch, dass es *mehr* Leben wird, einen Wert gewinnend, der sich ins Unendliche erhöht. Aus wie tiefen Wesensgegensätzen heraus, jeder verstandesmäßigen Vermittlung oder Entscheidung spottend, hier auch die Verzweiflung am Leben und der Jubel über das Leben einander entgegenstehen – die Grundfrage ist ihnen gemeinsam und scheidet sie von allen früheren Philosophen – die Grundfrage: Was bedeutet das Leben, was ist sein Wert bloß als Leben? Nach dem Erkennen und der Moral, nach dem Ich und der Vernunft, nach der Kunst und Gott, nach Glück und Leiden können sie erst fragen, nachdem sie sich jenes erste Rätsel gelöst haben, und seine Lösung entscheidet über all solches; erst die Urtatsache des Lebens gibt allem Sinn und Maß, positiven oder negativen Wert. Der Begriff des Lebens ist der Schnittpunkt der beiden entgegengesetzt laufenden Gedankenlinien, die den Grundentscheidungen des modernen Lebens den Rahmen gegeben haben.

Ich versuche nun an einigen Erscheinungen der neuesten, das heißt bis 1914 entwickelten Kultur die entscheidende Abweichung von allem bisherigen Kulturwandel darzustellen, in welchem immer die Sehnsucht nach einer neuen Form die alte gestürzt hat; während wir jetzt als das letzte Motiv der Entwicklungen auf diesem Gebiete, auch wo das Bewusstsein scheinbar oder wirklich zu neuen Gebilden vorschreitet, dennoch als ihre letzte Triebfeder die Gegnerschaft gegen das Prinzip der Form überhaupt heraushören können. Es ist vielleicht – um dies noch vorauszuschicken – nur ein anderer | Ausdruck für das der benennbaren Erscheinung nach Negative dieser Geistesbewegung, dass wir mindestens seit einer Reihe von Jahrzehnten nicht mehr unter einer irgendwie gemeinsamen Idee leben, ja in weitem Ausmaß überhaupt nicht unter einer Idee – wie das Mittelalter seine kirchlich christliche Idee hatte und die Renaissance den Wiedergewinn der irdischen Natur als eines Wertes, der nicht erst durch Legitimation von transzendenten Mächten her galt, wie die Aufklärung des 18. Jahrhunderts, die für die Idee des allgemeinen Menschenglücks durch die Herrschaft der Vernunft lebte, und die große Zeit des deutschen Idealismus, die die Wissenschaft durch künstlerische Phantasie verklärte und der Kunst durch wissenschaftliche Erkenntnis ein Fundament von kosmischer Breite geben wollte. Würde man aber heut die Menschen der gebildeten Schichten fragen, unter welcher Idee sie eigentlich leben, so würden die meisten eine spezialistische Antwort aus ihrem Beruf heraus geben; aber von einer Kulturidee, die sie als ganze Menschen und die alle Sonderbetätigungen beherrschte, würde man selten hören. Ist das eigentümliche Stadium des geschichtlichen Wandels schon innerhalb der einzelnen Kulturprovinz jetzt dies, dass die reine Unmittelbarkeit des Lebens in die Erscheinung treten will und, soweit sie dies doch nur in irgendeiner Form kann, durch deren Unzulänglichkeit gerade jenes eigentlich entscheidende Motiv verrät – so fehlt nicht nur sozusagen das Material für eine zusammenfassende Kulturidee, sondern die Gebiete, deren Neubildungen von ihr zu umgreifen wären, sind viel zu mannigfaltig, ja heterogen, um eine solche ideelle Vereinheitlichung zuzulassen. – Auf das Einzelne übergehend, spreche ich nun zuerst von künstlerischen Erscheinungen.

Aus den durcheinanderlaufenden Bestrebungen, deren Ganzheit als Futurismus bezeichnet wird, scheint sich nur die als Expressionismus charakterisierte Richtung mit einer einigermaßen bezeichenbaren Einheit und Deutlichkeit herauszuheben. Täusche ich mich nicht, so ist es der Sinn des Expressionismus, dass die innere Bewegtheit des Künstlers sich ganz unmittelbar so, wie sie erlebt wird, in das Werk oder genauer noch als das Werk fortsetze. Sie soll das nicht an einer | Form tun oder sich in eine Form gießen, die ihr von einer Existenz außerhalb ihrer, einer realen oder auch einer ideellen, aufgedrungen würde. Darum hat sie nichts mit der Nachbildung eines Seins oder Geschehens zu tun, weder in dessen objektiver naturgesetzlicher Gestalt noch, wie es der Impressionismus wollte, in der unseres momentanen sinnlichen Eindrucks von ihm; denn auch dieser ist schließlich nicht die rein eigene, ausschließlich von innen bestimmte Produktion des Künstlers, sondern die Impression selbst ist etwas Passives, Abhängiges und das sie widerspiegelnde Werk eine Art Mischung des künstlerischen Selbstlebens mit der Fremdheit eines Gegebenen. Und wie dieses dem Inhalt nach Außersubjektive abgewiesen wird, ebenso diejenige Formgebung im engeren Sinne, die an den Künstler erst von irgendwoher herantritt, von der Tradition und der Methode, von einem Vorbild und einem festgestellten Prinzip. Alles dies sind Hemmungen des Lebens, das sich aus sich selbst heraus schöpferisch ergießen will und deshalb, wenn es sich solchen Formen fügte, sich nur als ein abgebogenes, starr gewordenes, unechtes in dem Werk fände. Ich möchte mir das Schaffen des expressionistischen Malers (und entsprechend, nur nicht so einfach ausdrückbar, in allen anderen Künsten) bei absoluter Reinheit so vorstellen, dass seine seelische Bewegtheit sich ohne weiteres in die Hand, die den Pinsel hält, fortsetzt – wie die Geste die innere Bewegtheit, der Schrei den Schmerz ausdrückt –, dass deren Bewegungen ihr widerstandslos gehorchen, sodass das auf der Leinwand schließlich dastehende Gebilde der unmittelbare Niederschlag des inneren Lebens ist, das nichts Äußerliches und Fremdes in seine Entfaltung hineingelassen hat. Dass auch expressionistische Bilder nach einem Objekt tituliert werden, mit dem sie gar keine »Ähnlichkeit« haben, ist zwar befremdend genug und vielleicht überflüssig, aber doch nicht so sinnlos, wie es nach den bisherigen artistischen Voraussetzungen scheinen muss. Denn jene innere Bewegtheit des Künstlers, die als expressionistisches Werk nur ausströmt, kann freilich aus unauffindbaren oder namenlosen Quellflüssen der Seele kommen. Sie kann aber natürlich auch dem Reiz durch ein äußeres Objekt entstammen. Und während man bis|her meinte, dass der künstlerisch produktive Erfolg solcher Anregung eine morphologische Ähnlichkeit mit dem, wovon sie ausging, zeigen müsste (auf dieser Voraussetzung ruhte der ganze Impressionismus), hat der Expressionismus diese Voraussetzung aufgelöst; er macht ernst damit, dass eine Ursache und ihre Wirkung keinerlei

Gleichheit ihrer äußeren Erscheinungsform zu haben, dass die nur innerlichen dynamischen Beziehungen beider sich in keine anschauliche Verwandtschaft fortzusetzen brauchen. So kann der Anblick einer Geige oder eines menschlichen Gesichts in dem Maler Affekte auslösen, die, in Umsetzungen durch seine künstlerischen Energien, schließlich ein völlig anders aussehendes Gebilde aus sich entlassen. Man könnte sagen, der expressionistische Künstler setze an die Stelle des »Modells« die »Veranlassung«, die sein inhaltlich nur sich selbst gehorsames Leben zu einer Bewegung anregt. Auf den abstrakten Ausdruck gebracht, der doch die ganz reale Willenslinie zeichnet, ist es der Kampf des Lebens um sein Selbst-Sein; es will, wo es sich ausspricht, eben nur sich selbst aussprechen und durchbricht deshalb jede Form, die ihm von einer anderen Wirklichkeit, die um ihrer Wirklichkeit willen, oder von einem Gesetz, das um des Gesetzes willen gilt, auferlegt werden soll. Gewiss, begrifflich angesehen hat auch das schließlich dastehende Gebilde eine Form. Allein sie ist hier der künstlerischen Intention nach nur eine sozusagen unvermeidliche Äußerlichkeit, sie hat nicht, wie die Formen aller anderen Kunstideale, eine Bedeutung an sich selbst, die von dem schaffenden Leben nur getragen, nur verwirklicht würde. Deshalb ist diese Kunst auch gegen Schönheit oder Hässlichkeit gleichgültig, die sich an die Erscheinung solcher Formen heftet, während das Leben in seinem nicht von einem Ziel bestimmten, sondern von einer Kraft getriebenen Ausströmen seine Bedeutung jenseits von Schönheit und Hässlichkeit hat. Wenn die Werke, die dabei herauskommen, uns nicht befriedigen, so bestätigt dies nur, dass eine neue Form eben nicht gefunden ist und sozusagen nicht in Frage steht. Nachdem die Gestaltung dasteht, der zeugende Lebensprozess sie verlassen hat, zeigt sich, dass sie den eigenen Sinn und Wert nicht besitzt, den man von dem objek|tiv Dastehenden, von seinem Schöpfer Gelösten fordert, den aber dieses nur sich selbst ausdrückende Leben, gleichsam eifersüchtig, dem Gebilde nicht gegönnt hat. Vielleicht liegt in dieser prinzipiellen Richtung schon die eigentümliche Vorliebe, die sich seit einiger Zeit für die Alterskunst der großen Künstler bemerkbar macht. Hier ist das schöpferische Leben so souverän es selbst, so reich an sich selbst geworden, dass es jede Form, die irgendwie traditionell oder mit anderen geteilt ist, abstößt, dass seine Äußerung im Kunstwerk nichts anderes ist als sein jeweiliges eigenstes Verhängnis. So zusammenhängend und sinnvoll das Werk von diesem her sei, so erscheint es vom Standpunkt der hergebrachten Formen aus oft zersplittert, ungleichmäßig, wie aus Fragmenten bestehend. Dies ist nicht senile Unfähigkeit zur Gestaltung, keine Altersschwäche, sondern Altersstärke. Der große Künstler ist in dieser Epoche seiner Vollendung so rein er selbst, dass sein Werk nur das an Form noch zeigt, was die Strömung seines Lebens von selbst erzeugt: ihr Eigenrecht hat die Form ihm gegenüber verloren.

Nun wäre es zwar prinzipiell durchaus möglich, dass eine Form, die rein als Form vollkommen und in sich bedeutsam ist, der völlig adäquate Ausdruck jenes unmittelbaren Lebens wäre und ihm anläge wie eine organisch gewachsene Haut; und bei den großen, eigentlich klassisch zu nennenden Werken ist dies zweifellos der Fall. Allein von diesen abgesehen, offenbart sich hier ein eigentümliches Strukturverhältnis der geistigen Welt, das weit über seine Folgen für die Kunst hinwegreicht. Man wird behaupten dürfen, dass sich in der Kunst etwas ausspricht, was jenseits der – in Vollendung zu Gebote stehenden – Form der Kunst lebt. In jedem großen Künstler und jedem großen Kunstwerk ist ein Tieferes, Breiteres, aus verborgeneren Quellen Fließendes enthalten, als die Kunst in ihrem rein artistischen Sinne hergibt, das aber von ihr aufgenommen und zu Darstellung und Merkbarkeit gebracht wird. Während dieses Etwas nun in jenen klassischen Fällen gänzlich mit ihr verschmilzt, wird sein Gefühltwerden, sein Bewusstsein, in *den* Fällen etwas mehr Gesondertes, von sich aus Sprechendes, in denen es der Form der Kunst geradezu wider-|streitet, ja sogar sie zerstört. So das innere Schicksal, das Beethoven in den letzten Werken aussprechen will. Hier ist nicht eine bestimmte Kunstform zerbrochen, sondern die Kunstform überhaupt ist von etwas anderem, Weiterem, aus einer anderen Dimension Kommendem überwältigt. So in der Metaphysik. Ihre Absicht ist doch Erkenntnis der Wahrheit. Aber es will sich in ihr etwas aussprechen, was jenseits von Erkenntnis liegt und dieses Mehr oder Tiefer oder nur Anderes dadurch unverkennbar macht, dass es die Wahrheit als solche vergewaltigt, das Widerspruchsvolle, zweifellos Widerlegbare behauptet. Es gehört zu den typischen Paradoxien des Geistes – die freilich der bequeme Optimismus der Flachheit zu verleugnen pflegt –, dass manche Metaphysik als Lebenssymbol oder als ausgedrücktes Verhältnis eines Typus Mensch zum Seinsganzen nicht so wahr wäre, wenn sie als »Erkenntnis« wahr wäre. Vielleicht ist auch in der Religion etwas, was nicht Religion ist, ein tieferes Jenseits-Ihrer, das es bewirkt, dass jede ihrer konkreten Formen, in denen sie doch wirklich Religion ist, gesprengt wird, und das sich als Ketzertum und Abfall offenbart. Dass in einem Menschenwerk, vielleicht in jedem, das ganz aus der Schöpferkraft der Seele stammt, mehr ist, als in seine Form hineingeht – wodurch es sich von allem bloß mechanisch Entstandenen unterscheidet –, sehen wir erst unzweideutig, wenn es sich in Gegensatz zu dieser Form begibt. – Vielleicht nicht in solcher Zuspitzung, aber der allgemeinen Struktur nach, liegt hier das Motiv für das Interesse, das die Kunst van Goghs jetzt findet. Denn mehr wohl als bei allen anderen Malern empfindet man, dass hier ein leidenschaftlich und weit über die Grenzen der Malerei hinausschwingendes Leben, hervorbrechend aus einer ganz singulären Breite und Tiefe, in dem malerischen Talent gleichsam nur den Kanal für sein Ausströmen gefunden hat, sozusagen zufällig, als hätte es sich ebensogut in praktische oder religiöse, dichterische oder musikalische Betätigung hinausleben können. Es scheint mir vor allem dieses glühende, in seiner Unmittelbarkeit fühlbare Leben zu sein – das freilich nur hier und da zu seiner anschaulichen Ausformung in einen sie zerstörenden Kontrast tritt –, was ganz im Sinne der hier gemein|ten allgemeinen Geistesrichtung weite Kreise an van Gogh fesselt. – Dass andrerseits in einem Teil der heutigen Jugend die Sehnsucht nach einer völlig abstrakten Kunst besteht, wird wohl aus dem Gefühl stammen, dass das Leben sich mit der Leidenschaft des unmittelbaren, nackten Selbstausdrucks in einen Widerspruch und eine Unmöglichkeit begibt, gleichviel, wie unbesorgt es diese auf sich nimmt. Gerade die ungeheure Bewegtheit des Lebens in dieser Jugend treibt auch jene Tendenz in das absolute Extrem. Übrigens ist es überhaupt begreiflich, dass vor allem die Jugend die hier charakterisierte Bewegung vertritt. Denn wenn im Allgemeinen schon geschichtliche Wandlungen von äußerem oder innerem Revolutionarismus durch die Jugend getragen werden, so liegt hier noch in dem besonderen Wesen der jetzigen eine besondere Hinweisung darauf. Denn während das Alter, bei ermattender Vitalität, sich mehr und mehr auf die objektiven *Inhalte* des Lebens (die in dem jetzigen Sinne ebenso als seine Formen zu bezeichnen sind) konzentriert, kommt es der Jugend vor allem auf den *Prozess* des Lebens an, sie will nur dessen Kräfte und Kraftüberschuss ausleben, relativ gleichgültig, an welchen Gegenständen und deshalb oft genug treulos gegen sie. In einer Kulturrichtung, die nur das Leben selbst und seine gegen alle Form beinahe verächtliche Äußerung inthronisiert, objektiviert sich gewissermaßen der Sinn des jugendlichen Lebens als solchen.

Endlich begegnet uns im Umkreis dieser Erwägungen noch ein bestätigendes Fundament innerhalb und in weitem Maße auch außerhalb des Kunstbetriebes. Die *Originalitätssucht* bei so vielen jungen Leuten der Gegenwart ist vielfach, keineswegs aber ausschließlich, Eitelkeit und ein Bemühen, sich für sich selbst und andere zu einer Sensation zu machen. In den besseren Fällen wirkt darin doch die Leidenschaft, das wirkliche eigene Leben zur Äußerung zu bringen, und die Sicherheit, dass es wirklich *seine* Äußerung ist, scheint nur gegeben, wenn nichts sonst Bestehendes, Überliefertes in sie aufgenommen ist. Denn dies ist eine schon festgewordene, jenseits des unmittelbaren Schöpfertums objektivierte Art und Form, in die man das eigene Leben gießt und in der es nicht nur seine Eigenheit | verliert, sondern in Gefahr ist, gerade seine *Lebendigkeit* in ein nicht mehr Lebendiges zu verströmen. Was in diesen Fällen gerettet werden soll, ist nicht sowohl die Individualität des Lebens, sondern das Leben der Individualität. Die Originalität ist sozusagen nur die ratio cognoscendi, die uns vergewissert, dass das Leben rein bei sich selbst ist und nicht Formen, die ihm äußerlich, objektiviert und starr sind, in seinen Strom oder seinen Strom in sie aufgenommen hat. Dies ist vielleicht überhaupt, worauf ich hier nur hindeuten kann, eine tiefere Intention, die dem modernen Individualismus zugrunde liegt. –

Ich versuche nun den gleichen Grundwillen an einer der jüngsten philosophischen Bewegungen nachzuweisen, die sich am entschiedensten von den historisch gefesteten Gestaltungen der Philosophie abwendet. Ich will sie als Pragmatismus bezeichnen, weil auf diesen Namen die bekannteste Auszweigung der Theorie, die amerikanische, getauft ist, die ich im Übrigen für ihre oberflächlichste und beschränkteste halte. In Unabhängigkeit von dieser wie von jeder anderen bisher bestehenden Fixierung erscheint mir für unser jetziges Interesse die folgende Motivation als die entscheidende. Von allen Sondergebieten der Kultur ist keines dem Leben gegenüber selbständiger, keines so autonom, in solcher Entferntheit von den Bewegtheiten und Nöten, den Individualisierungen und Schicksalen des Lebens ruhend wie das Erkennen. Nicht nur dass zwei mal zwei vier ist oder dass die Materienmassen sich im umgekehrten Entfernungsquadrat anziehen, *gilt,* gleichviel, ob lebendige Geister es wissen oder nicht, und gleichgültig dagegen, welche Wandlungen während seines beharrenden Erkanntseins das Menschengeschlecht erlebe, sondern auch die unmittelbarer in das Leben verflochtenen Erkenntnisse spielen ihre Rolle in diesem, gerade weil sie in allem Auf und Nieder seiner Strömungen etwas diesem Unberührbares sind. Auch das sogenannte praktische Wissen ist natürlich ein theoretisches, das nur nachträglich zu praktischen Zwecken verwendet wird, als Wissen aber einer selbstgesetzlichen Ordnung, einem idealen Reich des Wahren zugehörig bleibt.

Diese der Wahrheit von je zuerkannte Unabhängigkeit wird vom Pragmatismus bestritten. Jeder Schritt und Tritt des | Lebens, äußeren wie inneren, – so argumentiert er – beruht auf irgendwelchen Erkenntnisvorstellungen, deren Wahrheit unser Leben erhält und fördert, deren Irrigkeit uns ins Verderben führt. Da aber unsere Vorstellungen von unserer psychischen Artung abhängig und keineswegs mechanische Abspiegelungen der Realität sind, in die unser praktisches Leben sich verflicht, so wäre es der merkwürdigste Zufall, wenn Vorstellungen, ausschließlich in der Konsequenz subjektiver Denkweise entwickelt, zu erwünschten und berechenbaren Folgen innerhalb jener Realität führen sollten. Das Wahrscheinliche ist vielmehr, dass unter den zahllosen unser handelndes Leben bestimmenden Vorstellungen gewisse auf Grund ihrer fördernden dynamischen Beeinflussung dieses Lebens den Titel der wahren erhalten, während andere von entgegengesetzten Folgen die irrigen heißen. Es besteht also nicht jene von vornherein unabhängige Wahrheit, die nur wie nachträglich in den Lebensstrom hinabgezogen wird, um ihn richtig zu leiten, sondern umgekehrt: unter den unabsehlichen theoretischen Elementen, die dieser Lebensstrom gebiert und die rückwirkend wieder seine Richtung beeinflussen, sind solche, deren Einfluss unserem Lebenswillen gemäß ist – zufällig, könnte man sagen: aber ohne diesen Zufall würden wir nicht existieren können –, und eben diese heißen uns die wahren, die richtig erkennenden. Nicht die Objekte für sich und nicht ein souveräner Verstand in uns bestimmen den Wahrheitsgehalt unseres Vorstellens: sondern das Leben selbst, bald nach seinen groben Nützlichkeiten, bald nach seinen tiefsten seelischen Bedürfnissen erzeugt jene Wertrangierung unter unseren Vorstellungen, deren einen Pol wir als die volle Wahrheit, den anderen als den vollen Irrtum bezeichnen. Ich kann diese Lehre hier weder ausführen noch kritisieren. Auch kommt es mir ja nicht auf ihr Recht oder Unrecht, sondern darauf an, dass sie eben jetzt entwickelt worden ist, dass sie dem Erkennen seinen alten Anspruch nimmt, ein freischwebendes Reich zu sein, nach selbständigen ideellen Gesetzen verwaltet; nun ist es ein in das Leben verwebtes Element, aus dessen Quelle gespeist, von der Gesamtheit und Einheit seiner Richtungen und Zwecke gelenkt und von seinen fundierenden Werten her legitimiert. Das | Leben hat damit über eine bisher scheinbar von ihm abgetrennte und autonome Provinz seine Souveränität reklamiert; und mit tieferer weltanschaulicher Wendung ist dies so auszudrücken, dass die Formen des Erkennens, durch ihre innere Konsistenz, ihren selbstgenugsamen Sinn einen festen Rahmen oder ein unzerreißbares Kanevas für unsere ganze Vorstellungswelt bildend, von und in der Flutung des Lebens aufgelöst werden, sich deren werdenden und sich wandelnden Kräften und Richtungen bildsam zeigen, ohne ihnen aus einem eigenen Recht und einer zeitlosen Gültigkeit Widerstand entgegenzusetzen. Zu reinster Ausprägung gelangt das Leben als Zentralbegriff der Weltanschauung da, wo weit über diese Umgestaltung des Erkenntnisproblems hinaus das Leben zur metaphysischen Urtatsache, zum Wesen alles Seins überhaupt wird, sodass jede gegebene Erscheinung ein Pulsschlag oder eine Darstellungsweise oder ein Entwicklungsstadium des absoluten Lebens ist: es steigt, in der Gesamtentfaltung der Welt zum Geiste, als Geist, auf, es sinkt als Materie herab. Und wenn diese Theorie die Erkenntnisfrage durch die »Intuition« beantwortet, die jenseits alles Logischen, verstandesmäßig Vermittelten die wahre Innerlichkeit der Dinge unmittelbar erfasse – so bedeutet dies, dass nur das Leben imstande ist, das Leben zu verstehen. Darum musste, von dieser Seite gesehen, auch alle Objektivität, der *Gegenstand* der Erkenntnis, in Leben verwandelt werden, damit der Prozess des Erkennens, durchaus als eine Funktion des Lebens selbst gedeutet, auch sicher sei, ein ihm ganz durchdringbares, weil ihm wesensgleiches Objekt sich gegenüber zu haben. Während also der ursprüngliche Pragmatismus das Weltbild nur von der Seite des Subjekts her in Leben auflöste, ist dies nun hier auch von der Seite des Objekts her geschehen. Von der Form als einem Weltprinzip außerhalb des Lebens, als einer Daseinsbestimmung eigenen Sinnes und eigener Macht ist nichts mehr übriggeblieben. Was in diesem Bilde noch als Form bezeichnet werden könnte, würde nur von Gnaden des Lebens selbst bestehen.

Es akkumuliert sich diese Wendung vom Formprinzip weg in der Abneigung nicht nur des Pragmatismus, sondern aller | von dem modernen Gefühl für das Leben erfüllten Denker gegen das geschlossene System, in dem die frühere, noch von dem klassischen Formgedanken beherrschte Epoche das ganze philosophische Heil gesehen hatte. Das System will alle Erkenntnisse, mindestens in ihren allgemeinsten Begriffen, von einem Grundmotiv aus gewissermaßen symmetrisch zu einem nach allen Seiten gleichmäßig ausgebildeten Bau über- und untergeordneter Glieder vereinigen. In der architektonisch-ästhetischen Vollendung, in der gelungenen Abrundung und Lückenlosigkeit dieses Baues sieht es – und dies ist der entscheidende Punkt – den Beweis für seine sachliche Richtigkeit und dafür, dass nun wirklich die Ganzheit des Daseins erfasst und begriffen wäre. Es ist die äußerste Aufgipfelung des Formprinzips überhaupt, indem es die innere Befriedigtheit und Geschlossenheit der Form zum letzten Prüfstein der Wahrheit macht; und das ist es, wogegen sich das zwar immer formgestaltende, aber auch immer formdurchbrechende Leben zur Wehre setzt. Die weltanschauliche Position, die diese Theorien für das Leben gewinnen, ist in zwei Richtungen festgelegt: es wird von ihm her einerseits der Mechanismus als kosmisches Grundprinzip verworfen; er ist vielleicht eine Technik des Lebens, vielleicht eine Verfallserscheinung seiner. Andrerseits ebenso die Idee als metaphysische Selbständigkeit, als oberste und unbedingte Leitung oder Substanz alles Daseins. Das Leben will nicht von dem beherrscht sein, was unter ihm ist, aber es will überhaupt nicht beherrscht sein, also auch nicht von der Idealität, die sich den Rang oberhalb seiner zuspricht. Wenn sich dennoch kein höheres Leben dem entziehen kann, sich unter der Führung der Idee – sei es als transzendenter Macht, sei es als sittlicher oder sonst wertmäßiger Forderung – zu wissen, so scheint dies jetzt nur dadurch möglich oder dadurch mit einer Chance des Gelingens ausgestattet, dass die Ideen selbst aus dem Leben kommen. Es ist das Wesen des Lebens, sein Führendes und Erlösendes, sein Gegensätzliches und Siegend-Besiegtes aus sich selbst zu erzeugen; es erhält und erhebt sich gleichsam auf dem Umwege über sein eigenes Erzeugnis, und dass dieses ihm gegenübersteht, selbständig und richtend – das ist eben seine eigene Urtatsache, ist | die Art, wie es selbst lebt. Die Gegnerschaft, in die es so mit dem Höheren-seiner-Selbst gerät, ist der tragische Konflikt des Lebens als Geist, der natürlich jetzt in dem Maße fühlbarer wird, in dem das Leben sich bewusst wird, ihn wirklich aus sich selbst zu erzeugen und deshalb organisch, unausweichlich mit ihm behaftet zu sein.

In allgemeinster kultureller Hinsicht angesehen bedeutet diese ganze Bewegung die Abwendung von der Klassik als dem absoluten Menschheits- und Erziehungsideal. Denn die Klassik steht durchaus im Zeichen der Form, der gerundeten, in sich befriedigten Gestaltung, die sich durch ihre ruhige Geschlossenheit als die Norm für Leben und Schaffen weiß. Auch hier ist gewiss noch nichts positiv Genügendes und Geklärtes an die Stelle des alten Ideals gesetzt. Gerade deshalb zeigt der Kampf gegen die Klassik, dass es sich zunächst gar nicht um das Aufbringen einer neuen Kulturform handelt, sondern dass das seiner selbst gewisse Leben sich nur von dem Zwang der Form überhaupt befreien will, dessen historischer Repräsentant die Klassik ist. –

Ganz kurz kann ich mich mit dem Hinweis auf die gleiche Grundtendenz in einer Sondererscheinung der ethischen Kultur fassen. Mit dem Namen der »Neuen Ethik« bezeichnet sich eine Kritik der bestehenden Sexualverhältnisse, deren Propaganda von einer kleineren Gruppe betrieben, deren Bestrebungen aber von einer großen geteilt werden. Diese Kritik richtet sich hauptsächlich gegen zwei Elemente der bestehenden Zustände, die Ehe und die Prostitution. Will man ihr Motiv ganz prinzipiell ausdrücken, so ist es dies: dass das erotische Leben seine eigenste, innerste Kraft und sinngemäße Richtung den Formen gegenüber durchsetzen will, in die unsere Kultur es im Allgemeinen eingefangen und damit in Erstarrung und Widersprüche versetzt hat. Die Ehe, tausendfach aus anderen als den eigentlich erotischen Gründen geschlossen, die lebendige Flutung dieser tausendfach entweder zur Versumpfung führend oder ihre Individualisiertheit an unbiegsamen Traditionen und legalen Grausamkeiten zerschellend; die Prostitution, zu einer fast legalen Einrichtung geworden, die das Liebesleben des jungen Menschen in einen entadelten, | karikierten, seiner tiefsten Natur widersprechenden Verlauf zwingt – das sind die Formen, gegen die das unmittelbare und echte Leben hier revoltiert, Formen, die diesem vielleicht in anderen Kulturverhältnissen nicht ebenso unangemessen waren, jetzt aber die aus seiner letzten Quelle hervorbrechenden Kräfte gegen sich aufrufen. Unvergleichlich entschiedener als auf den anderen Kulturgebieten ist hier festzustellen, wie wenig dem durchaus positiven Grundantrieb zur Vernichtung der Formen bisher die positive Neuformung korrespondiert. Kein Vorschlag jener Reformatoren wird irgendwie allgemein als ausreichender Ersatz der von ihnen verurteilten Formen empfunden. Der typische Kulturwandel: Bekämpfung und Ersatz der veralteten Form durch eine neuaufstrebende, steht hier ganz besonders weit zurück. Die Kraft, die sich in die letztere zu kleiden bestimmt ist, richtet sich vorläufig, sozusagen hüllenlos, unmittelbar gegen die von dem echten erotischen Leben verlassenen

Formen, steht aber damit, den nun oft betonten Widerspruch begehend, im Leeren, da das erotische Leben, sobald es irgendwie im Kulturzusammenhange steht, schlechterdings einer Geformtheit bedarf. Dennoch sieht, den früheren Erwägungen entsprechend, nur der oberflächliche Blick hier bloße Zügellosigkeit und anarchische Gelüste – da auf diesem Gebiet allerdings die bloße Formlosigkeit schon diese Aspekte bietet. In der Tiefe aber, wo solche überhaupt vorhanden ist, liegt es anders. Das echte Leben der Erotik fließt in ganz individuellen Kanälen, und die Opposition richtet sich gegen jene Formen, weil sie dieses Leben in allgemeine Schemata einfangen und damit seine jeweilige Besonderheit vergewaltigen. Hier wie in vielen der anderen Fälle ist es der Kampf zwischen Leben und Form, der, weniger abstrakt, weniger metaphysisch, als Kampf zwischen Individualisierung und Verallgemeinerung ausgefochten wird. –

Eine Stimmung innerhalb der gegenwärtigen Religiosität fordert, wie mir scheint, die ganz entsprechende Deutung. Ich knüpfe diese an die seit ein oder zwei Jahrzehnten beobachtete Tatsache, dass nicht wenige geistig vorgeschrittene Persönlichkeiten ihre religiösen Bedürfnisse mit der Mystik befriedigen. Im Ganzen kann man wohl annehmen, dass all diese in den | Vorstellungskreisen einer der bestehenden Kirchen aufgewachsen sind. Indem sie sich nun der Mystik zuwenden, ist eine doppelte Motivierung unverkennlich. Einmal, dass die Formen, die das religiöse Leben an objektiven, inhaltlich bestimmten Bildreihen ablaufen lassen, eben diesem Leben nicht mehr genügen; andrerseits, dass dessen Sehnsucht damit nicht etwa abgetötet ist, sondern sich andere Ziele und Wege sucht. Für die Verlegung dieser in die Richtung der Mystik erscheint vor allem entscheidend, dass damit die Festumrissenheit, die Grenzbestimmtheit der religiösen Form aufgehoben ist. Hier ist eine Gottheit, die über jede personale, also schließlich doch als partikular empfundene Gestaltung hinausreicht, hier eine unbestimmte Weite des religiösen Gefühls, das sich an keine dogmatische Schranke stößt, und seine Vertiefung in eine formlose Unendlichkeit, hier seine Entwicklung aus der kraftgewordenen Sehnsucht der Seele allein. Die Mystik scheint die letzte Zuflucht der religiösen Naturen zu sein, die sich noch nicht von jeder transzendenten Formung lösen können, sondern – sozusagen vorläufig – nur von jeder bestimmten, inhaltlich festgelegten. Die tiefste Entwicklungsrichtung aber – mag sie in sich widerspruchsvoll und ihrem Ziele ewig fern sein oder nicht – scheint mir dahin zu drängen, die Glaubensgebilde in das religiöse *Leben,* in die Religiosität als eine rein funktionelle Gestimmtheit des inneren Lebensprozesses aufzulösen, aus der jene emporgestiegen sind und noch immer emporsteigen. Bisher hat der Wandel der religiösen Kultur sich in der hier immer aufgezeigten Art vollzogen: dass eine bestimmte Ausformung des religiösen Lebens, bei ihrer Entstehung seinen Kräften und Wesenszügen völlig angemessen, allmählich in Veräußerlichung und Verengerung erstarrt und von einer neu aufkommenden Form verdrängt wird, in der die Dynamik und jetzige Gerichtetheit des religiösen Impulses wieder unmittelbar lebt; das heißt, es ist noch immer eine religiöse Gestaltung, eine Reihe von Glaubensinhalten, an die Stelle der überlebten getreten. Jetzt aber sind, für eine jedenfalls sehr große Zahl von Menschen, die jenseitig-realen Gegenstände des religiösen Glaubens radikal ausgeschaltet – ohne dass darum ihr religiöses Wollen wegfiele. Aber das in diesem | wirksame Leben, das sich sonst in jenem Aufbringen neuer adäquater Dogmengehalte offenbarte, fühlt sich in dem ganzen Gegenüber eines glaubenden Subjektes und eines geglaubten Objektes nicht mehr zutreffend ausgedrückt. In dem Endzustand, auf den diese ganze innere Umstimmung hinaussieht, würde Religion sich als eine Art der unmittelbaren Lebensgestaltung vollziehen, gleichsam nicht als eine einzelne Melodie innerhalb der Lebenssymphonie, sondern als die Tonart, in der diese sich als ganze abspielt; der Raum des Lebens, ausgefüllt von allen weltmäßigen Inhalten, von Handeln und

Schicksal, Denken und Fühlen, würde mit all diesem durchdrungen sein von jener einzigartigen inneren Einheit der Demut und der Erhebung, der Spannung und des Friedens, der Gefährdung und der Weihe, die wir eben nur religiös nennen können; und an dem so verbrachten Leben selbst würde der absolute Wert empfunden werden, der diesem Leben sonst von den einzelnen Formungen, in die es sich fasste, den einzelnen Glaubensinhalten, zu denen es kristallisierte, zu kommen schien. Einen Vorklang hiervon, transponiert freilich in die der Mystik noch letztverbliebene Form, lässt Angelus Silesius hören, wenn er den religiösen Wert von aller Fixierung an irgendetwas Spezifisches löst und als seinen Ort das überhaupt gelebte Leben erkennt:

»Der Heil'ge, wenn er trinkt,
Gefallet Gott so wohl
Wie wenn er bet' und singt.«

Es handelt sich nicht etwa um die sogenannte »diesseitige Religion«. Denn auch diese heftet sich noch immer an bestimmte Inhalte, nur dass sie empirisch statt transzendent sind; auch sie kanalisiert das religiöse Leben in gewisse Formen von Schönheit und Größe, von Erhabenem und lyrischer Bewegtheit – im Grunde genommen lebt sie von den verhüllt weiterwirkenden Resten der transzendenten Religiosität, ein unklares Zwischending. Hier aber steht Religiosität als ein unmittelbarer, jeden Pulsschlag einschließender Lebensprozess in Frage, ein Sein, nicht ein Haben, ein Frommsein, das, wenn es Gegenstände hat, Glauben heißt, nun aber eine Art ist, wie das Leben selbst sich vollzieht, nicht eine Stillung der Bedürfnisse von | einem Außen her – wie der expressionistische Maler sein künstlerisches Bedürfnis nicht durch Anschmiegen an einen Außengegenstand befriedigt –, sondern es wird ein kontinuierliches Leben aus einer Tiefe heraus gesucht, in der es sich noch nicht in Bedürfnis und Erfüllung zerlegt hat und also keinen »Gegenstand« braucht, der ihm eine bestimmte Form vorschriebe. Das

Leben will sich unmittelbar als religiöses aussprechen, nicht in einer Sprache mit gegebenem Wortschatz und vorgeschriebener Syntax. Mit einem nur anscheinend paradoxen Ausdruck könnte man sagen: die Seele will ihre Gläubigkeit bewahren, während sie den Glauben an alle bestimmten, vorbestimmten Inhalte verloren hat.

Diese Gerichtetheit religiöser Seelen, die oft in Ansätzen, wunderlicher Unklarheit, sich selbst missverstehender, rein negativer Kritik fühlbar ist, begegnet nun freilich jener tiefsten Schwierigkeit: dass das Leben in dem Augenblick, in dem es als geistiges zu Worte kommt, dies eben doch nur in *Formen* kann, in denen allein auch seine *Freiheit* wirklich zu werden vermag, obgleich sie in demselben Akt auch die Freiheit beschränken. Gewiss ist Frömmigkeit oder Gläubigkeit eine Verfassung der Seele, die mit ihrem Leben selbst gegeben ist und es auch dann in bestimmter Weise färben würde, wenn ihr nie ein religiöser Gegenstand gegeben würde – wie eine erotische Natur ihren Charakter als eine solche immer bewahren und bewähren müsste, sollte sie auch nie ein für sie liebenswertes Individuum treffen. Dennoch ist es mir zweifelhaft, ob nicht der Grundwille eines religiösen Lebens unvermeidlich eines Objektes bedarf, ob jener rein funktionelle Charakter, seine an sich formlose, nur das Auf und Nieder des Lebens überhaupt färbende, weihende Dynamik, die jetzt den definitiven Sinn so vieler religiöser Bewegtheiten zu bilden scheint, nicht ein bloßes, eigentlich ideell bleibendes Zwischenspiel ist, der Ausdruck einer Lage, in der die bestehenden religiösen Formen von dem religiösen Innenleben durchbrochen und verworfen werden, ohne dass es neue an deren Stelle setzen könnte; wobei denn hier wie anderswo die Vorstellung entsteht, dieses Leben könne überhaupt ohne Formen von eigenen objektiven Bedeutungen und Forderungsrechten und mit | dem bloßen Ausströmenlassen seiner von innen vorbrechenden Kraft auskommen. Jene Unmöglichkeit, die kirchlich überlieferten Religionen noch länger zu bewahren, während der religiöse Antrieb aller »Aufklärung« zum Trotz weiterbesteht (da diese der Religion nur ihr Kleid, aber nicht ihr Leben rauben kann) –, gehört zu den tiefsten inneren Schwierigkeiten unzähliger moderner Menschen; die Steigerung dieses Lebens zu einem völligen Selbst-Genügen, die Verwandlung gleichsam des Transitivums Glauben in ein Intransitivum, ist ein bestechender Ausweg, der aber vielleicht auf die Dauer in keinen geringeren Widerspruch verwickelt.

So offenbart sich an all diesen und noch mehreren Erscheinungen der Konflikt, in den sich das Leben nach seiner Wesensnotwendigkeit begibt, sobald es im weitesten Sinne kulturell ist, das heißt entweder schöpferisch oder Geschaffenes sich aneignend. Dieses Leben muss entweder Formen erzeugen oder sich in Formen bewegen. Wir *sind* zwar das Leben unmittelbar und damit ist ebenso unmittelbar ein nicht weiter beschreibliches Gefühl von Dasein, Kraft, Richtung verbunden; aber wir *haben* es nur an einer jeweiligen Form, die, wie ich schon betonte, im Augenblick ihres Auftretens sich einer ganz anderen Ordnung angehörig zeigt, mit Recht und Bedeutung eigener Provenienz ausgestattet, einen übervitalen Bestand behauptend und beanspruchend. Damit aber entsteht ein Widerspruch gegen das Wesen des Lebens selbst, seine wogende Dynamik, seine zeitlichen Schicksale, die unaufhaltsame Differenzierung jedes seiner Momente. Das Leben ist unlöslich damit behaftet, nur in der Form seines Widerspiels, das heißt in einer *Form* in die Wirklichkeit zu treten. Dieser Widerspruch wird krasser und scheint unversöhnlicher in dem Maße, in dem jene Innerlichkeit, die wir nur Leben schlechthin nennen können[1],

[1] Weil das Leben das Gegenspiel der Form ist, ersichtlich aber nur das irgendwie Geformte mit Begriffen beschreiblich ist, so ist der Ausdruck Leben in dem hier gemeinten, ganz fundamentalen Sinne von einer gewissen Unschärfe, logischen Undeutlichkeit nicht zu befreien. Denn das Wesen des vor oder jenseits aller Form gelegenen Lebens wäre verleugnet, wollte und könnte man eine begriffliche Definition davon bilden. Es ist ihm als bewusstem Leben nur

sich in ihrer ungeformten | Stärke geltend macht, in dem andrerseits die Formen sich in ihrem starren Eigenbestand, ihrer Forderung unverjährbarer Rechte als der eigentliche Sinn oder Wert unserer Existenz anbieten, vielleicht also in dem Maße, in dem die Kultur gewachsen ist.

Hier will also das Leben etwas, was es gar nicht erreichen kann, es will sich über alle Formen hinweg in seiner nackten Unmittelbarkeit bestimmen und erscheinen – allein das durchaus von ihm bestimmte Erkennen, Wollen, Gestalten kann nur die eine Form durch die andere, niemals aber die Form überhaupt durch das Leben selbst, als das der Form Jenseitige, ersetzen. Alle jene leidenschaftlich stürmenden oder sich langsam vorarbeitenden Angriffe gegen die Formen unserer Kultur, die klarer oder verhüllter gegen diese die Kraft des Lebens eben nur als Leben und weil es Leben ist einsetzen, sind Offenbarungen des tiefsten inneren Selbstwiderspruches des Geistes, sobald er sich zur Kultur entwickelt, das heißt sich in Formen dartut. Und es will mir allerdings scheinen, als ob von allen geschichtlichen Epochen, in denen dieser chronische Konflikt sich zum akuten gesteigert hat und die ganze Breite der Existenz zu erfassen suchte, noch keine ihn so deutlich wie die unsere als ihr Grundmotiv enthüllt hätte.

Aber es ist auch ein ganz philiströses Vorurteil, dass alle Konflikte und Probleme dazu da sind, gelöst zu werden. Beide haben in Haushalt und Geschichte des Lebens noch andere Aufgaben, die sie, unabhängig von ihrer eigenen Lösung, erfüllen, und sie sind deshalb keineswegs umsonst gewesen, auch wenn die Zukunft nicht den Konflikt durch seine Schlichtung, sondern nur seine Formen und Inhalte durch andere ablöst.

gegeben, in seiner Bewegtheit sich seiner selbst bewusst zu werden, ohne den vermittelnden Umweg über die Schicht der Begrifflichkeit, die mit dem Reich der Formen zusammenfällt. Dass das Wesen der Sache so die Ausdrucksmöglichkeit begrenzt, setzt die Klarheit jenes prinzipiellen weltanschaulichen Antagonismus nicht herab.

Denn freilich machen all jene erörterten problematischen Erscheinungen uns bewusst, um wie vieles zu widerspruchsvoll das Gegenwärtige ist, um bei ihm stehen zu bleiben – dem | Maße nach zweifellos auf einen fundamentaleren Wandel hinweisend, als wenn dieser nur die Umbildung einer bestehenden Form in eine neu empordrängende beträfe. Denn kaum je erscheint in dem letzteren Falle die Brücke zwischen dem Vorher und dem Nachher der Kulturformen so ganz abgerissen wie jetzt, sodass nur noch das an sich formlose Leben zu bleiben scheint, um sich in die Lücke zu stellen. Ebenso zweifellos aber treibt es auf jenen typischen Kulturwandel hin, auf die Schöpfung neuer, den jetzigen Kräften angepasster Formen, mit denen aber nur – vielleicht langsamer bewusst werdend, den offenen Kampf länger hinausschiebend – ein Problem durch ein neues, ein Konflikt durch einen anderen verdrängt wird. Damit aber erfüllt sich die echte Vorzeichnung des Lebens, das ein Kampf in dem absoluten Sinne ist, der den relativen Gegensatz von Kampf und Frieden umgreift, während der absolute Frieden, der vielleicht diesen Gegensatz ebenso einschließt, das göttliche Geheimnis bleibt.